데 이 터 지 리 학 맛 보 기

지도로 읽는

대한민국 트렌드

데 이 터   지 리 학   맛 보 기

지도로 읽는

저자
장은미
홍선희
김지원
진희주
심지우

엮은 곳
㈜지인컨설팅

대한민국 트렌드

★★★
**공간정보
커뮤니케이터
데뷔작**

포털 지도만 보는 여러분!
내비게이션 지도를 주로 보고 다니시는 분!
트렌드 뉴스기사의 지도를 그냥 흘려버리는 분!

잃어버린 당신의 공간 감각과
통찰을 찾아주는 안내서

FOREWORD

추천사

초등학교 3~4학년 무렵부터 중학교 졸업할 때까지 내가 제일 좋아한 책은 지리부도였다. 빳빳한 종이에 총천연색으로 인쇄된 지리부도는 보기에도 멋있고 세상의 온갖 통계가 시각화되어 제공되었기 때문이다. 세계여행은커녕 국내여행도 꿈꾸지 못하던 시절이지만 지리부도를 통해 마음껏 여행할 수 있었다. 달나라 여행과 심해 여행을 제외하면 모든 곳을 갈 수 있었던 셈이다.

하지만 어느 때부터인가 지리부도를 잘 보지 않게 되었다. 문학과 영화가 그 자리를 차지했다. 또 직접 여행과 탐험을 하기도 했다. 돌이켜보건대 여기에는 분명한 한계가 있었다. 생생하지만 객관적이지는 못했다. 도움이 필요하다. 누구에게 손을 내밀까? 점점 복잡하고 어려워지는 과학을 이해하기 위해 과학 커뮤니케이터가 필요하듯이 지리와 공간을 이해하기 위해서는 지리 · 공간정보 커뮤니케이터가 필요하다.

지금이야말로 지리부도가 필요할 때다. 『지도로 읽는 대한민국 트렌드』는 지리·공간정보 커뮤니케이터들이 만든 21세기에 최적화된 우리나라 지리부도이다. 인구, 교육, 주택, 여가와 생산, 교통, 건강, 에너지, 기후 위기에 이르기까지 다양한 시각정보를 얻을 수 있다. 지리 공간정보 커뮤니케이터와 함께 129개의 지도를 훑다 보면 내가 살고 있는 세상을 객관적으로 느끼고 깨닫게 된다. 더 놀라운 일은 읽다 보면, 스스로 새로운 질문을 던질 수 있게 된다는 것이다.

| 이정모, 과학 커뮤니케이터/前 국립과천과학관장

책을 한숨에 다 읽었다. 이렇게 흥미롭고 실용적이며 상상력을 키우는 책이 또 있을 수 있을까? 우리의 삶을 관통하는 문제이자 추세, 보기로 결혼, 출산 인구소멸, 부동산과 아파트, 시민안전과 위험예방, 국민건강과 체육시설, 사라지는 학교와 지역 발전, 기후변화의 영향 등에 관해 최신 정보와 함께 다양한 정보출처(DB)를 제시하며 우리의 과거와 현재, 미래를 깔끔한 지도와 그림으로 명쾌하게 제시하고 있다. 누구나 옆에 두고 틈틈이 읽으면 상식도 깊어지고 미래의 전망이 보일 것이다. 대표저자인 장은미 박사는 지리정보시스템의 전문가로서 86세대 가운데 정치를 떠나 시민의 삶의 질 개선에 오랫동안 헌신해 온 대표적인 연구자이다. 내가 1980년대 중반 이후 주창해 온 中民 사상을 실천으로 옮긴 국민생활지침서의 출간을 진심으로 축하하고 더욱 전진하기를 기원한다.

| 한상진, 중민연구소 소장/서울대 사회학과 명예교수

예전에 GIS를 이용하여 기사를 썼었고, 여전히 많은 기자들이 지도를 사용하여 인포그래픽 도움을 받기도 한다. AI와 빅데이터가 우리에게 많은 의미를 준다고 하지만, 모든 정보는 '나'를 중심으로 재구성된다. 우리의 제한된 삶의 관심공간을 나의 공간에서 넓혀 주변을 좀 더 돌아볼 수 있다면 우리 사회가 좀 더 나은 곳이 되지 않을까? 우리나라에 사는 다문화 가족들이 한글을 읽게 되고, 정착을 하게 될 때, 이 책을 한번 읽어보면 좋겠다는 생각이 들었다. 원자력발전소 지도와 RE100 등 에너지 이슈와 기후 위기 관련 지도가 눈에 쏙 들어온다. 생각보다 심각한 상황이 아닌가? 2023년뿐만 아니라 우리나라의 가까운 미래를 보여주는 책이다.

| 김대원, 작가/신문방송학 박사/AI정책 및 전략전공

10개의 긴 문장보다 한 장의 지도가 더 많은 말을 해준다. 사회과 부도와 교과서가 지리교육을 위한 밥상이라면, 이 책은 먹을거리가 넘치는 뷔페식당 같다. 재난재해 내용과 산업재해 트렌드에서는 쓰디쓴 현실의 맛이 느껴지고, K-POP지도와 전통주와 소주지도에서는 달콤한 맛이 난다. 공식적인 통계자료를 이용하면서도 엄숙하게 쓰여져 있지 않고, 숨어있는 통계와 발로 뛴 자료가 담겨있다. 사회과 부도와는 또 다른 흥분을 주는데, 젊은 친구들의 시각이 연륜이 있는 글 사이에 켜켜이 들어가 있기 때문일 것 같다. 이 책은 전국의 지리 선생님과 예비 지리 선생님이, 그리고 무엇보다 지도를 좋아하는 분들이 즐길 수 있고 더 멋진 지도책을 발간할 용기를 줄 수 있을 것이다.

훌륭한 선생님은 제자들 위에 있는 사람이 아니라, 제자들을 스승으로 바꾸어 놓는 사람이다. 이 책도 독자들이 지리적, 공간적 통찰을 가질 수 있도록 도와주는 책이다. 사회과 선생님, 지리 선생님들에게 필수도서로 추천하고 싶다.

| 박대훈, 박문각 임용대표강사

우리네 사는 모습과 사정은 지방마다 조금씩, 때로는 꽤 다르다. 그리고 이런 비슷하고 다름을 모아보면 어떤 규칙성, 곧 지리적 패턴이 드러나는데, 지도, 특히 주제도(thematic map)는 그런 지리적 패턴을 드러내는 데 가장 알맞은 도구이다. 지도가 단지 어디에 무엇이 있는가를 보여주는 수준을 넘어, 오늘날 우리의 처지를 한눈에 보여주기 때문이다. 『지도로 읽는 대한민국 트렌드』는 우리나라의 주요 동향, 곧 트렌드를 주제도 위에다 풀어낸 책이다. 트렌드가 나라 전체의 흐름을 따른 날줄이라면, 지리적 패턴은 각 지방의 사정을 짚은 씨줄인 셈으로, 이 날줄과 씨줄이 절묘하게 합쳐 오늘날 우리나라의 모습을 잘 드러내 주고 있다.

주제도의 또 다른 중요한 본질은 지도 만든이와 읽는 이 사이의 의사소통 장치라는 점으로, 『지도로 읽는 대한민국 트렌드』는 '소통'에도 꽤 공을 들였다. 요즘은 각종 지도 프로그램 덕택에 지리정보를 컴퓨터에다 입력하고서 자판만 누르면 지도가 만들어지기는 하지만, 지도의 디자인에 세심한 배려가 있어야만 소통의 성공도가 높아지기 마련이다. 이 책은 지도의 색채와 기호의 사용에서 디자인 원칙을 지킨 데다, 곁들인 해설과 그래프도 장단이 잘 맞아서, 지은이가 말하려는 대한민국 '트렌드'의 '지리적 패턴'이 독자들에게 명료하게 전달된다.

이 책은 곁에 두고 궁금할 때마다 펼쳐보기에 안성맞춤이다. 또한 현대 한국의 핵심 사안들을 늘 다루어야 하는 관리자와 연구자에게는 매우 편리한 정보 모음이요, 학생들에게는 요긴한 보조교재가 된다. 지도의 역사는 인류와 함께 시작되었지만, 정보통신기술의 등장으로 요즈음 지도의 능력은 막강해졌다. 『지도로 읽는 대한민국 트렌드』는 현대인에게 절실한 지도 통찰력과 디지털 문해력을 선사할 것이다.

| 허우긍, 서울대 지리학과 명예교수/前 대한지리학회장

인구절벽시대에 관한 보도가 TV와 신문을 연일 장식한다. 여러 전문가가 대책을 내놓지만, 정답이 없어 보인다. 이 책은 도지사와 군수를 비롯한 지자체장과 공무원들이 보면 좋을 내용이 여럿 담겨 있다. 특히 지역의 부활을 꿈꾸는 분들이 참조하면 어떨까? 시간이 지나가면 가치가 떨어지는 뉴스 기사나 월간지 같은 책이 나올까 봐 걱정하더니, 땀 흘린 결과에 박수를 보낸다. 이 책은 지혏과 기후처럼 무거운 주제부터 지역의 전통주까지를 다룬다. 어떤 주제는 하나의 논문으로 연구할 가치가 충분하지만 쉽게 풀어쓰느라 애쓴 흔적이 보인다. 한편 생각해 보면, 이 책을 쓸 수 있었던 것은 우리나라의 높은 수준의 정보화 덕에 가능한 것은 아닐까 생각이 든다. 다른 어떤 나라에서 이런 책을 낼 수 있을까? 손으로 꼽아봐도 많지 않을 듯하다. 변하는 대한민국, 10년 후에는 이런 종류의 책이 더 많이 나올까? 매년 계속 낸다고 하면 그 내용이 어떻게 변해있을까 궁금하다.

| 박경, 성신여대 지리학과 교수/前 한국지형학회장

PROLOGUE

들어가는 말

　　스마트폰의 앱을 열면, 우리가 사는 동네지도가 튀어나오고, 지명이나 가게 이름을 치면, 어디 있는지, 무엇을 하는 곳인지 바로바로 찾아볼 수 있는 시대가 되었습니다. 클릭 한두 번에 빅데이터가 쏟아지는 시대에, 움직이지도 않는 종이지도가 과연 필요할까요? 정보를 그래픽화하여 지도 위에 표현하면, 긴 문장을 읽는 것보다 더 쉽게 이해가 됩니다. 이렇듯 지도는 데이터와 사람을 이어줄 수 있는 오래된 언어입니다. 언어를 오래 사용하지 않으면 잊어버리듯이, 우리는 다양한 지도를 만드는 법과 읽는 법을 잊어버리고 있어요. 단지 길 찾기에만 주로 쓰고 있지요. 지도는 보는 것이지 왜 읽는다고 할까요? 지도를 보면 머릿속에 무슨 의미인지 생각하고 읽어내야 의미를 찾을 수 있기 때문이죠. 무엇을 읽을 것인가는 저희가 글로 적어보았습니다. 독자님 중에는 간혹 보이지 않은 정보를 더 읽어내실 수 있을 거라 생각해요.

사람들은 매년 우리나라의 사회·경제·문화 트렌드의 키워드를 제공하는 책을 읽으면서 새해를 준비합니다. 트렌드 책에서 주어지는 멋진 키워드는 주로 도시생활자이자 어느 정도 배운 분들이 참고할 수 있고 이해할 수 있는 내용입니다. 키워드의 예로는 "평균 실종"이란 단어와 같은 것입니다. 하지만 우리, 또는 우리가 사는 곳은 평균 어디쯤일까 하는 궁금증을 만족시켜 주지는 못합니다. 이러한 궁금증을 지도가 해결해 줄 수 있습니다. 1인 가구 증가, 애완견을 위한 여행지, 지자체마다 출렁다리 건설 등 사회적 이슈부터 문화 활동에 이르기까지, 『지도로 읽는 대한민국 트렌드』는 2022년과 2023년에 걸친 여러 주제에 대한 통계를 매만져, 지표를 만들어 지도에 반영하고 해석을 담아본 책입니다.

이 책을 기획하고 엮은 ㈜지인컨설팅 회사의 이름은 '땅 地'과 '사람 人' 그리고 '컨설팅'으로 구성됩니다. "지리"와 "지리정보"에 연관된 정보화 전략계획과 연구 사업을 주로 하는 저희 회사는 창립 이후 약 14년 동안, 이 꽃에서 저 꽃으로 날아다니는 벌처럼 다양한 이슈에 대하여 정부 기관과 지자체 고객에게 지리정보 기반의 컨설팅을 해왔습니다.

서울과 경기로 점점 더 돈과 인력이 집중되는 경향은 가속화되고, 지방은 인구절벽을 막고 기업을 유치하기 위해 안간힘을 쓰고 있지요. 결코 쉽게 해결될 일이 아니지요. 하지만 변화 트렌드와 현실을 명확하게 인식하는 것이 문제를 해결하는 첫 단추가 될 것입니다. 그래서 인구와 부동산, 경제·경영에 관한 이슈도 다루었고요. 기후와 환경, 에너지 문제도 지역과 분리될 수 없는 중요한 트렌드이므로 이 또한 지도로 담아보았습니다. 무거운 주제 말고도, 우리가 삶의 재미를 느끼고 쉴 수 있는 여가 공간의 변화를 다양한 시각으로 분석해 보았습니다.

현재 우리나라의 행정 담당자들과 전문가들은 다양한 목적을 가지고 데이터를 수집하고 분석하여 정책에 활용하고 있습니다. 어마어마하게 좋은 데이터들이 컴퓨터 서버와 창고에 쌓여있지요. 적은 예산 때문에 홍보도 추진을 못 하고 있고 웹사이트를 만들어도, 살펴보는 사람들은 너무 적습니다.

이미 조사된 통계나 연구결과가 음식 재료라고 하면, 『지도로 읽는 대한민국 트렌드』는 지도로 요리된 맛난 음식으로 찾아갑니다. 이 책이 여러 주제를 다루다 보니 깊이 있는 분석이나 답까지 줄 수는 없겠지만, 우리 국토, 우리 삶의 공간의 다채로운 모습을 잠깐이라도 찬찬히 만끽할 수 있는 시간이 되길 바랍니다.

목차

1
사람 이야기
"인구와 인간"

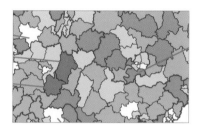

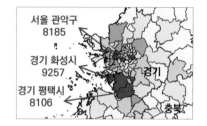

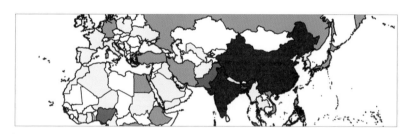

2
사는living 곳이자
사는buying 것인
"주거 공간"

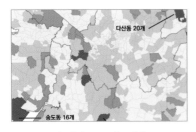

집, 아파트, 오피스텔은
어디에 많을까요? • 063

사회변화를 반영하는 주거 형태 • 075

3
의식주 다음 필요한,
"안전한 공간"

더 안전한 도시를 위해 만든 지도 • 090

어쩔 수 없는 자연재해라도
적절한 대응을 하려면 • 100

안전하게 일할 수 있는 곳을 원해 • 110

4
삶의 질을 좌우하는
"여가와 문화공간"

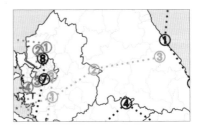

다채로운 K−문화 체험하기 • 116

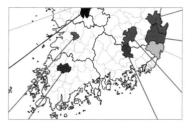

활기차게! 몸을 움직일 수 있는 곳! · 125

다양한 컨셉을 가진 힐링공간 · 135

다른 나라의 문화를 즐길 수 있는 꿀팁! · 149

5
경제활동이 기본!
"생산과 유통 공간"

생산부터 제조, 활용까지! · 158

기후변화로 인해 바뀌게 될,
바뀌고 있는 우리의 밥상 · 172

지나친 음주는 건강에 해롭지만…
조금씩 다양하게 즐겨볼까? · 178

6
움직여야 사는 사회,
"교통공간"

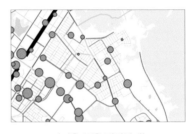

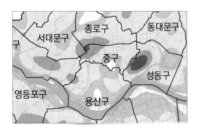

7
끝이 없는 "배움의 공간"

학교가 겪고 있는
변화를 살펴볼까? • 230

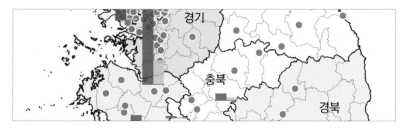

미래의 나는 어디서, 어떻게 일하고 있을까? • 240

8
생로병사가 담긴 "건강공간"

줄어드는 아이, 줄어드는 소아과 • 250

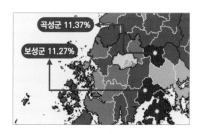

100세 시대, 우리가 건강하려면 • 257

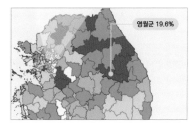

즐기지만 해로운 기호식품 지도 • 265

9
기후와 에너지,
"미래 이슈 공간"

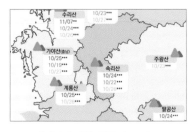

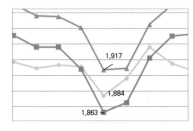

10
우리보다 덜 변하는
"자연 공간"

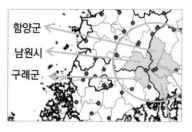

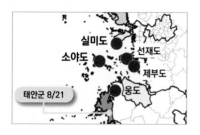

지구라는 행성에서 인간종(human species), 즉 학명으로는 호모 사피엔스(Homo sapiens)라고 불리는 존재는 거대 포식자로 지구의 환경을 좌지우지하고 있습니다. 이번 장에서 다룰 인구라는 단어는 사람(人)과 입(口)의 조합으로, 인간이란 존재가 먹어야 사는 동물임을 강조하고 있습니다. 특정 지역과 시기에 살아가는 인간종의 개체군을 의미하는 인구(人口, population)는 어쩌면 한 지역에서 함께 먹으며 살아가는 집단을 의미하는지도 모릅니다.

팝콘(popcorn)의 팝(pop)은 튀어 오르는 모습을 표현하지만, 팝송(popular song)의 팝(pop)은 대중의 인기를 지닌다는 의미입니다. 인기를 의미하는 'popular'와 인구를 의미하는 'population'은 사람(people)이라는 같은 어원을 갖지만, 두 단어가 항상 모든 사람을 의미하는 것은 아닙니다.

특정 국가나 문화에서의 인기나 인구를 의미할 수 있기 때문입니다. 그래서 우리는 "그 사람 참 인간적이야~"라고 말하며 인간의 특성을 표현하지만 "그 사람 참 인구적이야~"라고 말하지는 않습니다. 인구는 "口(입 구)"를 통해 물질적인 점이 강조되어 사회과학적이고 통계적인 용어로 사용되기 때문입니다. 그래서 이번 장에서 인구라는 단어를 자주 사용하면, 사람 사는 이야기를 하고자 하는 이 책의 목표를 달성할 수 없을지 모른다는 생각도 들었습니다. 그럼에도 불구하고 이번 장에서 인간적인 "인구 통계 지도"를 통해 한반도에서 살아가는 사람들의 이야기를 다뤄보고자 했습니다. 모쪼록 인구에 대한 이야기가 인간적으로 보이길 바라는 마음입니다.

1

사람 이야기
"인구와 인간"

지　도　로　읽　는　대　한　민　국　트　렌　드

인구의
힘

| 강원도가 아니라 원춘도라고요?

강원도는 한반도에서 일출이 가장 먼저 보이는 동해안의 탁 트인 바다와 숲이 우거진 산을 갖춘 아름다운 곳입니다. 많은 사람이 새해 일출을 보기 위해 정동진에 모이고, 여름에는 죽도 해변에서 서핑을 즐기기도 합니다. 하지만 묘하게도, 이렇게 많은 사람이 찾는 강원도는 제주도를 제외하고 인구가 가장 적은 곳입니다.

강원도라는 이름이 처음으로 붙여진 것은 1413년, 조선의 태종이 한반도를 8개의 도로 나누었을 때입니다 당시 강릉과 원주가 강원도를 대표하는 도시로 인정받아 그 머리글자를 따 강원도라 부르게 되었습니다. 그러나 원주가 강릉보다 더 많은 인구를 갖게 된 것은 1999년 이후입니다.

원주는 기업도시, 혁신도시 등 정책적 지원과 수도권과 가까운 위치 덕분에 인구가 계속해서 늘어날 수 있었습니다. 한편, 강릉은 외부의 유입이 적어 자연적으로 인구 감소를 경험했습니다. 그 결과, 오늘날 강원도에서 인구가 가장 많은 도시는 원주와 춘천입니다.

이러한 인구 변화는 "고용의 기회"와 "교육의 기회"가 더 많은 도시로 사람들이 이동하며 일어났습니다. 최근에는 강릉과 서울 간의 KTX가 연결되며 새로운 교통망이 건설되었지만, 강릉에 새로운 고용이나 기회가 창출되지 못한다면 이것이 반대로 강릉의 인구 감소를 가속할 수 있다는 의견도 있습니다. 인구 규모는 도시의 성장력과 직접적으로 연결되는 중요한 요소입니다. 강원도는 이제 '원춘도'라고 불려야 할지도 모르겠습니다.

카토그램 지도[1]

(1) 강원도

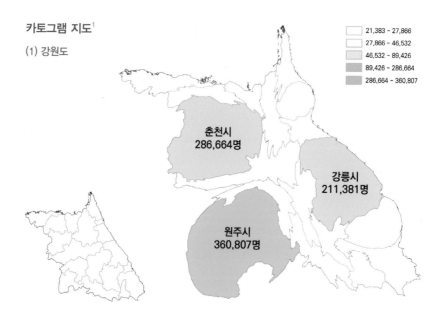

충청도는 충주와 청주의 머리글자를 따 만들어진 이름입니다. 1880년에는 충주가 6만 6천 명으로 청주보다 1만 명 정도 큰 규모의 도시였습니다. 그러나 1908년에 관찰사가 충주에서 청주로 이전하고 1920년 충북선이 개통되며 1937년부터 청주의 인구가 3만 명으로 충주의 인구

를 뛰어넘었습니다. 1956년 청주에 충북대학교가 생기면서 1957년에
는 청주가 7만 7천 명으로 충주보다 2만 명 이상 큰 규모의 도시가 되
었습니다. 현재는 청주시의 한 구가 충주시
보다 인구 규모가 큰 상황에서 충청도가 청
충도로 바꾸어도 이상하지 않을 것입니다.

(2) 충청도

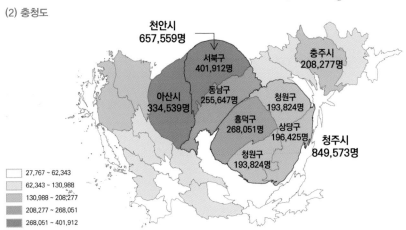

천안시
657,559명

서북구
401,912명

충주시
208,277명

아산시
334,539명

동남구
255,647명

청원구
193,824명

흥덕구
268,051명

상당구
196,425명

청원구
193,824명

청주시
849,573명

27,767 ~ 62,343
62,343 ~ 130,988
130,988 ~ 208,277
208,277 ~ 268,051
268,051 ~ 401,912

전라도는 전주와 나주의 머리글자를 따 만들어진 이름입니다. 강원
도, 충청도와 다르게 전라도에서 여전히 인구가 가장 많은 지역은 전주
입니다. 하지만 나주의 인구는 약 11만 명으로 전주보다 6배 적은 인구
가 삽니다. 전라남도에서는 순천과 여수의 인구가 27만 명을 넘으며 나
주보다 2배 이상 인구가 많습니다. 인구가 많은 곳을 주요도시로 보고
이름을 짓는다면 전순도나 전여도라고 불러야 할 것입니다. 그러나 오
랫동안 우리가 지역을 인식해 온 지명은 지속성을 가져야 하기 때문에
실제로 변화하지는 못할 것입니다.

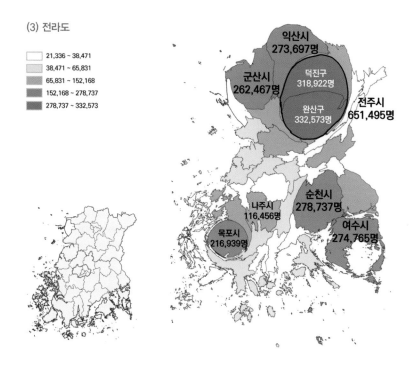

(3) 전라도

21,336 ~ 38,471
38,471 ~ 65,831
65,831 ~ 152,168
152,168 ~ 278,737
278,737 ~ 332,573

익산시
273,697명

군산시
262,467명

덕진구
318,922명

완산구
332,573명

전주시
651,495명

나주시
116,456명

순천시
278,737명

목포시
216,939명

여수시
274,765명

아! 경상도와 제주도는 어떻게 차이가 나타나는지 궁금하다고요?
2024년 대한민국 트렌드에서 다루어 보도록 하겠습니다.

출생률이 높은 곳,
결혼한 부부가 많은 곳은 어디일까?

| "출산율"과 "출생률", 뭐가 다르고 어디에서 달리 나타날까?

여성이 아이를 낳는 기계인가라는 주장과 함께 출산율이 아니라 출생률을 활용하여 남녀평등을 강조하자는 주장이 있습니다. 그러나 출산율과 출생률은 엄연히 다른 개념입니다. 태어난 아이를 중심으로 본 통계가 출생률이고, 출산한 엄마를 중심으로 본 통계가 출산율입니다. 아래의 두 그래프를 비교해 보면 두 지표가 다르게 나타나고 있습니다. 출산율이 가장 낮은 서울특별시는 출생률이 전국보다 높고, 출생률이 가장 낮은 전라북도는 출산율이 전국보다 높습니다 왜 다르게 나타나는 것일까요?

출산율 하위 5개 시도[2]

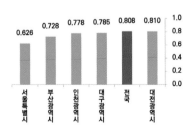

출생률 하위 5개 시도[3]

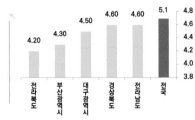

그 이유는 인구구조에서 찾아볼 수 있었습니다. 출산율은 엄마가 될 수 있는 15세~49세의 여성이 낳을 것으로 예상되는 아이의 수를 의미합니다. 그래서 젊은 여성이 많은 서울시와 주요 광역시의 출산율이 비교적 낮게 나타납니다. 반면 출생률은 인구 1천 명당 출생아 수를 의미합니다. 그래서 전라북도의 출생률이 4.2라는 것은 1천 명 중의 4.2명이 출생아인 현황을 보여줍니다. 출산율은 젊은 세대의 출산 가능성을 보여주는 지표이고, 출생률은 이미 태어난 아이의 비율을 보여주는 지표입니다. 미래의 출산아 수를 결정한다는 점에서 출산율은 출생률에 선행하는 지표로, 두 지표는 서로를 대체할 수 없습니다.

시도 수준으로 보면, 출산율이 가장 낮은 곳은 서울특별시이고 출생률이 가장 낮은 곳은 전라북도였습니다. 인구가 1천만 명에 가까운 서울시의 출산율이 가장 낮은 현실은 절망적입니다. 한국 인구 5명 중 1명이 서울에 살고, 특히 젊은 세대가 많이 사는 서울에서 출산율이 가장 낮다는 것은 그만큼 한국에 아이를 낳지 않는 젊은 세대의 수가 많다는 것을 보여주기 때문입니다. 2021년 해외의 주요 도시의 합계출산율을 살펴보면, 미국 워싱턴 주는 1.66, 일본 도쿄는 1.08, 중국 베이징은 0.635로 서울(0.626)이 가장 낮습니다.

합계출산율은 전국 평균보다 높지만, 출생률이 전국 평균보다 낮은 지역에는 전라북도와 경상북도가 있습니다. 이는 고령화된 인구구조, 국제결혼 이주 등으로 출생아 수가 비교적 적지만 젊은 세대의 출산 활동은 높게 나타남을 의미합니다. 반면 부산광역시와 대구광역시는 서울처럼 출산율과 출생률 전부 낮게 나타납니다. 아이를 낳는 젊은 세대도 적지만 절대적인 인구가 줄고 있고, 인구의 감소가 고령화로 이어지고 있어 아이의 수가 더 급격하게 줄어드는 것으로 해석할 수 있습니다.

시도 수준에서 출산율과 출생률이 가장 높게 나타난 곳은 세종특별자치시입니다. 출산율 1.27, 출생률 9.26으로 모두 전국 평균을 뛰어넘습니다. 그러나 경제협력개발기구(OECD)는 합계출산율이 1.3명 이하일 경우 초저출산 사회로 분류하고 있다는 점에서 세종시도 초저출산인 현실을 마주하게 됩니다[4]. 세종시의 출산율이 다른 지역에 비해 비교적 높은 것은 2012년부터 행정중심복합도시(행복도시)로 조성되며 공무원 등 젊은 경제활동인구의 유입이 일어났기 때문입니다. 2015년 세종시의 출산율은 1.89로 희망찼습니다. 공무원은 육아휴직 기간이 3년으로 길게 보장되고 단축근무, 모성보호 시간 등 육아 혜택이 많이 주어지기 때문에 아이를 낳는 경우가 많았기 때문입니다. 그러나 곧 세종시의 출산율은 점차 감소하여 어느새 초저출산 사회에 다다르고 말았습니다. 이는 점차 직업과 상관없이 젊은 세대 전반이 결혼이나 출산 자체를 기피하는 가치관을 가지게 되며 초래된 현상으로 보입니다[5].

엄마를 중심으로 본 통계가 출산율!

아이를 중심으로 본 통계가 출생률!

지도 위에서 시군구 수준으로 자세히 살펴보면 더욱 놀라운 사실을 알 수 있습니다. 출산율의 경우 영광군과 임실군이 1.8 이상으로 높게 나타납니다. 출생률은 영광군이 7.7로 높았고, 임실군도 5.5로 높은 편입니다. 농촌 지역의 높은 출산율은 지방자치단체의 적극적인 결혼 및 출산 장려 정책의 영향이 큽니다. 영광군은 공공임대주택 공급으로 청년과 신혼부부 주거 문제 해소, 결혼장려금 및 신생아 양육비 지급 등 파격적인 지원 정책을 펴고 있기 때문입니다. 임실군의 경우에도 출산장려금 지원, '임실 봉황 인재 학당' 등의 교육정책 등 다양한 정책적 지원을 펼치고 있습니다. 하지만 이러한 지역들조차도 점차 진행되는 출산율 감소를 막지 못하고 있습니다. 영광군의 출산율은 2019년 2.54명, 2020년 2.46명, 2021년 1.87명, 2022년 1.81명으로 수치가 점점 더 낮아지고 있기 때문입니다.

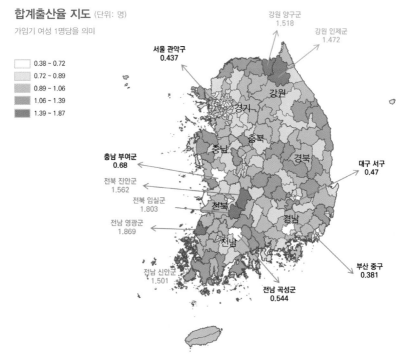

합계출산율 지도 (단위: 명)

가임기 여성 1명당을 의미

- 0.38 ~ 0.72
- 0.72 ~ 0.89
- 0.89 ~ 1.06
- 1.06 ~ 1.39
- 1.39 ~ 1.87

강원 양구군 1.518

강원 인제군 1.472

서울 관악구 0.437

강원

경기

충북

충남

경북

대구 서구 0.47

충남 부여군 0.68

전북 진안군 1.562

전북 임실군 1.803

전남 영광군 1.869

전북

경남

전남

부산 중구 0.381

전남 신안군 1.501

전남 곡성군 0.544

한편 부산 중구, 서울 관악구, 대구 서구는 출산율이 0.5 미만으로 매우 낮았습니다. 세 지역은 모두 젊은 여성이 상대적으로 많은 곳으로 아직 출산을 결심하지 않는 사회초년생 등이 많은 지역으로 보입니다. 특히 부산의 경우, 16개 행정구역 중 강서구를 제외한 모두가 출산율이 1을 넘지 않아 인구 급감이 우려되는 상황입니다. 그중 희망이 보이는 부산의 강서구는 세종시 다음으로 출생률이 높습니다. 부산에서 강서구의 출산 장려 정책이 특별히 좋은 것이 아님에도 신도시가 조성되어 인구가 유입된 점이 높은 출생률과 출산율의 이유로 보입니다. 강서구 주변에는 김해국제공항, 부산신(新)항 및 녹산공단(부산진해경제자유구역), 명지지구(명지국제신도시, 명지오션시티) 등이 개발되며 젊은 인구 유입이 활발하게 이뤄지고 있습니다. 결국 일자리와 좋은 주거환경이 보장되어야 인구가 유입된다는 것이죠.

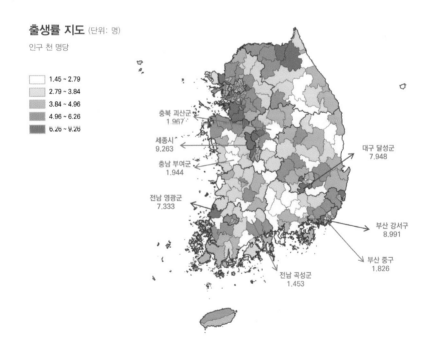

출생률 지도 (단위: 명)

인구 천 명당

	1.45 ~ 2.79
	2.79 ~ 3.84
	3.84 ~ 4.96
	4.96 ~ 6.26
	6.26 ~ 9.26

충북 괴산군
1.967

세종시
9.263

충남 부여군
1.944

전남 영광군
7.333

대구 달성군
7.948

부산 강서구
8.991

부산 중구
1.826

전남 곡성군
1.453

| 여성이 많은 지역과 남성이 많은 지역은 어디일까?

UN은 2050년이 되면 전 세계의 성비가 100이 되며, 여성과 남성의 인구가 동일해질 것으로 예측했습니다[6]. 남자가 더 많이 태어나고 여자가 더 오래 사는데요. 점점 태어나는 아이의 수는 감소하고 평균 수명이 길어져 오래 사는 사람들이 많아지면서 더욱 여성의 비율이 높아지기 때문입니다. 그러나 성비는 아래 지도처럼 국가마다 천차만별로 다릅니다.

세계적으로 남성이 여성보다 많지만, 일부 국가에서는 그 반대일 지도[6]

2021년 7월, 여성 100명당 남성의 수(성비)

한국의 성비, 즉 여자 100명당 남자 수는 2002년에 100.7, 2012년에 100.2, 2022년에 99.4로 점점 낮아지고 있습니다. 2014년 성비가 100으로, 남성과 여성의 인구가 같았고 그 이후로 여성의 비율이 점차 높아지고 있는 것입니다. 한국의 인구구조를 분석한 결과, 여성 비율의 증가는 고령 인구에서 더욱 심화하였습니다[7]. 여전히 젊은 세대에서는 남성의 비율이 높지만, 고령화 과정에서 전체적인 성비가 점점 낮아지고 있는 것입니다. 한국 안에서도 지역별로 성비는 다르게 나타나고 있습니다. 아래 지도와 말풍선을 보면 도시에 젊은 여성이 몰리고 고령화된 농촌에 여성이 남고 있었습니다.

시군구별 성비 지도[8]

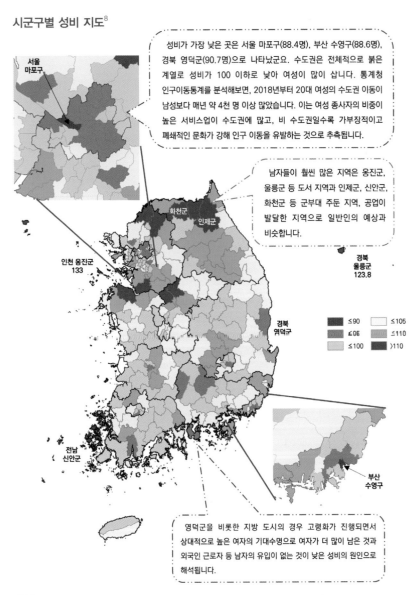

성비가 가장 낮은 곳은 서울 마포구(88.4명), 부산 수영구(88.6명), 경북 영덕군(90.7명)으로 나타났군요. 수도권은 전체적으로 붉은 계열로 성비가 100 이하로 낮아 여성이 많이 삽니다. 통계청 인구이동통계를 분석해보면, 2018년부터 20대 여성의 수도권 이동이 남성보다 매년 약 4천 명 이상 많았습니다. 이는 여성 종사자의 비중이 높은 서비스업이 수도권에 많고, 비 수도권일수록 가부장적이고 폐쇄적인 문화가 강해 인구 이동을 유발하는 것으로 추측됩니다.

남자들이 훨씬 많은 지역은 옹진군, 울릉군 등 도서 지역과 인제군, 신안군, 화천군 등 군부대 주둔 지역, 공업이 발달한 지역으로 일반인의 예상과 비슷합니다.

서울 마포구

인천 옹진군 133

화천군

인제군

경북 울릉군 123.8

경북 영덕군

≤90	≤105
≤06	≤110
≤100	)110

전남 신안군

부산 수영구

영덕군을 비롯한 지방 도시의 경우 고령화가 진행되면서 상대적으로 높은 여자의 기대수명으로 여자가 더 많이 남은 것과 외국인 근로자 등 남자의 유입이 없는 것이 낮은 성비의 원인으로 해석됩니다.

| 신혼부부가 많은 지역은 어디일까?

어디에 신혼부부가 많이 있을까요? 인구가 많은 곳에 그 수는 많겠지만, 지역의 인구를 기준으로 혼인 건수의 비율, 혼인율*을 살펴봤습니다. 혼인율이 가장 높은 지역은 영등포구였습니다. 그 뒤로 화천군, 평택시, 하남시, 천안시 서북구 순으로 높게 나타났습니다. 혼인율이 가장 낮은 지역은 순창군과 군위군이었습니다.

평균 초혼 연령은 남자 33.4세, 여자 31.1세로 점점 높아지고 있습니다. 수도권 집중으로 늘어난 통근 시간과 과도한 경쟁 사회는 청년들의 초혼 나이를 높이고 있습니다. 서울의 경우, 남자의 평균 초혼 연령은 33.9세, 여자의 평균 초혼 연령은 31.9세로 전체 시도 중 남자, 여자의 초혼 연령이 가장 높았습니다. 부부 사이의 나이 차이로 초혼 비중을 살펴보면, 2021년 대비 2022년에 남자가 연상인 부부의 비중은 1.1%P 감소했으나 여자가 연상인 비중은 0.7%P, 동갑인 비중은 0.4%P 증가했

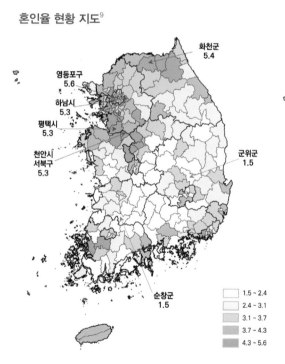

혼인율 현황 지도[9]

화천군
5.4

영등포구
5.6

하남시
5.3

평택시
5.3

천안시
서북구
5.3

군위군
1.5

순창군
1.5

1.5 ~ 2.4
2.4 ~ 3.1
3.1 ~ 3.7
3.7 ~ 4.3
4.3 ~ 5.6

---

* 혼인율 = (연간 혼인건수 ÷ 당해 연도 주민등록연앙인구) ×1000

습니다. 의무 군 복무 기간을 고려했을 때 남자가 연상인 부부가 큰 비중을 차지하지만, 점점 여성이 연상인 부부가 증가하며 부부의 다양성도 늘어나고 있습니다.

2022년 한국의 이혼율은 2.0으로 혼인율(3.8)과 큰 차이가 없습니다. 이혼율*이 가장 높은 지역은 울릉군(3.5)이었고, 그 뒤로 옹진군(3.1), 정선군(3.0)이 높게 나타났습니다. 울릉군과 옹진군은 모두 섬으로 이루어진 도서 지역입니다. 두 지역의 이혼율이 높은 것은 섬의 삶이 퍽퍽한 까닭일까요? 이혼율이 가장 낮은 지역은 봉화군이었습니다.

혼인이 지속된 기간으로 이혼의 구성비를 살펴보면, 0~4년의 부부가 18.8%로 가장 많았고, 30년 이상 부부 17.6%, 5~9년 부부는

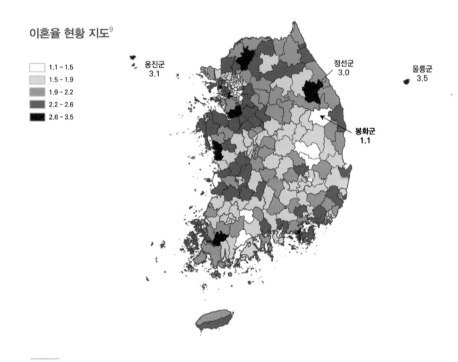

이혼율 현황 지도[9]

* 이혼율 = (연간 이혼건수 ÷ 당해 연도 주민등록연앙인구) × 1000

17.1% 순으로 많았습니다. 특히 30년 이상 부부에서 이혼이 증가하는 추세는 아이를 키우기 위해 이혼을 미루는 한국의 문화를 볼 수 있습니다. 네브라스카 링컨 대학의 조디밴래닝험 교수가 결혼 만족도의 변화를 살펴보기 위해 2,034쌍의 부부를 17년 동안 연구한 결과, 결혼 만족도가 점점 떨어지는 경향을 확인했습니다. 이러한 경향을 고려하면, 혼인 기간이 길수록 이혼율이 높아지는 것이 자연스러운 현상일 수도 있겠네요.

혼인율과 이혼율의 차이가 가장 크게 나타난 곳은 영등포구입니다. 경기 과천시, 수원시, 하남시 순으로 연이어 높게 나타났습니다. 혼인율보다 이혼율이 높은 지역은 음수로 값이 나타나는데요. 전북의 장수군과 임실군, 그리고 경북의 영덕군이 다른 지역에 비해 혼인하는 사람보다

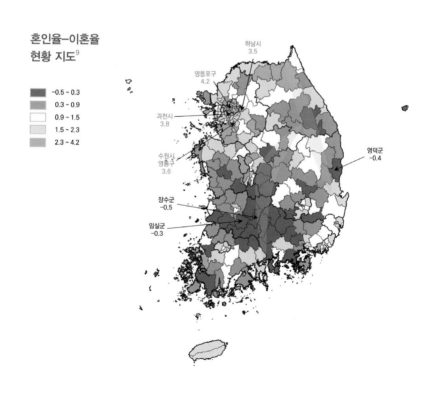

혼인율-이혼율
현황 지도[9]

-0.5 ~ 0.3
0.3 ~ 0.9
0.9 ~ 1.5
1.5 ~ 2.3
2.3 ~ 4.2

하남시
3.5

영등포구
4.2

과천시
3.8

수원시
영통구
3.6

장수군
-0.5

임실군
-0.3

영덕군
-0.4

이혼하는 사람의 비율이 높은 것으로 나타났습니다. 청년들은 주로 지방보다는 수도권, 광역시 지역을 선호하는 경향이 있어 지방 지역에 거주하는 청년이 적으므로 혼인하는 인구가 적을 수밖에 없습니다. 특히 앞쪽의 지도에서 노란색 음영으로 표시된 곳이 주로 산지 지형으로 이루어져 있는데요. 이러한 곳에는 청년들이 적게 살고 있으므로 혼인율이 낮아서, 타지역과 이혼율은 비슷하게 집계됨에도 불구하고 혼인율과 이혼율과의 차이를 봤을 때 마이너스 값이 나타나는 것으로 볼 수 있습니다. 지도를 해석할 때 눈에 보이는 그대로 해석할 수 있지만, 다양한 요소를 고려하여 복합적으로 지도를 읽는 힘을 기르는 것도 필요합니다.

세계의 다양한 혼인 제도[10]

많은 문화권에서 혼인은 전통적으로 두 성인의 사회적 계약으로 이해되어 왔으며, 결혼이라고도 하지요. 역사 속에서 결혼은 신석기 시대에 부계불확실성, 즉 아버지가 누구인지 몰라서 돌봄의 문제가 발생하지 않도록 신석기 시대부터 등장했어요. 농경 정착과 고대국가의 등장 이후에는 결혼이 거래와 같은 형태로 이뤄지기도 하며 배우자 선택에 자율권이 없는 문제가 발생하기도 했지요. 한국에서는 유교 문화의 영향으로 1980년대까지 결혼을 반드시 해야 하는 통과의례이며 이혼은 금기시하는 등의 문화가 있었습니다.

21세기 ¼를 바라보는 현재, 우리나라에서 결혼하기 위해서는 혼인 적령 나이인 만 18세 이상이어야 하고, 근친혼이나 중혼이 아니어야 한다는 조건이 있습니다. 또한, 결혼식과는 별개로 혼인신고를 해야 법적인 부부로 인정되지요. 우리나라에서 혼인은 이성 간의 결합을 의미하고 따라서, 동성 간 혼인은 인정하지 않고 있습니다. 네덜란드, 덴마크 등 유럽 일부 국가와 미국, 대만 등의 나라에서는 동성결혼을 합법화했습니다. 그렇다면 세계의 여러 국가는 우리나라와 혼인 제도가 무엇이 다를까요?

미국을 비롯한 서양 대부분의 국가에서는 결혼한 남편의 성을 아내가 따르는 문화가 있습니다. 성평등을 추구하는 사회에서 이상하지요? 그러나 최근에는 가부장적 관념에서 생겨난 문화를 거부하기 위해 결혼 이후 성에 대한 개인의 선택을 존중하는 분위기가 형성되고 있다고 합니다.

최근에는 세계 각국에서 전통적인 형태 이외의 가족을 보호하기 위한 움직임이 일어나고 있어요. 비혼, 동거, 딩크족 등 새로운 공동체가 등장하는 상황에서 프랑스의 팍스(PACS, 시민연대계약)는 결혼의 대안이 될 수 있다고 주장합니다. 이 제도를 통해 다양한 공동체는 결혼하지 않더라도 차별 없이 생활하고 법적으로 보호받을 수도 있지요. 우리나라도 '생활 동반자관계법'을 발의해 다양한 형태의 가족을 보호하기 위해 노력하고 있는데 반대도 만만치 않습니다.

다양한 형태의
가족을 살펴보자

| 1인 가구는 어디에 가장 많을까요?

2020년 기준 1인 가구가 가장 많은 지역(시군구 기준)은 서울 관악구입니다. 특히 관악구는 20대와 30대 1인 가구가 가장 많이 살고 있는 동네입니다. 1인 가구 중에서 40대가 많은 곳은 경기 화성시와 부천시였고, 50대 이상의 1인 가구도 경기 부천시로 나타났습니다. 대전의 유성구, 동구 및 서구는 다른 지역에 비해 20세 미만의 1인 가구가 많이 살고 있는 동네로 나타났습니다. 1인 가구와 가구별 나이

1인 가구 수 지도[11]

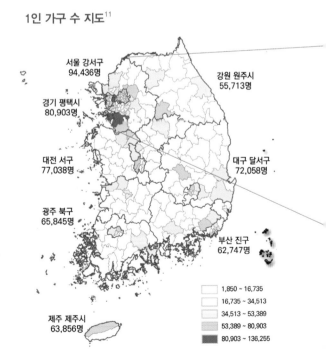

서울 강서구
94,436명

강원 원주시
55,713명

경기 평택시
80,903명

대전 서구
77,038명

대구 달서구
72,058명

광주 북구
65,845명

부산 진구
62,747명

제주 제주시
63,856명

	1,850 ~ 16,735
	16,735 ~ 34,513
	34,513 ~ 53,389
	53,389 ~ 80,903
	80,903 ~ 136,255

를 살펴봤을 때, 서울 관악구에서는 청년이, 경기도 부천에서는 중년층이 많이 살고 있는 것을 알 수 있습니다.

1인 가구도 나이에 따라 지역별 분포 양상에 차이가 나타납니다. 서울시, 대전시, 세종시의 1인 가구 중 50%는 30대 이하라고 합니다. 특히, 대전과 세종의 경우 1인 가구의 30%는 20대 이하입니다. 이는 세종으로 행정 기능이 이전됨에 따라 대전까지도 젊은 인구가 함께 늘어난 것으로 볼 수 있습니다. 이와는 다르게 전라남도의 경우 1인 가구의 절반이 60대 이상이며, 전북, 경북, 경남, 강원의 경우도 60대 이상이 40% 이상으로 높게 나타나고 있습니다. 지역에 따라 홀로 살아가는 인구의 나이가 뚜렷하게 구분되는 특성을 엿볼 수 있습니다.

나이에 상관없이 홀로 살아가는 것은 종종 쓸쓸함 또는 외로움을 동

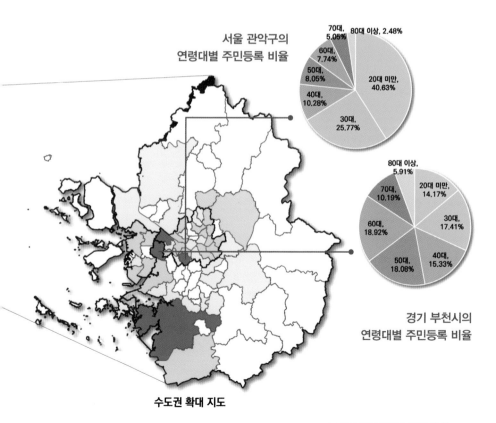

서울 관악구의
연령대별 주민등록 비율

70대, 5.05%
80대 이상, 2.48%
60대, 7.74%
50대, 8.05%
40대, 10.28%
30대, 25.77%
20대 미만, 40.63%

80대 이상, 5.91%
70대, 10.19%
20대 미만, 14.17%
60대, 18.92%
30대, 17.41%
50대, 18.08%
40대, 15.33%

경기 부천시의
연령대별 주민등록 비율

수도권 확대 지도

반하기 때문에 자신의 마음과 건강 상태를 관심 있게 살펴볼 필요가 있습니다.

20대가 아닌 다른 세대에서도 1인 가구는 점점 많아지고 있습니다. 혼자 사는 것이 자연스러운 시대가 되었다는 것이죠. 시도 수준에서 전체 가구 대비 1인 가구 비중이 가장 높은 곳은 대전(36.3%)입니다. 강원(35%), 서울(34.9%), 충북(34.8%), 충남(34.2%)이 뒤를 이어 1인 가구 비중이 높았습니다.

반면 관악구 아래 과천시의 경우 1인 가구가 약 4천 가구로 매우 적고, 시군구 중에서 1인 가구 비율도 가장 낮게 나타났습니다. 과천시는 1990년대부터 전국에서 가장 살기 좋은 도시 1위로 선정되며 높은 집값이 형성되기도 하였지만, 과천시의 83%가 개발 제한구역으로 지정되어 주택 개발이 어렵다는 단점이 있습니다. 지역별로 다양한 이유가 있겠지만, 1인 가구의 비율이 낮게 나타나고 있다는 것은 과천이 1인 가구보다는 여전히 핵가족, 확대가족 등이 많이 남아있는 것으로 볼 수 있습니다.

| 비친족가구의 분포

김순남의 『가족을 구성할 권리』는 동거 가구, 친구 관계의 3인 가구 등 다양한 형태의 가구가 살아가는 이야기를 들려줍니다. 혈연과 결혼으로 맺어진 가족을 '정상가족'이라 칭하며, 필연적인 운명 공동체로 상정하는 가족주의가 지배하는 사회에서 돌봄의 공백이나 사회적 고립과 같은 위기는 이상적인 가족을 갖지 못한 개인의 문

제로 축소되어 버립니다. 우리 사회의 가족주의는 사회적 안전망을 가족이라는 사적 안전망으로 대신해 채우며 계속돼 왔다고 이야기합니다. 그런데도, 저자는 사회적 지원과 안전망의 부재에도 불구하고 긴

시간 동안 일반적으로 우리가 생각하는 정상가족의 범주에서 벗어나 함께하는 이들의 모습은 어떤 형태이며, 강한 신뢰를 기반으로 유지되는지 보여줍니다.

비친족가구는 가족이 아닌 남남끼리 사는 5인 이하의 가구를 의미하는 말이라고 사전에 정의되어 있습니다. 혼인을 통해 이루어진 가족이 아니라, 친

비친족가구 시군구 현황[12]

(1) 비친족가구 수의 분포

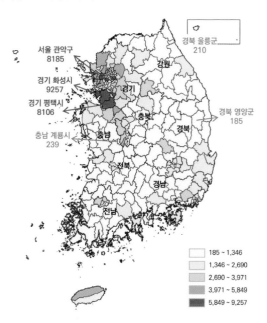

구 또는 애인 등과 사는 새로운 가구의 형태라고 생각할 수 있습니다. 실제로 통계청의 「장래 가구 추계」에 따르면, 비친족가구의 비율은 계속 증가해 왔고, 2028년에는 2.5%를 넘을 것으로 예측됩니다.

비친족가구 비율의 변화 예측(2017-2050)[13]

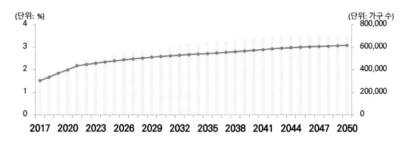

그러나 다양한 형태의 가구를 인정하는 것이 가족의 해체를 정당화하거나 독려하는 것으로 해석해서는 곤란합니다. 다양한 형태의 가족이 사회의 건강한 일원이 될 수 있도록 인식과 제도의 개선이 필요하지 않을까요?

비친족가구의 수가 가장 많은 시군구는 화성시(9,257가구)였습니다. 그 뒤로 관악구(8,185가구)와 평택시(8,106가구)가 8,000가구 이상으로 많았습니다. 이와는 달리 비친족가구의 비율이 가장 높은 곳은 울릉군(5%)입니다. 그다음으로 옹진군(4.6%), 인천 중구(4%)가 4% 이상으로 높게 나타났습니다. 가족과 친척들이 모두 도시로 떠나고 같이 가구를 이루어 사는 경우가 많아지는 추세도 지역마다 그 정도가 다르다는 것은 평균 실종을 공간적으로 보여주는 예시입니다.

비친족가구 시군구 현황[12]

(2) 비친족가구 비율 분포

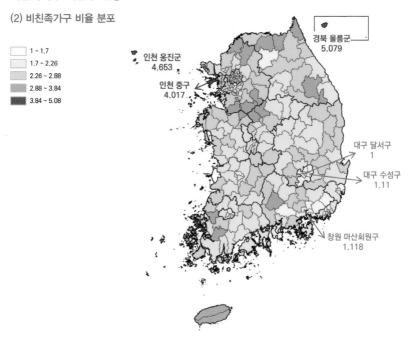

☐	1 ~ 1.7
☐	1.7 ~ 2.26
☐	2.26 ~ 2.88
☐	2.88 ~ 3.84
■	3.84 ~ 5.08

인천 옹진군
4.653

인천 중구
4.017

경북 울릉군
5.079

대구 달서구
1

대구 수성구
1.11

창원 마산회원구
1.118

비친족가구 수의 증가를 바라보는 눈이 좀 더 부드러워지려면, 피는 물보다 진하다는 말보다는 'Out of sight, Out of mind(눈에서 안 보면 멀어진다)'와 같은 속담이나 이웃사촌이란 단어가 더 친숙한 단어가 되어야 할 것 같습니다.

| 20세 미만의 미성년자가 가구주가 되어야 하는 사연은 무엇일까요?

가구주는 실질적으로 생계를 책임지고 있는 사람을 의미합니다. 세대주와 구분 없이 쓰이기도 하지만, 세대주는 일본식 한자어이며 주민등록상 대표자로 인구 이동 상황을 파악하려는 행정적인 목적으로 만들어졌다고 합니다. 세대주라는 일본식 표현을 사용하지 않고 가구주라는 표현으로 바꿔 사용하는 것이 적절할 것 같습니다. 세대를 책임지는 가구주가 종종 20세 미만인 경우가 있다고 합니다. 15세 이상 19세 미만의 미성년 가구주는 대전광역시 동구(1,799가구) 및 서구(1,483가구)에 가장 많게 나타났으며, 전체 가구에서 미성년 가구주의 비율이 높은 지역은 전북 완주군(1.75%)으로 나타났습니다. 뒤를 이어 대전 동구(1.71%), 강원 강릉시(1.32%)와 천안시 동남구(1.01%)로 뒤를 이었습니다. 미성년 가구주가 압도적으로 많이 등록되지는 않았지만 왜 이런 경우가 나타날까요?

첫 번째는 함께하던 성인 가구주가 부재할 시 자녀가 혼자 남는 상황에 해당합니다. 사망, 실종, 가출, 국외 이주 등의 이유가 있을 수 있습니다. 다음으로는 외국인 어머니와 거주하는 한국 국적의 미성년이 가구주로 등록할 때입니다. 외국인은 주민등록법에 따라 가구주로 전입 신고가 불가능하여, 한국 국적의 자녀가 대신하여 가구주로 등록한다고 합니다[14]. 외국인 어머니 또는 아버지는 체류지 변경 신고를 통해서 미성년 가구주와 가족임을 증명하는 방법을 통해 우리나라에서 자녀와 함께 거주하고 있는 것입니다. 이는 한국에 와서 가정을 꾸리고 살다가 한국인 부 또는 모가 사망하거나 이혼했을 경우에 자녀와 남은 다문화 가정들이 선택하는 방법입니다.

다음의 지도에서 미성년자 가구주의 비율이 광역시보다는 지방에서의 분포가 뚜렷하게 확인된다는 점에서 다문화 가구의 비율이 높은 곳에서 나타나는 현상으로도 볼 수 있습니다. 이 외에도 자녀교육, 양도세 회피나 부동산 투자 등의 목적으로 가구를 분리하는 경우도 해당할 수 있습니다. 물론 이는 불법이기 때문에 절대 해서는 안 되며, 발각될 경우 3년 이하의 징역 또는 3천만 원 이하의 벌금에 처한다고 합니다.

이외에도 19세의 미성년자 가구주가 높은 경우는 이촌향도 대학생들이 별도의 주거지를 얻게 되면서 늘어났다는 것도 함께 고려해야겠지요.

15세 이상 19세 미만의
미성년자 가구주 비율[15]

- 0 ~ 0.18
- 0.18 ~ 0.37
- 0.37 ~ 0.62
- 0.62 ~ 1.01
- 1.01 ~ 1.75

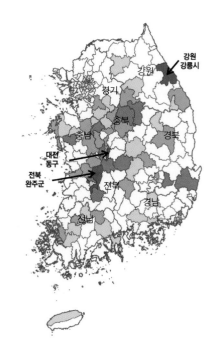

미성년자가 가구주가 된다는 일이 어색한 일이 아닌 이유가 조금은 이해가 될까요? 돈 많은 부모들의 꼼수와 어쩔 수 없이 가구주가 된 사례가 대조적으로 느껴집니다.

| 다문화 가구는 어디에 많을까요?

다문화 가구는 귀화자 또는 결혼 이민자가 포함된 가구 또는 그 자녀가 포함된 가구로 외국인 가구와는 다른 개념입니다. 2015년부터 외국인과의 혼인 비중이 7%에서 2019년 10%까지 높아졌다가 코로나19의 확산으로 다시 7%로 감소했어요. 2022년 혼인 통계에 따르면, 외국인 여자와의 혼인은 9천 건, 외국인 남자와의 혼인은 4천 건으로 확인됩니다. 귀화자 혼인의 비율도 지속적으로 늘고 있습니다. 혼인한 외국인을 국적별로 보면 외국인 아내의 국적은 중국 27.0%, 태국 17.7%, 베트남 14.7% 순으로 많았습니다. 외국인 남편의 국적은 미국 31.0%, 중국 18.9%, 베트남 10.7% 순으로 많았습니다.

다문화 가구 수가 가장 많은 지역은 경기 부천시(10,267가구)였고, 비율이 높은 곳은 경기 안산시 단원구(5.1%)로 나타났습니다. 부천시의 경

다문화 마을 특구 음식점 지도[16]

인도네시아의 구라미아삼페다스

캄보디아의 녹락

우는 서울, 인천과의 높은 접근성과 일자리가 풍부하다는 점에서 외국인 노동자의 비율이 높아 다문화 가정의 수가 많은 것으로 해석해 볼 수 있습니다. 또한, 안산시의 경우, 2009년 국내 최대 외국인 밀집 거주 지역으로 다문화 마을 특구로 지정되어 적극적으로 다문화 가정을 포용하는 정책을 펼치고 있는 곳입니다. 다문화 마을 특구의 음식점 지도를 보면, 한국 음식점부터 시작해서 중국, 인도네시아, 인도, 베트남, 스리랑카, 파키스탄, 캄보디아, 우즈베키스탄 등 50여 개의 음식점이 모여있는 것을 확인할 수 있습니다.

다문화 가구 지도[17]

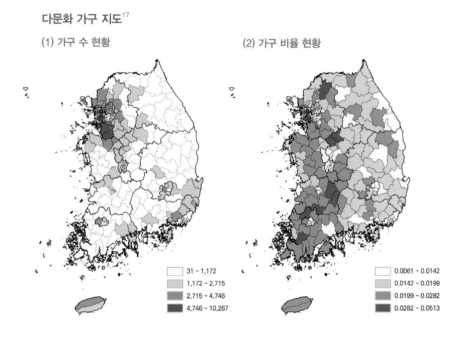

(1) 가구 수 현황

31 ~ 1,172
1,172 ~ 2,715
2,715 ~ 4,746
4,746 ~ 10,267

(2) 가구 비율 현황

0.0061 ~ 0.0142
0.0142 ~ 0.0199
0.0199 ~ 0.0282
0.0282 ~ 0.0513

다문화 가구가 늘어나면서 자연스럽게 다문화 학생의 수도 2021년을 기점으로 16만 명을 넘어섰다고 합니다. 초중고 학생 수를 비교했을 때, 초등학교 다문화 학생 증가율(3.4%)에 비해 중학교(26.8%)와 고등학교(14.7%)의 다문화 학생 증가율이 현저히 높았습니다. 특히 중학생의 경우 강원 양양군, 부산 중구, 경북 청도군 및 울릉군의 지역에서 1년 동안 100%의 증가율을 보였습니다. 전국에서 다문화 학생 수가 가장 많은 곳은 경기 안산시였습니다. 2021년 초등학생 3,762명(전년도 대비 8% 증가), 중학생 1,195명(전년도 대비 17% 증가), 그리고 고등학생 582명(전년도 대비 21% 증가)으로 집계되었습니다[18, 19]. 앞으로 다문화 학생의 수는 더욱 늘어날 것이라고 예측할 수 있습니다. 안산시 외에도 경기도의 시흥시, 수원시, 부천시의 다문화 학생의 수가 많다고 합니다.

학생의 수가 아닌 '비율'로 살펴본다면, 경북과 전북, 전남 지역이 높게 나타났습니다. 학생 수가 광역시에 비해 적기 때문에 다문화 가정의 학생이 상대적으로 많다고 볼 수 있습니다. 전라북도 장수군에서 15%의 비율을 차지하여 가장 높게 나타났고, 진안군과 임실군이 14%, 경북의 영양군이 13% 등으로 높은 비율을 보여주고 있습니다. 하지만 늘어나는 다문화 학생에 비해 적절한 교육과정이 준비되어 있지는 않은 실정이라고 합니다.

한국청소년정책연구원이 2011년부터 2019년까지 진행한 '다문화 청소년 종단연구'의 총괄보고서[20]에 따르면 학교 공부 시 '별 어려움이 없다'고 응답한 다문화 학생의 비율이 약 54~79%였지만, 초등학교에서 중학교로, 중학교에서 고등학교로 학교가 전환되는 시기에 어려움을 크게 느낀 것으로 나타났습니다.

학교 공부에서 어려운 점으로는 '책의 내용을 이해하는 것'이 어렵다고 응답한 비율이 고등학교 재학 시기에 10% 이상 증가했습니다. 다문화 학생 비율이 높은 지방자치단체의 경우, 우리나라의 교육과정에서 어려움을 덜 느낄 수 있도록 별도의 학습 지원 정책을 마련하는 것이 필요해 보입니다. 한국에서 함께 커가는 아이들을 위해 교육지원은 필수적으로 이루어져야 할 것입니다. 또한 다문화라는 용어도 편의상 만들어진 개념일 뿐 우리나라의 모든 학생이 동일하게 여겨질 수 있도록 인식개선이 필수적으로 뒤따라와야 할 것입니다.

다문화 학생 지도[19]

(1) 학생 수   (2) 비율

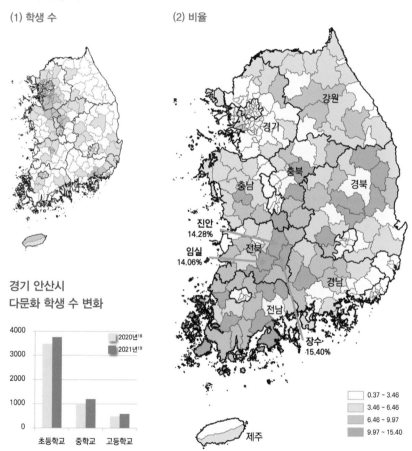

경기 안산시
다문화 학생 수 변화

2020년[18]
2021년[19]

초등학교   중학교   고등학교

진안
14.28%
임실
14.06%
장수
15.40%

강원
경기
충북
충남
경북
전북
경남
전남
제주

0.37 ~ 3.46
3.46 ~ 6.46
6.46 ~ 9.97
9.97 ~ 15.40

지구 위에 우리나라의 인구는
어느 정도일까?

| 인구의 도시화

**용도지역(왼)과 행정구역(오)에 따른
도시인구 분포 지도**[21]

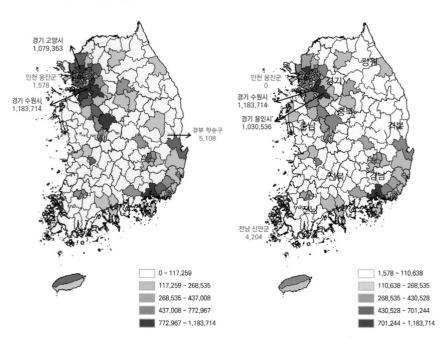

경기 고양시
1,079,353

인천 옹진군
1,578

경기 수원시
1,183,714

경부 청송구
5,108

강원

경기

인천 옹진군
0

경기 수원시
1,183,714

경기 용인시
1,030,536

충북

충남

경북

전북

경남

전남

전남 신안군
4,204

| 0 ~ 117,259 |
| 117,259 ~ 268,535 |
| 268,535 ~ 437,008 |
| 437,008 ~ 772,967 |
| 772,967 ~ 1,183,714 |

| 1,578 ~ 110,638 |
| 110,638 ~ 268,535 |
| 268,535 ~ 430,528 |
| 430,528 ~ 701,244 |
| 701,244 ~ 1,183,714 |

최근 OECD가 '도시 권역'을 분석한 결과, 우리나라는 유럽에 비해 대도시 중심의 도시화 추세가 훨씬 심각한 것으로 평가되었습니다. 우리나라의 경우가 더 빠르게 진행되고 있긴 하지만 이런 도시 밀집화 현상은 비단 우리나라만의 문제는 아니긴 합니다. UN에 따르면 2050년까지 세계 인구의 약 68%가 도시에 거주하게 될 것이라고 합니다[22].

우리나라 전체 인구 중 91% 이상이 도시에서 거주하고 있어요. 용도지역 인구 기준으로 91.8%, 행정구역 인구 기준으로 91.37%가 도시지역에 살고 있다니 놀랍죠? 이 중 용도지역이 주거지역, 상업지역, 공업지역, 녹지지역에 거주하는 인구를 도시인구로 보는 것이기 때문에 더욱 실질적인 도시인구 분포를 나타낸다고 볼 수 있습니다.

수원시는 용도지역과 행정구역 기준에서 모두 100% 도시인구를 보였지만, 고양시의 경우 용도지역 기준에서는 94.38%였고 행정구역 기준에서는 100% 도시인구를 보입니다. 화성시는 용도지역 기준으로 도시인구 비율이 73%이지만, 행정구역 기준으로 91.58%랍니다. 왜 그럴까요? 이는 고양시와 화성시가 행정적으로는 도시에 속하면서도 실질적으로는 농림지역이나 자연환경보전지역, 관리지역을 다수 포함하고 있기 때문입니다.

용도지역 도시인구가 가장 많은 시군구는 수원시였습니다. 물론 수원시도 아래에 구 단위의 통계가 있지만 시군구로 표현할 경우, 경기도 수원시가 서울의 하나의 구와 같은 수준으로 다루어집니다. 그 뒤로 용인시, 고양시, 창원시 순으로 100만 명 이상의 도시인구로 나타납니다. 수원시는 최근 100만 명 이상의 인구를 가지게 되며 창원시와 함께 명칭이 '특례시'로 변경되었습니다*. 유럽에서 제일 인구가 밀집된 도시가 프랑스 파리와 독일의 베를린인데 각각의 2021년 인구가 214.8만 명, 366.4만 명인 것을 고려할 때[23], 수원시의 110만 인구는 결코 작은 도시가 아니라는 것을 알 수 있습니다.

집에서 생활할 때 반드시 필요한 기능이 있습니다. 전기, 가스 그리고 수도입니다. 이 세 가지 요소가 없다면, 집에서의 생활이 불편하게 느껴질 것입니다. 이런 이유로 환경의 관점에서 도시화 정도를 살펴볼 수 있는 기준으로 크게 상수도와 도시가스 보급률을 꼽습니다. 도시인구가 적은 강원도와 전라남도의 도시가스 보급률은 각각 53.6%, 58.8%입니다. 상수도 보급률도 강원도가 93.3%, 전라남도가 92.6%로 전 지역에 보급이 되지 않은 것을 알 수 있습니다. 하지만 더 낮은 지역이 있습니다. 바로 제주도인데요. 도시가스 보급률은 16.8%, 상수도 보급률은 78%입니다. 제주 지역은 아파트 단지나 최근 지어진 주택이 아니면 직접 가스가 담긴 가스통을 연결해서 사용하는 방식을 여전히 많이 사용하고 있습니다. 가스가 떨어지면 가스를 배달하거나 직접 사오기도 합니다. 인구 기준으로 봤을 때 우리나라의 대부분 지역은 도시라고 볼 수 있으나 이러한 기반 시설로 봤을 때는 '시' 지역이라 하더라도 실제 도시의 편리성을 확보하지 못한 곳도 종종 있다는 것을 알아둘 필요가 있습니다.

---

* 수원특례시의 인구는 2021년 1,216,965명입니다. 2002년 5월 말 기준 1,005,048명으로 100만 명 이상의 도시가 되었습니다[24].

| 세계가 100명으로 이루어져 있다면 우리나라는 몇 명일까요?

사람은 혼자서 살아갈 수 없어요. 일반적으로는 가족을 꾸리고, 부족을 이루고, 국가에 소속되어 사회라는 울타리 안에서 살아가지요. 긴 역사를 살펴보면 국가가 일부일처제의 원칙을 가지고 사회의 기본 단위로 가족을 정의하고 관리한 것은 지구 전체로 볼 때 200년이 채 안 됩니다. 인구와 사람을 언급하면서 국가, 지역을 따지고 가구를 기본 단위로 삼기 시작한 것도 긴 역사에서 볼 때는 비슷한 시기가 되지 않을까요?

사람에 대한 지도를 그려 보려면, 어쩔 수 없이 국가와 가구의 통계를 볼 수밖에 없어요. 무한정 자유인처럼 어디든 갈 수 있는 것 같아도, 여권이 없으면 갈 수가 없어요. 국가는 실존의 끝자락에 위치한다고 하지요. 전 세계지도를 그릴 때도 국가를 단위로 하고, 그 속에서 가구와 인구를 다룹니다. 통계로 정리되는 인구는 개개인의 특성과 인격과는 상관없이 숫자로 표시할 수밖에 없어요. 그러나 숫자로 나타난 현 상황을 결과적으로 지도로 표시만 하는 것이 아니라, 이러한 지도에서 영감(insight) 또는 깨달음을 얻는 것이 과연 가능할까요? 뻔한 이야기를 에둘러 어렵게 지도로 표현하는 것이 아닐까요?

외계인이 지구에 도착하여 본다면 절반 이상이 아시아 대륙에 뭉쳐서 살고 있다는 것에 놀랄 것입니다. 전 세계가 100명으로 이루어져 있다면, 59명이 아시아 사람이며, 유럽 사람이 9명, 아프리카 사람이 18명, 라틴아메리카 사람이 8명, 북아메리카 사람이 5명입니다. 전 세계의 인구는 2022년 현재 약 79억 7천만 명, 한국의 인구는 2022년 5천 2백만 명으로 전 세계 인구 천 명 중 6.5명이 한국 국적을 가지고 있어요. 100명을 기준으로 하면 1명도 안 되는 것이지요.

세계 대륙별 인구구성비[25]

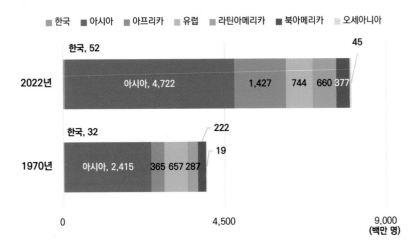

그래도 우리나라는 상품이나 문화 스포츠 분야에서 1위를 하는 것이 여럿이니 인구가 차지하는 비중은 적지만 경쟁력은 높다고 볼 수 있습니다. 중국과 인도의 인구가 대세를 이루고 있고, 생물학적으로 본다면 여러 민족으로 구성되어 유전자 풀의 다양성이 높습니다. 이와는 달리 북아메리카와 유럽은 자체 인구수는 줄었지만, 아시아에 비해 안정된 사회 인프라와 경제적 수준, 개방성을 제공하여 거의 모든 대륙으로부터 지난 30년 동안 지속해서 인구가 유입되고 있어요. 물이 아래로 흐르는 것처럼, 인구는 물질적, 정신적, 문화적 가치가 우수한 곳으로 흐릅니다.

사람이 자신이 태어난 곳을 떠나서 다른 국적을 갖는 자발적 이주의 목적은 더 나은 삶을 영위하기 위한 것입니다. 국가는 어느 정도 수준의 인구를 보유해야 경제 수준을 유지할 수 있으므로 적정인구의 수를 유지해야 한다고 지도자들은 생각합니다. 이 역시 숫자로 사람을 판단하는 것이고, 자본주의적 사고에서 적정 수준의 노동력과 시장의 크기라는 차원에서 인구 감소를 걱정합니다.

국가별 인구 단계구분도[26]
중국의 출산율이 급락하면서 2023년 5월부터 인도가 중국을 제치고
1위 인구대국이 되었습니다.[27]

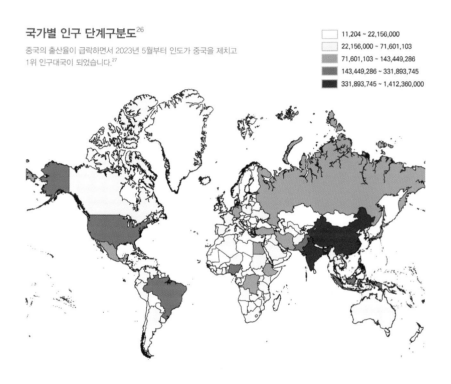

	11,204 ~ 22,156,000
	22,156,000 ~ 71,601,103
	71,601,103 ~ 143,449,286
	143,449,286 ~ 331,893,745
	331,893,745 ~ 1,412,360,000

　망가져 가는 지구의 환경과 수도권을 중심으로 빽빽하게 밀리는 지하철 환승역을 생각해 보면, 적정 수준의 인구감소가 오히려 자연스러울 수도 있겠다는 생각이 드시지 않나요?

지금으로부터 약 100년 전에 촬영한 노르베르트 베버 신부가 조선과 간도를 순회하며 촬영한 〈고요한 아침의 나라〉 비디오를 보면, 서울의 종로구 혜화동 주변과 동대문 시장 주변의 가옥과 노점의 모습이 나옵니다. 너무나도 좁고 낙후된 집을 보면서 우리가 지금 누리고 있는 집에 대한 과도한 애착과 불안 그리고 상승의 욕구가 부끄럽게 느껴지기도 합니다. 여하튼, 옛날이나 지금이나 누워서 발을 뻗고 쉴 수 있는 공간인 주거 공간은 삶의 질을 좌우하는 공간이지요. 단잠을 자야 건강을 유지할 수 있으므로 다른 모든 활동의 기초가 되기도 합니다.

집은 우리가 사는 공간이지만 최근에는 많은 사람이 투자의 목적으로 부동산을 생각하는 사람이 늘어났고, 이에 따른 투자 성공 이야기에 설렘과 아쉬움을 갖기도 합니다. 언제부터인가 우리의 대화가 기승전 '부동산'이 된 상황처럼 집은 사는 것이지 사는 곳이 아니라는 말까지 나왔습니다. 우리가 다루는 집 이야기는 집을 바라보는 다양한 시각 중에 기숙사와 반지하 주거 공간 그리고 노인복지시설 등 잠을 잘 수 있는 장소 이야기를 다루고자 합니다. 시골은 사람이 없고 서울은 집이 없어서 비혼이 증가한다고 합니다. 정말 대도시에는 집이 없을까요? 중소도시는 비어있나요? 사는 곳 이야기를 좀 더 다양한 시각에서 지도로 살펴봅시다.

2

사는 living 곳이자
사는 buying 것인
"주거 공간"

지 도 로 읽 는 대 한 민 국 트 렌 드

땅값은 어떻게
결정될까요?

| 12년 만에 떨어진 땅값

땅은 선사시대에 농경을 시작하면서부터 권력과 경제력의 기반이 되었습니다. 중세 시대에는 왕이 땅을 하사했지만, 자본주의 현대에는 돈으로 땅을 삽니다. 좋은 땅에 대한 수요는 경제가 성장하면서 계속 늘어나기 때문에 땅값도 계속해서 오르는 것이 보통이지요. 2010년 10월부터 계속해 오르던 땅값이 2022년 11월, 12년 만에 내려갔다고 합니다. 코로나19로 인한 혼란 속에서도 오르던 땅값이 갑자기 왜 떨어졌을까요?

전문가들은 한국은행이 기준금리를 여섯 차례 연속으로 올리는 유례없는 일을 주요한 원인으로 분석*했습니다. 관련 논문 "한국의 지가 변동요인 분석[1]"에서는 기준금리 변화와 같은 유동성 변화율은 3분기 이

---

* 이은형 대한건설정책연구원 연구위원은 "주택시장 침체에 따라 토지시장도 동반 하락하는 모습이다."며 "금리 인상에 따른 영향으로 주택시장 침체가 이어질 것으로 보여 토지 가격 역시 금리 인상 등 앞으로 금리 움직임에 따라 영향을 받을 수밖에 없고 금리 인상 기조가 멈추기 전까지는 하락 가능성을 배제할 수 없다."고 전망했습니다.

하의 단기에서는 불확실성에 의해 땅값을 내려가게 한다고 했지요. 오래된 논문이긴 하지만 여전히 유효한 이야기입니다. 하지만, 1년보다 긴 장기 관점에서는 오히려 땅값을 높이는 요인이 되기도 합니다. 기준금리 인상과 더불어 5%가 넘는 물가 상승과 달러 가치의 상승이 함께 일어나면서 땅값이 12년 만에 처음으로 내려간 것으로 분석하고 있습니다.

지가변동률 추이 - 전국[2]

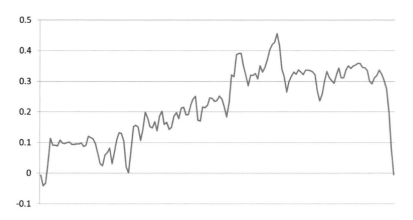

그런데 떨어지는 속도도 전국이 똑같지 않아요. 어디가 더 떨어졌을까요? 2022년 11월, 시군구 기준으로 가장 많은 땅값 하락률을 보인 곳은 서울시 은평구(-0.408)였습니다. 그 뒤를 이어 성북구, 서대문구, 관악구, 동대문구, 종로구 순으로 지가 하락률이 높았습니다.

땅값은 일반적인 재화의 가격과 다르게 결정됩니다. 땅은 부동산이기 때문에 물리적인 위치가 고정되어 있고 절대적인 양이 늘어나기 어렵지요. 또한, 땅은 그 자리에 계속 존재한다는 점에서 영속성을 지닙니다. 공급이 제한되는 땅은 경제성장이나 인구 증가 등으로 수요가 계속 증가함에 따라 희소성을 가지고 그 값이 계속 오르는 것이 일반적이지요. 그리고 영속성으로 인해 물가 상승 등 외부 환경 변화에도 그 가치가 쉽게 낮아지지 않아 투자 위험이 적다고 여겨져 왔는데, 우리는 지금 땅값이 계속 올라도 문제, 떨어져도 문제가 되는 시대에 살고 있습니다.

지가변동률 추이 – 서울시[2]

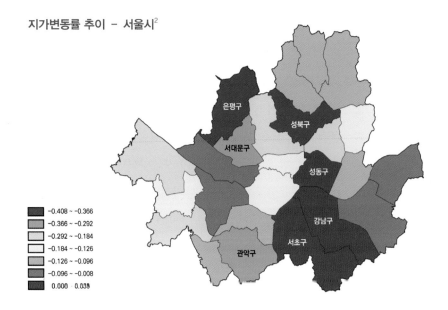

- -0.408 ~ -0.366
- -0.366 ~ -0.292
- -0.292 ~ -0.184
- -0.184 ~ -0.126
- -0.126 ~ -0.096
- -0.096 ~ -0.008
- 0.000 ~ 0.035

집, 아파트, 오피스텔은
어디에 많을까요?

| 아파트가 좋아? 단독주택이 좋아?

신종 코로나바이러스 감염증(COVID19) 사태가 "집"에 대한 생각을 바꾼 계기가 되었어요. 재택근무, 온라인 학습 등으로 집에 있는 시간이 늘었지요. 집이 생활에서 갖는 의미가 커진 것이지요. 출퇴근 시간을 줄일 수 있는 역세권보다는 산책할 수 있는 오솔길이 근처에 있는지가 더 중요해졌습니다. 편의시설이 가까운 도심도 좋지만, 가족들이 모여 바비큐를 즐길 수 있는 공간이 있는지를 따지기 시작했습니다.

우리나라를 아파트 공화국이라고 불러도, 우리나라의 국내 단독주택 수는 꾸준히 늘고 있다고 합니다. 국토교통부에 따르면 2015년부터 2019년까지 5년간 전국에서 준공된 단독주택은 약 24만 2천 가구에 달합니다[3]. 이는 아파트 숲에 질린 사람들이 출퇴근이 가능한 수도권 근교의 단독주택을 찾고 있는 것으로 볼 수 있습니다. 또는 주말의 여가 생활을 위해 마련하는 것일 수도 있습니다. 이러한 추세에 맞춰 단독주택 매매도 늘고 있습니다. 2019년 12만 3,762건이던 단독주택 매매는 지난해 15만 5,783건으로 증가하였습니다[4].

아파트에 비해 단독주택의 관리는 더욱 복잡합니다. 아파트는 청소부터 유지보수, 치안, 경비까지 관리업체가 도맡아 제때 잊지 않고 척척 알려주고 보수작업이 진행됩니다. 단독주택은 철마다 직접 챙겨서 관리해야 하며, 치안과 방범도 취약해 방범창과 CCTV 설치는 필수가 되었습니다. 최근 에스원 범죄예방연구소가 발표한 주택유형별 침입 범죄 발생 비율에서도 단독주택이 아파트에 비해 10배 이상 높은 것으로 보고하고 있어요[6]. 이러한 이유 때문인지 사람이 많은 도시는 아파트 비율이 높게 나타나는 것으로 볼 수 있겠네요.

전국 시군구별 단독주택의 비율[5]

	0.025 ~ 0.111
	0.111 ~ 0.25
	0.25 ~ 0.461
	0.461 ~ 0.694
	0.694 ~ 0.973

도시에서 단독주택이 허물어지고 높은 아파트가 생기면서 도시는 어디나 똑같은 모습을 하게 되었습니다. 도시뿐만 아니라 산에도 농촌에도 강변에도 높은 아파트들이 생기면서 아름다운 자연의 모습이 바뀌고 있습니다.

무미건조하고 특징 없는 도시경관에서 벗어나 자연 친화적이고 개성 있는 경관을 위한 아파트 디자인이 필요하지만, 비용 문제로 인해 우리는 늘 비슷한 모습의 아파트 단지를 마주하게 됩니다. 최근에는 타운하우스라 불리는 블록형 단독주택 형태가 아파트의 편리한 생활 인프라

와 주택의 자유롭고 쾌적한 삶
을 동시에 누릴 수 있다는 점에
서 각광받기도 합니다. 공간이
획일화되면 생각도 비슷해질 것
이라는 지적도 귀담아듣긴 하지
만, 한번 지은 주택은 쉽게 허물
지 못하기 때문에 실질적으로 도
시의 경관이 변화하려면 오랜 시
간이 걸릴 것 같습니다.

전국 시군구별 아파트의 비율[5]

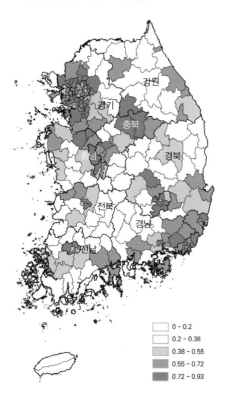

작은 단지보다 같은 평수에도 불구하고 대(大)단지라는 이유만으로 비싸게 거래되는 아파트가 있습니다. 많은 사람이 함께 살기 때문에 아파트의 가격상승 여력이 높고 환금성이 좋다는 점 때문이지요. 소위 대장 아파트를 중심으로 시세가 움직이므로 동네마다 어디가 대장 아파트냐 하는 것이 종종 이슈가 됩니다.

대장 아파트는 같은 대단지 중에서도 유치원부터 초, 중, 고의 학군이 형성되어 있고 버스 노선, 대형마트 입점 등 편

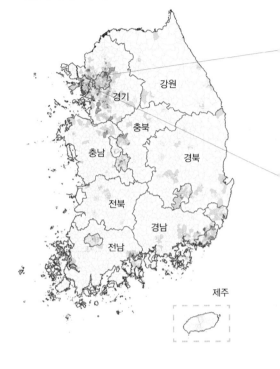

**1,000세대 이상
대단지 아파트 현황[7]**

의시설이 갖춰진 곳으로 생각이 됩니다. 많은 사람이 함께 살면 무엇이 좋을까요?

우선, 대단지 아파트의 조경이 더 화려하고 외벽, 방범 체계, 상근 직원 등으로 치안이 좋은 경우가 많은데, 많은 세대가 공용관리비를 나누면 규모의 경제가 발생하여 더 좋은 환경을 더 적은 관리비로 누릴 수 있는 이점이 있습니다. 또한, 세대가 많을수록 거래 사례가 많아져서 합리적인 시세 확인이 가능하고 거래가 쉬워져 환금성이 좋을 수 있습니다.

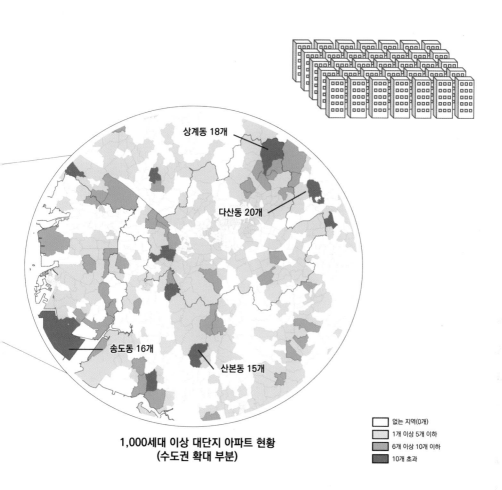

상계동 18개

다산동 20개

송도동 16개

산본동 15개

1,000세대 이상 대단지 아파트 현황
(수도권 확대 부분)

없는 지역(0개)
1개 이상 5개 이하
6개 이상 10개 이하
10개 초과

2022년 말 기준으로 1,000세대 이상 대단지 아파트는 전국에 총 2,414개입니다. 경기도 남양주시 다산동에 20개로 가장 많은 대단지 아파트가 있었으며, 서울시 노원구 상계동 18개, 인천시 연수구 송도동 16개, 경기도 군포시 산본동 15개로 나타났습니다.

편리함을 주는 대단지 아파트임에도 불구하고, 1,000세대 이상이 모여있는 대단지 아파트는 분양이 되지 않아 종종 비어있는 경우가 발생하기도 합니다. 함께 관리비를 부담할 이웃이 없다면 겉은 대단지로 보여도, 속은 나홀로 아파트가 되기도 하겠네요.

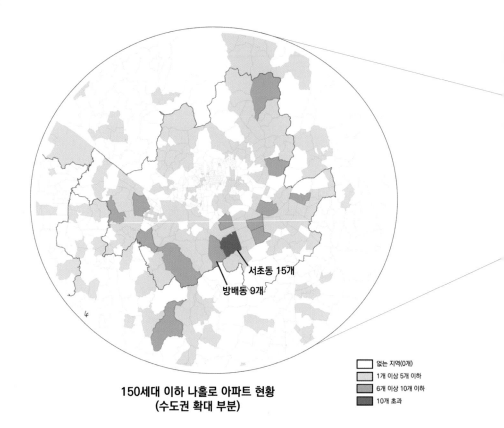

서초동 15개

방배동 9개

150세대 이하 나홀로 아파트 현황
(수도권 확대 부분)

☐	없는 지역(0개)
☐	1개 이상 5개 이하
☐	6개 이상 10개 이하
■	10개 초과

수도권의 중심이 되는 대도시 서울에서는 오히려 150세대 이하의 나
홀로 아파트가 주목을 받고 있습니다. 서울 중심에는 대단지 아파트가
들어설 땅이 없고 여러 규제와 갈등으로 신속한 재개발 및 재건축이 어
려워지며 발생한 현상이지요. 서울의 나홀로 아파트는 우수한 입지 경쟁
력을 내세우면서 높은 청약 경쟁률과 분양가를 보이고 있기도 합니다.

150세대 이하 나홀로 아파트 단지는 전국에 839개나 되어요. 그 가운
데 서울시 서초구 서초동에 15개 단지가 위치하며 가장 많은 수를 보였
는데 왜 그럴까요? 작은 택지 몇 개를 묶어서 소규모 아파트를 개발해도
수요가 있기 때문이겠죠. 그다음으로 방배동 9개, 목동, 자양동, 삼성동

150세대 이하 나홀로 아파트 현황[7]

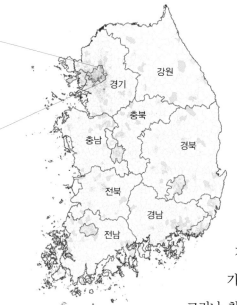

경기

강원

충북

충남

경북

전북

경남

전남

제주

이 8개로 나홀로 아파트가 많았습니다. 이 다섯 지역 모두 높은 집값을 보이는 지역으로 특히 서초, 방배, 삼성동은 강남 산다는 긍지 또는 프리미엄으로 여겨져, 나홀로 아파트임에도 특히 인기가 높은 것이죠.

그러나 최근 인천 미추홀구, 대구 달서구 등의 나홀로 아파트에서 전세 사기가 발생하며 문제의 식도 생기고 있어요. 서울의 일부 지역과 달리 나홀로 아파트는 분양 등 거래가 잘 이뤄지지 않아 전세 사기와 같이 세입자의 피해가 발생하는 것이지요. 이러한 상황에서 최근 단일 공동주택 단지에서만 추진할 수 있던 소규모 재건축을 근처 다른 단지와 통합할 수 있도록 허용하는 등 소규모 정비사업 활성화 방안도 제시되고 있습니다.

| 전국 오피스텔 100만 호 시대

오피스텔은 오피스(office)와 호텔(hotel)의 합성어로, 주택법이 아닌 건축법이 적용되는 업무시설입니다. 그러나 다수가 주거용으로 활용되고 있기도 해요. 청약통장 없이 100% 추첨으로 청약이 가능하고 대출 규제가 주택에 비해 약해 더 높은 비율로 대출이 가능하기 때문입니다.

가구의 분화로 1~3인 가구가 늘어나면서 소형 아파트와 비슷한 평면구조를 가진 주거형 오피스텔을 찾기도 합니다. 특히 집값이 급등하고 규제가 심했던 시기에 아파트 대체재로 오피스텔 청약이 인기를 끌었고요. 최근 건설 원자재 값 인상 여파로 분양가가 오르고 금리 인상 및 규제 완화가 이뤄지면서 오피스텔에 대한 관심이 급격하게 줄고 있습니다. 더불어 집값이 전세금보다 싼 깡통 오피스텔을 수백 채 소유한 채 세입자가 낸

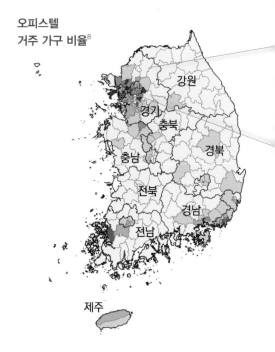

오피스텔
거주 가구 비율[8]

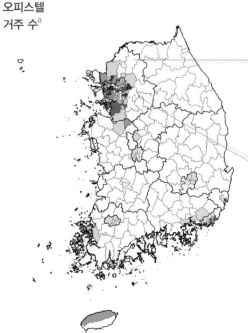

오피스텔
거주 수[8]

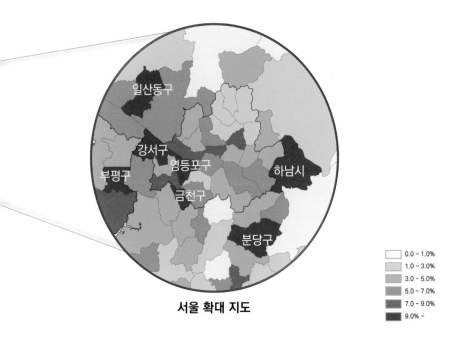

	0.0 ~ 1.0%
	1.0 ~ 3.0%
	3.0 ~ 5.0%
	5.0 ~ 7.0%
	7.0 ~ 9.0%
	9.0% ~

서울 확대 지도

오피스텔 가구 수(수도권)

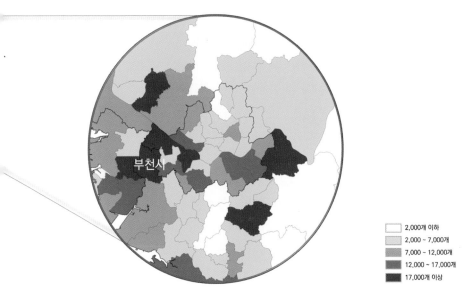

	2,000개 이하
	2,000 ~ 7,000개
	7,000 ~ 12,000개
	12,000 ~ 17,000개
	17,000개 이상

서울 확대 지도

전세금을 떼먹는 전세 사기 피해가 발생하면서 오피스텔 거주에 불안함이 커지기도 합니다.

한국건설산업연구원의 '오피스텔 100만 호 시대, 성과와 과제'에 따르면, 오피스텔의 70.1%가 수도권에 입지하고 있다고 합니다. 서울이 29.9%로 가장 높은 비중을 보였으며, 경기와 인천이 각각 29.5%, 10.8%를 차지합니다. 또한, 오피스텔의 44%가 도시 철도역 직선거리 500m 이내에 위치하며 약 78%가 매출액 기준 1,000대 기업 본사와의 직선거리 3km 반경에 속합니다. 오피스텔 거주 가구의 70% 이상이 1인 가구였으며, 그중 30대 이하가 50%를 차지했습니다[9].

오피스텔에 거주하는 가구의 비율이 가장 높은 시군구는 고양시 일산동구(17.1%)였어요. 그 뒤로 영등포구(16.4%), 하남시(14.4%), 부산 중구(12.5%), 성남시 분당구(12%), 서울 강서구(11.6%), 금천구(11.3%), 인천 중구(11%) 순으로 높습니다. 오피스텔 가구 수가 가장 많은 시군구는 서울 강서구(28,270가구)였습니다. 그 뒤로 영등포구(26,617가구), 성남시 분당구(21,305가구), 고양시 일산동구(19,528가구), 인천 부평구(19,126가구)에서 높은 오피스텔 가구 수를 보였습니다.

| 집이 아닌 집

2022년 8월 8일 오후 9시 폭우로 인해 서울 관악구의 빌라 반지하에 살던 일가족 3명이 갇혀 숨지는 일이 일어났어요. 봉준호 감독의 '기생충'이 오스카 4관왕을 차지하면서 한국의 반지하 주거 공간이 전 세계의 주목받았던 상황에서 발생한 사고였습니다. 이처럼 적절한 주택의 요건을 갖추지 못한 주택 이외의 거처인 비주택에 거주하는 일반 가구가 급증하고 있습니다.

옥탑방 모습

비주택에는 판잣집, 비닐하우스, 여관/여인숙 등 숙박업소의 객실, 고시원/고시텔, 쪽방, 일터의 일부 공간 등이 해당합니다. 반지하와 옥탑방은 주로 임대료가 비싼 수도권에 많이 나타나고 있어요. 오른쪽 확대 지도를 보면 특히 성남시에 비주택이 많이 보입니다. 수도권 외에 대전 서구, 양산시, 제천시에서 반지하가 많았고, 대전 서구를 비롯해 충청, 강원, 경남에서 옥탑방의 비율이 높게 나타납니다.

가난을 해결하기보다 가난한 사람들이 도시 공간에서 보이지 않도록 내쫓는 전면 철거 방식의 개발이 오랫동안 이뤄지고, 가난한 사람들이 더 가난해지는 사회적 양극화가 심해지면서 빈민들은 열악한 비주택에 살게 됩니다. 비주택 거주는 화재나 수재 등으로 인해 생명과 안전에 직접적인 위협이 될 뿐만 아니라 사생활 침해, 성추행 등 심각한 인권침해로 이어질 수 있어 안전한 주거환경 구축이 필요하다고 하겠습니다.

전국 반지하, 옥탑방 현황[10]

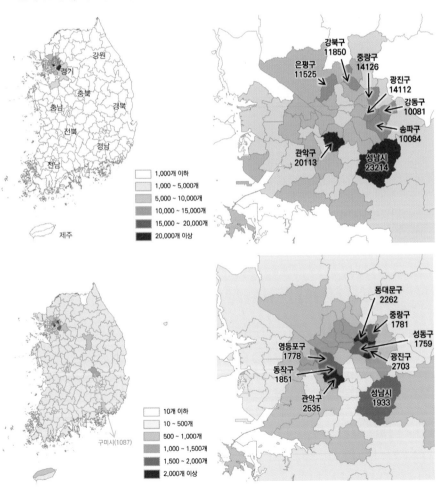

사회변화를 반영하는
주거 형태

| 신도시는 어디에 있을까?

산업 발전과 도시화 과정에서 특정한 목적을 가지고 계획적으로 단기간에 조성되는 도시를 신도시라고 합니다.

한국은 도시화 과정에서 1977년 안산 신도시를 시작으로 1979년 행정 기능 분산을 위한 과천 신도시, 1989년 분당, 일산 등 수도권 1기 신도시 개발이 시작되었으며, 2000년대 들어서 화성, 판교 등 수도권 2기 신도시 개발이 진행되었습니다. 2018년 3기 신도시 계획이 언급되면서 2020년대에 3기 신도시 개발이 진행될 예정입니다.

그런데 2021년 3월, 한국토지주택공사(LH) 직원들이 3기 신도시 등에 부동산 투기를 한 의혹이 폭로되면서 3기 신도시는 불법 투기가 만연한 땅이 되어버렸습니다. 그렇지만 이러한 부동산 불법 투기는 1~2기 신도시 개발 과정에서 이미 경험한 바 있습니다.

노태우 전 대통령은 1기 신도시 추진 과정을 '선택의 기로'라 회고했습니다. 그는 "당시에도 부동산 투기를 그냥 두느냐, 아니면 부작용을 감안해서라도 주택 200만 호 건설을 밀어붙이느냐 하는 선택의 갈림길에서 밀어붙이는 쪽을 택했던 것"이라 설명했습니다. 인구 감소에도 불구하고 서울로 서울 근처로 옮기려는 힘이 유지된다면 제3기 신도시도 뜨거워질 수밖에 없겠지요.

1~3기 신도시 지도[11]

다른 나라의 신도시 개발은 어땠을까요? 영국은 2차 대전 후 광역런던계획을 작성하면서 신도시 개발을 시작했습니다. 1946년 제정한 「신도시법」은 신도시가 반드시 일정 인구 규모에 독자적 고용 기반을 갖춰야 한다고 규정하고 있습니다. 처음부터 자족적 신도시 개발 방침을 확실히 한 것이지요.

영국의 신도시 개발은 성격에 따라 크게 3기로 구분됩니다. 1기 (46~50년)에는 저층 및 저밀도 개발을 통해 런던(London) 주변에 8개 신도시를 개발하였고요. 헴스테드(Hampstead), 할로(Harlow) 등이 이 시기에 건설된 도시들입니다. 2기(51~64년)에는 더 고밀화되고 도시적 서비스를 집적시킨 형태로 개발이 이뤄졌고, 이때 지어진 도시들에는 컴버놀드(Cumbernauld), 후크(Hook) 등이 있습니다. 3기(64년-70)에는 주변 도시에 대해 흡인력을 가진 거점으로서의 전략적 신도시가 개발되었습니다. 밀턴 케인스(Milton Keynes) 등 당시 개발된 도시들은 인구 규모 20만 명 이상으로 계획되었습니다. 그럼 우리나라와 차이점이 무엇일까요?

한국은 3기 신도시가 기존 도시에 가장 가깝게 위치하는 반면, 영국의 경우 3기 신도시가 가장 멀리 위치하고 있다는 것입니다. 이는 한국의 신도시가 지방으로의 분산에 실패하고 수도권을 확장하는 주춧돌이 되고 있음을 의미합니다. 영국에서처럼 각 신도시가 특색을 지니고 자족적인 도시가 될 때 비로소 성공적 신도시 개발이 되지 않을까요?

한국과 영국의 신도시 비교[12, 13]

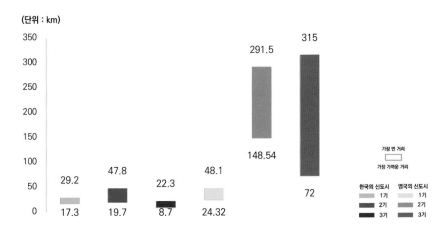

도로원표 道路元標, Kilometre zero

도로원표는 국내 또는 국외 주요 도시 간의 도로 상 거리를 표시하는, 도로교통망의 연계 상황을 보여주는 중요한 표식이자 상징입니다. 도로원표는 도로의 부속물 중 하나로 특별시·광역시·특별자치시·시·군에 각 1개를 설치해야 합니다*. 서울의 도로원표는 세종로파출소 앞 광화문 미관광장에 설치되어 있습니다. 다른 지역에서 서울이 20km 남았다는 것은 이 도로원표와의 거리가 20km 남았다는 것을 의미합니다.

1997년에 설치된 현재의 서울 도로원표는 중앙에 도로원표 상징조형물이 있고, 주위에 4방(동·서·남·북), 12방위 (쥐·소·호랑이·토끼·용·뱀·말·양·원숭이·닭·개·돼지)를 볼 수 있어요. 그 안에 서울과 전국 53개 도시 간 고속도로와 국도를 이용한 실제 거리, 세계 64개 도시와의 직선거리가 바닥 면에 표시돼 있습니다. 그중 가장 멀리 떨어져 있는 도시는 남아메리카 우루과이의 수도 몬테비데오입니다. 무려 19,606km 거리에 있는 몬테비데오는 지구 둘레가 대략 40,000km라는 점을 고려하면 서울과 대척점(對蹠點)에 위치하고 있는 것이지요. 자세히 들여다보면, 강릉(219km)보다 평양(193km)이 더 가깝다는 것도 놀라운 사실입니다.

서울의 도로원표, 광화문 미관광장

---

*   도로법시행령 제3조 제9호, 제50조 제1항.

| 노인주거복지시설과 지방 고령화의 불협화음

저출산과 고령화로 인한 인구 감소를 걱정하는 사람이 많지요. 그러나 인구의 전체적인 규모가 줄어드는 것보다 고령층이 늘어나는 것이 더 문제라고도 이야기합니다. UN 기준 65세 이상 고령자 인구가 전체 인구에서 7% 이상이면 고령화 사회, 14% 이상이면 고령 사회, 20% 이상이면 초고령사회로 구분되는데, 2022년 기준 한국 65세 이상 고령 인구는 전체 인구 대비 17.5%로, 2025년에는 초고령사회 기준인 20%를 넘어설 것으로 전망됩니다[14].

2022년 기준으로 가구주 나이 65세 이상 고령자 가구의 71.3%가 1인 또는 부부 단독 거주 가구입니다. 최근 고령층의 웰빙(Well Being)에 관한 논의가 확대되고 다수의 고령층 인구가 구매력을 확보하며 좋은 노후를 보낼 수 있는 시니어 하우징(Senior Housing)이 주목받고 있습니다.

노인주거복지시설의 분포를 보면, 인천 강화군과 경기도 고양시, 화성시, 포천시가 9개로 가장 많은 것을 알 수 있습니다. 그러나 똑같은 개수의 노인주거복지시설이 있더라도 그 양상에는 차이가 있어요. 한국의 노

노인주거복지시설 수 상위 4개 지역 세부현황(2021년 기준)[15]

지역	65세 이상 노인인구	양로시설				노인공동생활가정				노인복지주택			
		시설수	입소인원(세대)		종사자수	시설수	입소인원(세대)		종사자수	시설수	입소인원(세대)		종사자수
			정원(분양)	현원(입주)			정원(분양)	현원(입주)			정원(분양)	현원(입주)	
인천 강화군	22,824	7	214	123	35	2	18	0	5	0	0	0	0
경기 고양시	145,710	6	367	211	74	3	23	14	9	0	0	0	0
경기 화성시	76,180	9	223	121	37	0	0	0	0	0	0	0	0
경기 포천시	29,314	5	266	89	29	4	97	49	19	0	0	0	0

인주거복지시설은 비용과 입소 대상 자격 등에 따라 양로시설, 노인공동생활가정, 노인복지주택으로 분류됩니다. 무료 입소와 실비 입소가 가능한 시설로 분류되는 양로시설과 노인공동생활가정과 달리 노인복지주택은 계약을 통해 입주가 가능합니다. 그런데 노인복지주택은 노인주거복지시설

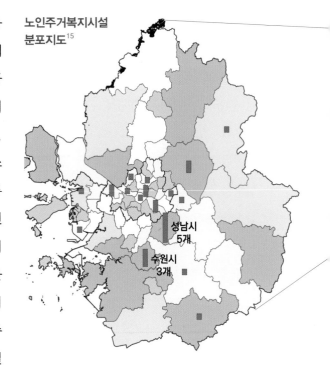

노인주거복지시설
분포지도[15]

성남시
5개

수원시
3개

이 가장 많이 위치한 4개의 지역에 한 개도 위치하고 있지 않았어요.

노인복지주택은 그럼 어디에 있는 것일까요? 노인복지주택이 가장 많은 곳은 경기도 성남시였습니다. 그 뒤로 경기 수원, 남양주, 서울 중구, 강서구, 강남구가 뒤를 이었습니다. 주로 수도권에 위치한 노인복지주택과 비수도권에 위치한 양로시설 및 노인공동생활가정은 수도권과 비수도권의 경제력 차이를 보여준다고 하겠습니다.

그러나 비수도권의 경우 노인의 수가 늘어나는 상황에서 노인주거복지시설마저 충분하지 않은 것으로 보입니다. 시군구별 쇠퇴지수에 포함되는 노년부양비, 독거노인 가구 비율, 노령화지수를 살펴볼까요? 먼저, 왼쪽에 노년부양비는 고흥군(79)이 가장 높게 나타났고 의성군

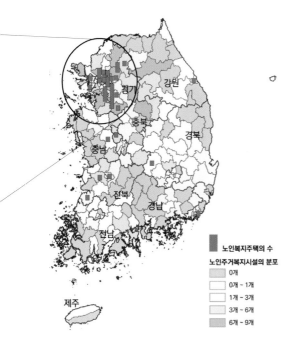

(78.7), 군위군(74.7), 합천군 (73.1), 보성군(71.1) 순으로 높았습니다. 노인주거복지 시설이 지방 고령화와 바로 연결이 되어 버리지요.

이와는 달리 다음 쪽의 오른편 (2)번 지도에 있는 지도, 독거노인 가구 비율은 노령인구의 가구 구성을 나타내는 지표로 복지 수요가 높은 지역을 파악하는데 활용할 수 있습니다. 이 역시 고흥군(25.3)이 가장 높게

나타났으며, 합천군(24.8), 보성군(23.8), 의령군(23.6), 의성군(23.3) 순으로 이어집니다.

노령화지수의 증가는 부양비 증가와 생산연령 인구 감소의 결과입니다. 노령화지수가 가장 높은 시군구는 군위군(829.9)입니다. 의성군(725.8), 합천군(636.8), 청송군(620), 청도군(618.3), 고흥군(603.7) 순으로 나타납니다. 그러나 쇠퇴지수가 높은 고흥군, 의성군, 군위군, 합천군의 경우 노인주거 복지시설의 수가 1개 이하로 다른 지역보다 더 부족한 것으로 나타났습니다.

'그냥 시골에 노인이 많다'라고 생각은 하지만, 실제 노인들이 어느 정도 많은가를 보여주는 지도가 이렇게 다양할 수 있습니다. 비슷해 보이지만 각 지도가 말해주는 의미는 사뭇 다르지요.

2021년 쇠퇴진단지표 지도(시군구)[16]

(1) 노년부양비*(%) 지도

(2) 독거노인 가구 비율(%) 지도

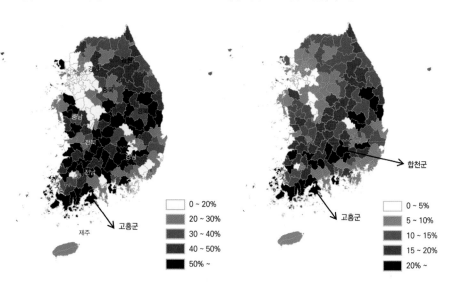

☐	0 ~ 20%
▨	20 ~ 30%
▨	30 ~ 40%
▨	40 ~ 50%
■	50% ~

☐	0 ~ 5%
▨	5 ~ 10%
▨	10 ~ 15%
▨	15 ~ 20%
■	20% ~

(3) 노령화지수* 지도

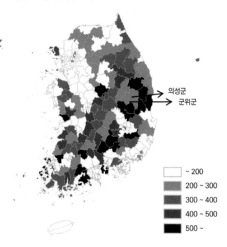

☐	~ 200
▨	200 ~ 300
▨	300 ~ 400
▨	400 ~ 500
■	500 ~

---

*   노년부양비 = 생산연령인구 / 노년 인구 × 100

**   노령화지수 = 노년 인구 / 유소년 인구 × 100

인구구조

인구구조는 전체 인구의 성별, 연령별 분포를 보여줍니다. 우리나라의 인구구조는 저출산의 영향으로 7세 이하의 영유아의 수가 현저히 낮아지고 유소년 인구(15세 미만)를 시작으로 생산가능인구(15~64세)가 감소하고 있어요. 또한, 인구의 고령화로 인해 고령인구(65세 이상)의 비중이 많이 증가하여 노년부양비가 급증하고 있습니다.

2023년 인구피라미드[17]

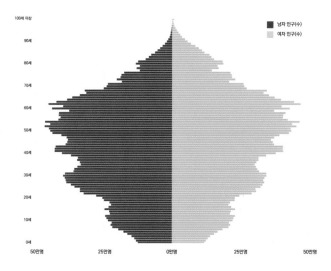

우리나라의 2023년 인구피라미드는 방추형으로 볼 수 있습니다. 특히 영유아와 유소년층의 인구 비율이 낮고 청장년층(생산가능인구)의 비중이 크게 나타나고 있습니다. 인구피라미드를 통해 우리나라의 저출산과 고령화 문제를 도드라지게 확인할 수 있습니다. 우리나라의 인구피라미드가 이러한 경향을 계속 유지한다면, 국가의 경쟁력 약화 등 우리나라 사회 전반에 악영향을 미칠 수 있다는 것을 예측해 볼 수 있습니다. 인구피라미드를 통해 저출산과 고령화 문제에 대한 적극적인 대응 방안을 마련해야 할 시기임을 확인할 수 있습니다.

| 점점 비어가는 주택도 살펴볼까요?

금리가 오르고 시장의 불확실성이 높아지면서 점진적으로 미분양 주택이 늘어나고 있어요. 미분양 주택의 급증은 건설사 도산과 주택시장 침체로 이어질 수 있어 주의를 기울여야 합니다. 미분양 주택이 늘어난 이유로 금리 인상과 주택 공급이 꼽히는데, 주택 가격 폭등을 막기 위해 이뤄진 주택 공급 정책이 미분양 문제로 이어진 것입니다. 3기 신도시 건설, 재개발 등 주택 공급 과정에서 금리 인상이 이뤄지며 분양을 포기한 계약자가 늘어나게 되었어요. 그러나 집계된 미분양 수치는 실제 수치보다 과소 평가되었다는 것이 더 큰 문제입니다. 사업 차질을 우려한 시행사 등 사업 주체가 의도적으로 미분양 수치를 공개하지 않는 경우가 많기 때문인데. 업체가 미분양 발생 여부와 물량을 지자체에 보고할 의무가 없기 때문입니다. 고의로 숨기거나 허위 자료를 제공해도 과태료 등 행정 처분도 받지 않는다는 것도 문제입니다.

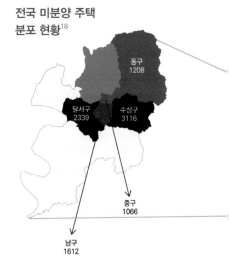

전국 미분양 주택 분포 현황[18]

우리나라 전체 미분양 주택 중 대부분은 지방 분양 물량으로 조사됐습니다. 수도권은 2,318가구로 전체 9.17%에 불과했고 비수도권은 2만 2,936가구(90.83%)에 달하는 것으로 나타났습니다. 특히 2022년 11월 대구광역시 한 곳의 미분양 수(11,700)가 수도권의 미분양 수(10,373)를 넘을 정도로 대구의 미분양 문제는 심각한 상황입니다[19].

대구에서도 수성구(3,116개)와 달서구(2,339개)의 미분양 수가 매우 높게 나타납니다. 대구의 주택 과잉 공급은 노후화 주택의 증가에 따른 재건축 · 재개발 수요 증가와 대구 부동산시장의 낮은 규제로 인한 것이었지요. 하지만 아파트가 공급되는 시점에 금리 인상, 경기 위축 등이 맞물리면서 미분양이 폭증한 것으로 볼 수 있습니다.

집계되지 않은 미분양 물량까지 고려한다면 실제 미분양 규모는 더욱 클 것으로 보입니다. 이에 대구시는 신규 주택사업 승인을 전면 중단했습니다. 미분양 물량이 해소되고 시장이 안정될 때까지 주택사업 인허가를 멈춘 것이지요. 이처럼 지자체가 먼저 나서서 사업 승인부터 봉쇄한 것은 대구시가 처음입니다. 기존에는 주택도시보증공사(HUG)가 미분양관리지역 지정제도를 통해 신규 분양 물량을 조절하는데 전세 사기 대책 등으로 일정이 미뤄지자, 긴급한 조치를 한 것입니다.

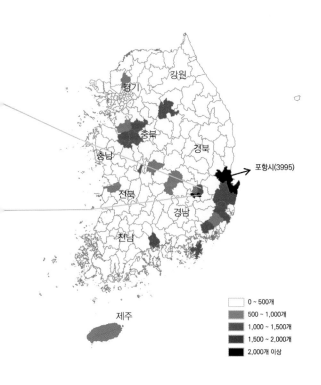

0 ~ 500개
500 ~ 1,000개
1,000 ~ 1,500개
1,500 ~ 2,000개
2,000개 이상

대구시의 미분양 급증은 다른 지자체가 마주할 어두운 미래일지도 모릅니다. 금융 시장 침체로 이어지지 않도록 미분양을 해결하기 위한 각 이해관계자의 노력이 필요하겠지요. 대통령의 양곡 수매 인상안 거부와 미분양에 따른 건설 및 분양업체 지원에 대한 언급은 정치적인 이슈로 올라오다 조용해졌다가 다시 금융권의 부실과 연계되어 시민들의 불안을 가중시키고 있습니다.

  서울이 아닌 대도시조차 미분양 아파트에 건설사가 어려움을 겪는 것은 그만큼 수도권 과밀현상이 더 강화되기 때문이겠지요? 결국 지방에서 양질의 일자리를 얻을 수 없다면 미분양 아파트는 점점 더 큰 문제가 될 것입니다. 건설사 부도설은 인구의 트렌드를 살피지 못한 탓이라고 볼 수밖에 없습니다.

의식주가 해결되고 나면 우리는 일상에서 어떤 욕구를 더 필요로 하게 될까요? 사람마다 차이가 있겠지만 건강, 안전, 여가, 문화 등 다양한 욕구를 떠올리게 될 것입니다. 그중 '안전'은 이번 장에서 다루게 될 주제로, 안전은 재해나 사고로부터 보호되는 객관적인 상태를 의미합니다. 안전과 비슷한 안심이라는 단어가 있는데요. 안심은 안전한 상태에 대한 주관이 함께 작용한 심리상태를 의미합니다. 안전한 공간이라 할지라도 사람들이 불안을 느끼면 안심 공간이 아니게 됩니다. 하지만 안전하지 않은 공간에서는 절대 안심할 수 없는 것도 맞습니다. 이렇기 때문에 안전한 공간을 해치는 여러 요소들을 찾아서 원인을 밝혀 대책을 마련하고, 그 피해 범위나 정도를 줄여 안전한 공간을 만들고자 하는 노력은 개인뿐만 아니라 국가에서 함께 해야 하는 책무로 여겨지게 됩니다.

안전의 욕구는 건강, 문화 등의 욕구와는 달리 일상생활에서 도드라지게 느껴지는 것은 아니지만, 안전을 위협하는 사건·사고가 발생하면 순간적으로 급격하게 관심이 쏠리게 되는 영역이기도 합니다. 순간적으로 증폭된 관심은 곧 사그라지는 것이 일반적이기 때문에, 눈에 잘 띄지 않는 성과인 "안전"에 대한 큰 관심을 가지지 않게 되기도 합니다. 이러한 이유로 과거에는 안전 분야를 담당한 지방 공무원들을 한직으로 인식하거나, 사고가 발생하면 골치 아프게 되는 업무로 인식하는 경향이 있었습니다. 자연재해, 인적재난 등 우리가 생활하면서 겪거나 보게 되는 안타까운 사건과 사고는 종종 발생합니다. 행복하게 삶을 살이기기 위해 안전은 우리 생활에 필수적인 요소임을 느끼게 해주기도 합니다.

이번 장에서는 나의 안전한 생활을 위해 한 번쯤 봐두면 좋은 안전지도들을 담았습니다. 각 지역의 안전을 숫자로 보여주는 안전지수를 중심으로 안전과 관련된 다양한 주제의 지도를 소개하고, 쉽게 접할 수 있는 안전 관련 이슈와 정보를 공유하고자 합니다.

3

의식주 다음 필요한,
"안전한 공간"

지 도 로 읽 는 대 한 민 국 트 렌 드

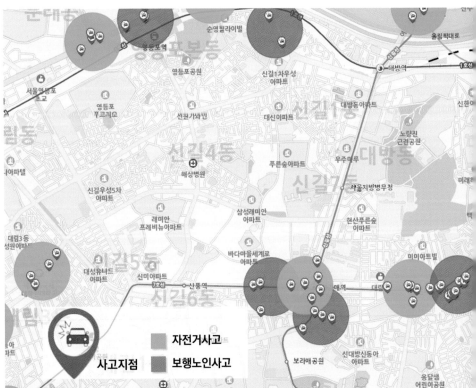

더 안전한 도시를 위해
만든 지도

| 나라에서 제공하는 안전지도 서비스

생활안전지도 –
영등포구 노량진역 인근 사고다발지역(좌) 및 무더위쉼터(우)[1]

지금 내가 사는 곳은 과연 안전할까요? 혹은 이사 갈 새로운 보금자리는 안전할까요? 갑자기 누가 쓰러진다면 내가 사용할 수 있는 가장 가까운 자동심장충격기(AED)는 어디에 있을까요? 이 모든 궁금증을 해결할 수 있는 서비스가 있지만 항상 필요한 정보가 아니기에 잘 모르는

생활안전지도에서 제공하는 주제 분류[1]

재난	최신 지진 발생정보, 지진발생이력, 붕괴발생이력, 산불발생이력, 산사태발생이력, 산사태위험도, 하천 범람지도, 도시 침수 지도, 해안 침수예상도, 침수흔적도, 열분포도, 비행금지구역, 재난배상책임보험
치안	범죄주의구간, 여성 밤길 치안안전, 노인대상 범죄주의구간, 어린이대상 범죄주의구간, 치안사고통계, 지하철 성범죄위험도, 범죄예방환경설계
교통	(실시간)교통정보, 사고다발지역, 대형교통 사고발생정보, 졸음쉼터, 도로시설, 상습결빙 구간, 자전거길, 둔치 주차장
보건	(실시간)보건정보, 질병예측정보, 병 의원, 약국, 응급의료시설, 호흡기환자진료센터, 주의보발령이력, 어린이천식, 어린이 아토피, 식중독발생통계(원인), 식중독발생통계(시설), 가축전염병, 철새도래지, 자살발생통계
생활	물놀이 관리지역, 노후건물정보, 시설안전등급도, 건설공사현황, 추락 낙상사고, 산행안전지도, 가스사고발생이력, 해양사고발생이력, 산업재해, 사망재해
시설	(실시간)조위관측정보, 공공, 교통, 재난안전, 대피시설, 복지, 유해화학시설, 이동통제초소, 기타

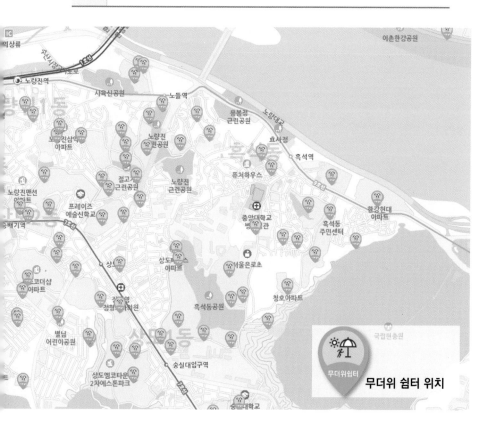

무더위 쉼터 위치

사람이 많을 것입니다. 행정안전부의 생활안전정보 서비스(https://www.safemap.go.kr/)에서는 안전에 대한 다양한 지도를 제공하고 있습니다. 2014년 12월부터 정식 공개되어 지속적으로 내용이 업데이트되는 서비스로 생활안전지도, 위험예방정보, 시설물 안전정보 등이 제공되고 있습니다. 그중 생활안전지도는 국민이 스스로 안전을 지킬 수 있도록 내 주변의 위험과 사고 이력, 안전시설 등을 지도로 제공하는 서비스입니다. 재난, 치안, 교통, 보건, 생활, 시설의 여섯 가지 주제를 다루고 있으며, 상세한 통계 정보를 시군구 단위 지도로 보여주고 있습니다. 관심 가는 위치는 콕 찍으면 팝업 형태로 상세한 정보를 알려줍니다.

생활안전지도로 내 주변의 위험을 미리 알고 대비할 수 있다면, 지역안전지수를 통해서는 지금 내가 사는 곳의 안전 수준을 체크할 수 있

2022 울산광역시 안전지수 평균 및 안전지수[2]

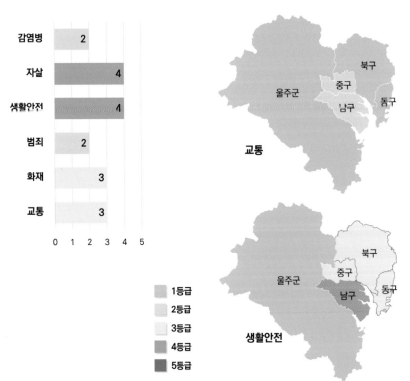

습니다. 지역안전지수는 지방자치단체의 안전관리 책임성 강화를 통한 안전사고 사망자 감축을 목표로 2015년부터 매년 공표하고 있는 통계 지표입니다. 1등급(안전)부터 5등급까지의 등급을 공표해, 지방자치단체에서 각 분야별 지표(교통사고, 화재, 범죄, 생활안전, 자살, 감염병)의 등급을 안전한 방향으로 개선하도록 예산을 투입하게 유도하는 것입니다. 전년도에 비해 등급 개선이 이뤄지면 지방자치단체장이 주민들에게 별도 예산확보를 홍보할 수 있도록 소방안전교부세 인센티브가 지급된다고 합니다.

예시로 울산광역시의 각 분야별 지수를 행정구역별로 지도에 나타내면, 감염병과 교통안전 분야의 경우 대체로 양호하지만 중구는 감염병과 교통 부분에 노력이 필요함을 알 수 있습니다. 울주군은 범죄예방을

위한 경찰의 순찰을 강화하거나 CCTV 설치지역을 선정하여 집중 투자를 할 필요가 있습니다. 남구의 경우 자살, 생활안전, 범죄 부분이 다른 구에 비해 낮은 등급을 보여주고 있습니다.

최근 동 단위의 세밀한 지역안전지수로 지역의 안전성을 분석한 연구 결과도 나오는데, 이에 대해 시민들은 집값이 낮아질까 공표를 반대하는 입장과 공표를 통해 더 적극적인 예방책을 마련해야 한다는 입장이 맞서고 있습니다. 다양한 입장 차이가 존재하지만, 지역안전지수는 지역의 안전을 확인할 수 있는 기초자료로써 중요한 역할을 하고 있습니다. 검색창에 자기가 사는 시군구 이름과 안전지수를 입력하면 연도별 분야별 안전지수의 변화를 볼 수 있습니다. 내가 사는 곳의 안전정보를 얻기 위한 첫걸음으로 자신이 사는 지역의 안전지수를 한번 알아보는 건 어떨까요?

| 우리 아이 등하굣길은 안전할까?

경찰청 범죄통계에 따르면, 2021년 범죄 피해자 중 연령이 12세 이하인 아동의 경우는 단 1.1%에 불과합니다. 하지만 2017년과 비교했을 때 12세 아동 피해자의 비중은 약 0.3% 증가했다고 합니다. 범죄의 종류에 따라 주요 피해자의 성별이 다르게 나타났습니다. 아래 그래프를 보면 강간, 추행 등의 강력 및 풍속 범죄에서 여자아이의 피해가 많이 나타났고, 교통/폭력/절도 범죄에서는 남자아이의 피해가 많은 것으로 확인됩니다.

12세 이하 아동 피해자의 범죄 구분 비율[3]

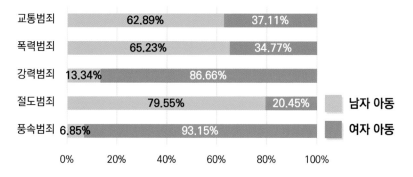

이러한 범죄 피해로부터 아이들이 좀 더 안전했으면 하는 마음이 있다면 정부에서 제공하는 안전정보 서비스에 주목해 봅시다. 대표적으로 행정안전부의 생활안전지도에 있는 '치안' 정보와 여성가족부가 운영하는 '성범죄자 알림e' 서비스가 있습니다. 특히 행정안전부가 제공하는 생활안전지도 중 하나인 '어린이 대상 범죄 주의 구간' 지도는 경찰청에서 제공받은 밀도분석 정보(원 데이터 미공개)를 도로 상에 10등급으로 분류하여 보여줍니다. 등급이 높은 지역이 현재 위험하다는 의미는 아니지만, 다른 지역에 비해 비교적 유의하거나 조심할 필요가 있다는 것으로 해석하면 됩니다. 이 외에도 생활안전지도에 스쿨존 내 어린이 사고, 아동안전지킴이집, 약자 보호시설 등의 정보를 확인할 수 있습니다.

　누구나 안전한 곳에 살고 싶은 마음은 같습니다. 하지만 경제적 여력이 없는 경우 비교적 덜 안전한 곳을 택하는 수밖에 없습니다. 이럴 때 공공에서 제공하는 생활 속 안전정보가 큰 도움이 될 것입니다.

어린이 범죄 주의(注意, 마음에 새겨두어 조심함) **지도**[1]

　온라인 지도 제공으로 손쉽게 언제 어디에서나 한 지역의 위험 정보를 확인할 수 있는 것은 큰 장점입니다. 하지만 이러한 지도를 제공하는 것을 넘어서 더 안전한 지역을 만들기 위한 노력을 펼치는 것이 중요할 것입니다. 사각지대에 CCTV 추가 설치, 어두운 골목길 가로등 설치 등 우리 동네를 안전하게 조성할 수 있는 실질적인 대책을 마련하고 실행하는 것도 함께 이뤄질 때 안전하다고 안심하며 살 수 있지 않을까요? 안전과 관련된 다양한 목적을 가진 앱을 아래 그림에서 확인하고,

관심 있는 안전정보와 관련된 앱을 다운받아서 내 스마트폰에 설치해 두는 것도 한 방법이 될 것 같습니다.

안전과 관련한 우리나라 공공기관에서 만든 앱[4]

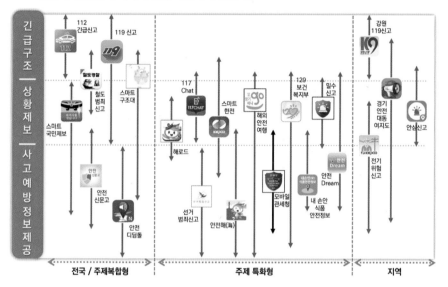

공공기관에서 만든 앱이 제대로 작동하지 않는다는 지적도 있지만, 적극적으로 사용하는 몇몇 사람이 이를 통해서 사고를 미연에 방지하거나, 목숨을 건질 수 있다면, 그 값어치를 했다고 할 수 있을 것입니다. 앱의 숫자가 너무 많아서 하나로 통일하자는 이야기도 있지만, 앱마다 관리기관이 다르고 사용자가 긴급한 상황에서 입력이 쉽도록 구분하는 것이 좋다는 결론이 나왔습니다. 자기가 위치한 곳과 관련한 안전 앱을 선택적으로 미리미리 준비하는 것도 좋겠지요.

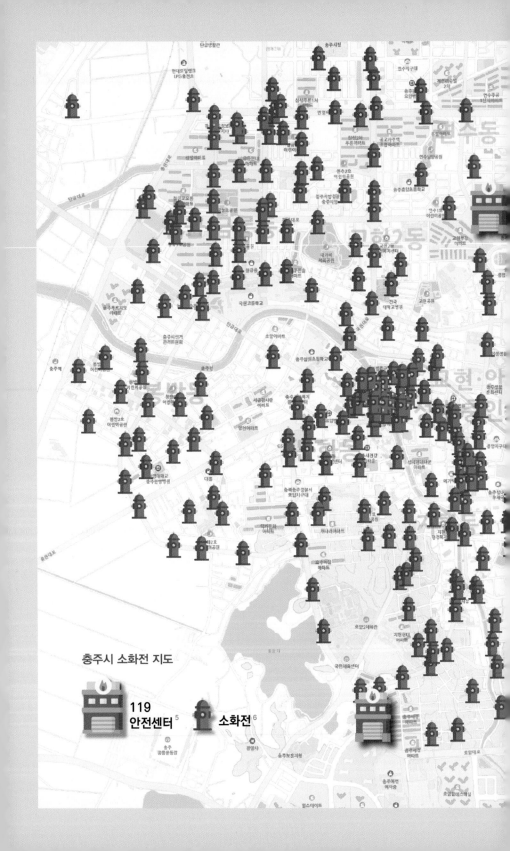

충주시 소화전 지도

119
안전센터 [5]   소화전 [6]

우리 집에서 가장 가까운 119 그리고 소화전은 어디에 있나?

소방서가 집과 가까이 위치하는 것은 여러모로 안심되지만, 화재의 발생빈도가 높지 않은데 소방서를 온 국민이 만족할 정도로 늘리는 것은 불가능할 것입니다. 그 대신 우리는 건물을 지을 때 소화전을 설치하고, 집에는 소화기를 비치하여 화재에 대응할 수 있도록 대비하고 있습니다. 또한 소방서에서는 도로의 소화전 위치를 미리 파악하기도 하고, 아파트나 일반 주택이 모인 동네에 소화전을 좀 더 조밀하게 설치하는 계획을 매년 수립하고 시행하고 있습니다.

배경으로 있는 지도는 한 시민이 구글 지도를 통해 공유한 소화전 위치의 지도를 참고하여 제작한 지도입니다. 충주시의 소화전 위치와 119안전센터의 위치를 표현한 것으로 내가 생활하는 곳과 관련된 안전정보를 얻을 수 있는 사례로 볼 수 있습니다. 충청북도 충주시에는 소방서는 하나가 있고, 119안전센터는 7개가 있습니다. 119안전센터는 이전에 소방파출소로 불렸지만 2007년부터 명칭이 변경되었고, 화재 진압, 구급 활동, 소방·행정 등의 업무를 수행하고 있습니다. 이런 사례 외에도 모바일 애플리케이션인 티맵(TMAP)에서 16만 개가 넘는 소화전 위치를 확인할 수 있다고 합니다. 이런 정보를 통해 지난 2022년 3월 울진 삼척산불 발생 시 마을 주민들이 비상 소화장치의 위치를 파악하고 이를 활용하여 주택 등 시설물의 초기 화재 대응을 한 사례가 있었다고 합니다[7]. 이러한 서비스들은 기초적인 안전정보를 제공하여 우리가 화재 발생 시에 대응할 수 있도록 도움을 줍니다.

어쩔 수 없는 자연재해라도
적절한 대응을 하려면

| 산불, 태풍과 호우

2022년은 큰 산불과 강력한 태풍과 폭우로 인한 수해 피해까지 큰 규모의 사회재난 및 자연재난 사건·사고가 잦았습니다. 2022년 3월에 있었던 울진·삼척산불은 최근 기록이 시작된 이후 최대 산불이라는 이름이 붙었고, 부산과 거제, 울산에 큰 피해를 준 2022년 제11호 힌남노 태풍은 복구비가 7,802억 원으로 책정[8]될 정도로 그 피해 규모가 컸습니다.

[산불]

사회재난으로 분류되는 산불(혹은 산불재난)의 발생 원인은 다양하지만, 가장 큰 원인으로는 산을 찾은 사람들의 실수로 인한 화재, 즉 실화(失火)[*]와 농업활동으로 행하는 소각이 꼽힙니다. 이 외에도 기후변화와 산불 발생빈도가 유의미한 상관관계를 가진다는 여러 연구 결과를 살펴보면, 지속적인 지구온난화로 한반도의 평균 기온이 오르면서 상대

---

[*]   등산, 산나물 채취 등을 이유로 산에 방문한 이들이 실수로 불을 내는 것을 의미합니다.

습도가 낮아지면서 가뭄 발생이 늘어난 것 등이 산불 발생빈도 증가의 간접적인 원인으로 파악되고 있습니다.

2022년 집계된 산불피해 건수는 756건으로, 2021년 산불피해 대장에 기록된 349건보다 약 2.1배 증가하였습니다[9]. 특히 피해 면적이 100ha 이상인 대형산불의 경우 2017년 이후 지속하여 발생하고 있습니다. 오른쪽의 지도는 우리나라에서 발생한 대형산불의 위치와 그 규모를 보여줍니다. 산불이 가장 잦은 지역은 산의 비중이 높은 강원도로 확인됩니다. 강원도에서도 백두대간 대관령의 동쪽이라 영동 지방으로 불리는 지역은 가뭄과 강풍 빈도가 높아 산불 위험이 높은 지역입니다.

최근 10년('13~'22년)간 발생한 산불은 평균 537건이며, 피해 면적은 3,560ha, 피해액은 200억 원에 달했습니다[10]. 2022년 발생한 울진 산불로 인해, 평균 피해액과 피해 면적은 더욱 증가할 것으로 예상됩니다. 유난히 산불은 소나무 숲에서 많이 발생한다는 보도가 있습니다. 소나무는 바람에 취약하고 불에 더 잘 타는 특성이 있기 때문입니다. 예로부터 소나무를 대나무, 매화와 함께 세한삼우(歲寒三友) 혹은 삼청(三淸)으로 부르며 중요시했던 것과 침엽수림을 중심으로 종자를 개발하고 산림조합을 통해 소나무를 집중적으로 심었던 것이 기후변화에 따른 화재 민감도가 높아지는 결과로 이어지고 있는 것입니다.

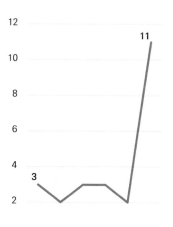

100ha 이상 산불피해 내역[10]

(단위: 건) 2017 2018 2019 2020 2021 2022

우리나라의 대형산불[11]

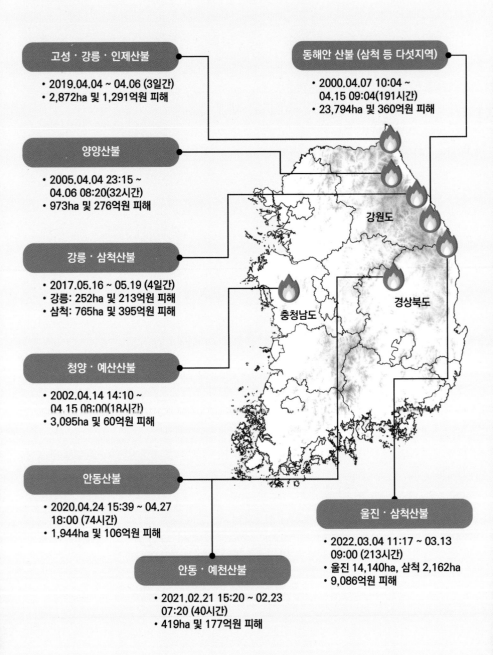

고성·강릉·인제산불
- 2019.04.04 ~ 04.06 (3일간)
- 2,872ha 및 1,291억원 피해

동해안 산불 (삼척 등 다섯지역)
- 2000.04.07 10:04 ~ 04.15 09:04(191시간)
- 23,794ha 및 360억원 피해

양양산불
- 2005.04.04 23:15 ~ 04.06 08:20(32시간)
- 973ha 및 276억원 피해

강릉·삼척산불
- 2017.05.16 ~ 05.19 (4일간)
- 강릉: 252ha 및 213억원 피해
- 삼척: 765ha 및 395억원 피해

청양·예산산불
- 2002.04.14 14:10 ~ 04.15 08:00(18시간)
- 3,095ha 및 60억원 피해

안동산불
- 2020.04.24 15:39 ~ 04.27 18:00 (74시간)
- 1,944ha 및 106억원 피해

안동·예천산불
- 2021.02.21 15:20 ~ 02.23 07:20 (40시간)
- 419ha 및 177억원 피해

울진·삼척산불
- 2022.03.04 11:17 ~ 03.13 09:00 (213시간)
- 울진 14,140ha, 삼척 2,162ha
- 9,086억원 피해

강원도

경상북도

충청남도

1년 동안 우리나라에 내리는 비의 70% 이상은 여름부터 가을 사이에 내립니다. 그중 가장 심각한 것은 태풍으로 인한 집중호우입니다. 특히 2022년 8월 말 일본 해상에서 발생하여 9월 5일 부산으로 상륙한 22년 제11호 태풍 힌남노는 큰 피해를 안겨주었습니다. 대표적으로 포항 형산강의 범람으로 인해, 지하 주차장 침수 등이 발생해 인명피해가 있었고, 포항제철소 가동 중지로 인한 산업적 피해도 연쇄적으로 일어났습니다. 22년 누적 강수량의 거의 절반(45%)이 힌남노 상륙 주간에 몰려있을 정도로 기록적인 폭우가 쏟아진 사건이었습니다.

- 태풍 영향주간(8월 31일~9월 6일) 누적 강수량[12] = 487.2mm
- 포항의 22년 1월~12월 누적 강수량[12] = 1,061.6mm

자연재난으로 분류되는 태풍은 강풍과 폭우를 동반하며 해당 지역에 재산 피해와 인명 피해를 일으킵니다. 우리나라에 큰 영향을 입히는 태풍의 경로는 주로 제주도 서쪽 해상부터 우리나라 동해를 잇는 방향으로 진행되는데, 태풍의 이동 경로 왼쪽(가항반원)보다 오른쪽에 있는 지역(위험반원)에서 특히 더 큰 피해가 발생합니다. 2021년 재해 연보에는 최근 10년('12~'21년 평균) 자연재해 원인별 피해액 현황이 실렸는데, 이 중

최근 13년간의 계절별 강수량 추이[13]

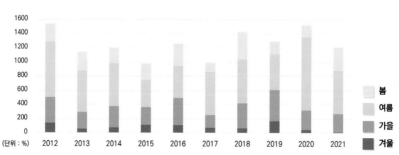

가장 큰 비중을 차지하는 원인이 태풍과 호우였습니다. 태풍 피해가 적었던 2017년(54%)을 제외하고 두 요인으로 인한 피해액 규모는 전체 피해액 규모의 80% 이상이었다고 합니다[14].

호우로 서울시 관악구에서는 반지하가 침수되어 인명피해가 발생했으며 강남에서는 맨홀로 인한 인명피해 및 차량 침수 등 재산 피해가 발생했습니다. 이후에 강남구를 대상으로 10m 단위의 지형을 상세하게 분석하여 침수 가능성을 모의한 오른쪽 위의 지도가 만들어지기도 했습니다.

서울특별시 강남 지역의 침수 위험지역을 지도화한 것[15]

연강수량 중 호우와 태풍의 비중[16]

| 지진과 화산

우리나라는 지진과 화산의 안전지대라는 생각을 했다가 2016년 경주 지진(규모 5.8)과 2017년의 포항지진(규모 5.4)으로 더 이상 안전지대가 아님을 깨닫기 시작했습니다. 2023년 튀르키예에서 발생한 대규모 지진의 피해 사례는 지진이 예상치 못한 순간에 발생할 수 있다는 것을 인지하게 하여, 어떤 재난이든 사전 대비가 필요함을 깨닫게 해주었습니다.

오른쪽에 계측기로 관측한 지진지도를 살펴보면 경상북도 인근 지역에 빈도수가 높음을 알 수 있습니다. 아래 지도는 지진 발생 시 토양 자체가 액체처럼 움직이는 현상인 지반 액상화를 지수로 표현한 것으로 경북 포항의 한동대학교 서편이 상대적으로 액상화 지수가 높은 것으로 나타납니다.

1,000년마다 폭발한다는 백두산에 대한 대비를 위해 기상청과 한국지질자원연구원 주도로 지진과 화산연구도 지속적으로 진행되고 있습니다. 특히 백두산은 직접 가볼 수 없어서 중국과 영국 등 여러 국가의 연구자와 협조하고 있으며, 위성에서 매일 촬영하는

지반 액상화 지수
(LPI, Liquefaction Potential Index)**지도**[17]

기상 위성 자료와 GPS 측량 등을 통해 마그마 방이 움직여서 지표의 모습이 변화되는 것을 살펴보기도 합니다.

계기 지진[18]

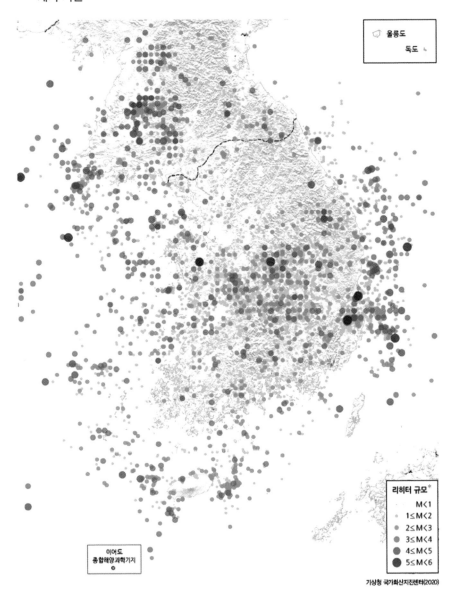

울릉도
독도

이어도
종합해양과학기지
◎

리히터 규모*

- M<1
- 1≤M<2
- 2≤M<3
- 3≤M<4
- 4≤M<5
- 5≤M<6

기상청 국가화산지진센터(2020)

* 리히터 규모: 리히터 규모는 지진의 파동 에너지를 측정한 값을 의미합니다. 값이 1 증가하면 지진
의 강도는 10배 강해집니다.

실제로 우리나라 남한에 미치는 화산폭발의 영향은 주로 화산재가 될 것이며, 그 영향은 농업 분야에 가장 클 것으로 예측됩니다. 특히 오호츠크 해 기단이 힘이 센 봄과 이른 여름에, 백두산 화산재가 우리나라로 불려 올 확률이 높습니다. 실제로 백두산보다는 여름에 일본의 규슈 지방의 사꾸라지마 화산이 크게 분화할 경우 그 영향이 우리나라 남부 지역에 미칠 확률이 더 높으므로 대비를 위한 훈련을 실시하기도 합니다. KTX 급행열차의 전기장비에 영향을 주면 안전사고가 날 수 있고, 배 만드는 과정에 화산재가 날아오면 막을 방법이 없어서 페인트칠 일정도 조정해야 할 것입니다.

큐슈 화산 재해 모의 실험 지도[19]

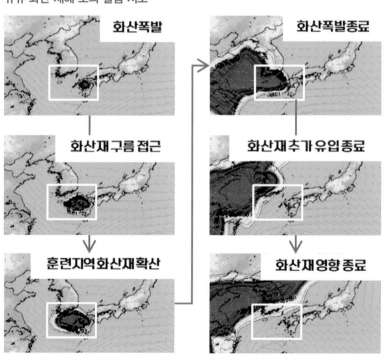

2014년의 세월호 참사는 해양 안전의 중요성을 온 국민들에게 심어준 대규모 사고였습니다. 또한 갯벌 및 해수욕장과 해안에서의 인명사고 역시 매해 여름마다 뉴스거리가 되고 있습니다. 태풍이나 강풍이 세게 불 경우, 어선전복 사고 소식이 들리기도 합니다. 게다가 해양레저 인구의 증가에 따라 해양에서의 사고 위험도 늘어납니다.

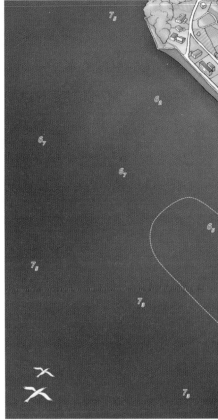

해양수산부에서는 안전한 바다 활동을 위해 여러 정보를 제공하고 있습니다. 선박을 위해서는 암초와 어장 등의 위험 시설물 등의 위치를 제공하고, 체험을 원하는 관광객에게는 갯골과 밀물 시간을 알려주는 앱이 있습니다. 국립해양조사원에서 10년 이상 운영해오고 있는 "안전해"라는 앱입니다. 앱과 함께 각 해수욕장과 갯벌체험장마다 해양안전지도를 만들어 배포하고 있습니다.

바다로 휴가를 떠나기 전에, 국가에서 애써서 만든 이런 해양안전지도를 미리 보고 간다면 좀 더 주변을 안전하게 살필 수 있지 않을까요? 검색창에 '해양안전지도 다운로드'를 치면 해수욕장과 갯벌의 안전지도를 내려받을 수 있습니다. 해양 환경에도 변화가 발

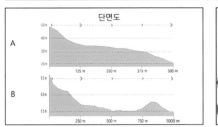

생할 수 있기 때문에 안전지도를 제공하는 국립해양조사원에서는 국민이 최신의 데이터를 확인할 수 있도록 이러한 안전 정보를 주기적으로 갱신하는 작업이 이루어진다면 더욱 좋을 것 같습니다.

제부 갯벌체험장 안전지도[20]

국립해양조사원 (https://www.khoa.go.kr/safety_map/info/details.do?p=sd)에서 다른 지역의 안전지도도 확인할 수 있습니다.

제부 갯벌체험장 안전지도
경기도 화성시 서신면 제부리

갯벌체험장 정보

서해안에 위치한 작은 섬 제부도는 옛날부터 육지에서 멀리 바라보이는 작은 섬이라고 한다.
갯벌생태체험(4~10월), 바지락 캐기(4~10월), 쭉 잡이 체험(4~10월) 등 직접 잡는 체험이 있고,
조개 캔들 공예체험, 아쿠아 캔들 공예체험, 조개 비누공예체험, 바다 액자 공예체험 등 공예 체험들도 있어 연중 언제든지 방문해서 체험을 진행할 수 있다.

교통정보 및 관광지

▶대중교통
· 서신 터미널 -330,5-2번 버스 -송교리 종점 정류장 하차 -5번 버스
· 선착장 정류장 하차 -제부 갯벌체험장
▶자가용
· 송산마IC -화성로 -송산포도길 -화성로 -제부로 -해안길 -제부 갯벌체험장
▶주변관광지
· 공룡알 화석지, 비봉 습지공원, 바오밥 식물원 베이커리

제부 갯벌체험장 파노라마 / QR CODE

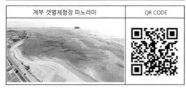

조석(tide)	조류(tidal current)	해류(ocean current)
조석이란 태양과 달의 운동에 의해 해수면이 주기적으로 오르내리는 현상으로 서해안과 남해안에서는 1일 2회, 동해안에서는 1~2회의 고조와 저조가 나타난다.	조류는 조석에 의하여 해수가 주기적으로 움직이는 흐름이며 조석의 주기를 일치한다. 물이 들어올 때는 창조류 나갈 때는 낙조류라 하며 외해로 서브근 연안에서 속도가 더 빠르다.	해류는 주기적으로 움직임의 변하는 조류와는 달리 속도와 방향이 거의 변하지 않고 일정하게 흐르는 흐름을 말한다.

조위 (대조기평균)

	7월		8월	
저	11cm	고 880cm	저 -18cm	고 908cm
저	100cm	고 777cm	저 42cm	고 837cm

기관 전화번호

경찰서출소	031-8046-2331
9지역대	031-357-4397
지안센터	031-357-3112
진료소	031-366-9118
의원	031-355-6718

도면정보표기

2₃ 8₁	만조수심	0m	0m등심선
	간조수심	2m	2m등심선
	수영안전선	5m	5m등심선
	레저한계선	10m	10m등심선

위성영상 및 위치도

2020년 11월 국립해양조사원 발행

해양수산부   국립해양조사원 KHOA
Korea Hydrographic and Oceanographic Agency

안전하게
일할 수 있는 곳을 원해

| 노동자가 안전하게 일할 수 있는 사회가 되려면

1월 화정 아이파크 붕괴 사고(6명 사망)[21] 및 양주 채석장 붕괴 사고(3명 사망)[22], 2월 여수 국가산단 여천NCC 폭발 화재사고(4명 사망)[23] 등 많은 일터에서 사망사고가 있었습니다. 이 외에도 SPC 제빵공장 끼임 사고[24] 등의 산업 중 안전사고가 나면서, 안전한 노동 현장을 요구하는 목소리가 커지고 있습니다. 2022년에는 644명이 일터에서 사망했으며, 그중 건설업 분야가 328건으로 53%를 넘게 차지했고 제조업이 27%로 그 뒤를 이었습니다.

건설업에서 공사금액별로 50억 원 미만의 상대적으로 작은 건설 현장에서 226명이 목숨을 잃었고, 115명이 큰 공사장에서 안타까운 상황을 맞았습니다. 이 중에 다수인 204명이 떨어지는 사고였고 무너짐과 끼임 등이 그 뒤를 이었습니다. 제조업 분야에서도 공장에서도 떨어짐(29명), 화재폭발파열(22명), 물체에 맞는 경우(20명), 깔리거나 뒤집힘(19명) 등으로 사망원인을 명시하고 있습니다[25].

산업재해 현황[26]

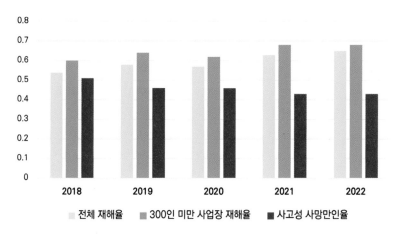

0.8
0.7
0.6
0.5
0.4
0.3
0.2
0.1
0

2018 2019 2020 2021 2022

■ 전체 재해율 ■ 300인 미만 사업장 재해율 ■ 사고성 사망만인율

사고성 사망만인율은 산재보험적용 근로자 수 10,000명당 발생하는 업무상 사고 사망자 수를 의미하며, 점점 줄어드는 추세입니다. 그러나 300인 미만의 작은 기업의 사업장의 재해율은 계속적으로 증가하는 것을 볼 수 있습니다. 이는 규모가 큰 기업보다 작은 기업의 사업장에서 안전관리가 비교적 잘 이루어지지 않는 것으로 짐작해 볼 수 있으며, 이에 대한 더욱 철저한 관리 감독이 필요한 시점으로 보입니다.

고용인원 50명 이상, 매출액 50억 이상인 업체를 대상으로 한 중대재해처벌법이 시행되었어도, 256명의 사망사고가 나서 위험성 평가에 대한 본질적인 대책이 필요하다는 지적이 있었습니다. 산업재해로 인한 사망은 경기도 192명, 충남 59명, 경남 57명, 경북 42명 순으로 나타났습니다. 건설 현장과 경제활동 지수가 높은 곳에서 역시 사고사가 많았다는 것을 보여줍니다[27].

다음 쪽의 지도에서 사고사망만인율(‰)은 근로자 10,000명당 발생하는 업무상 사고사망자 수의 비율을 의미하며, (사고사망자 수 / 근로자 수) × 10,000으로 계산하여 비율을 구합니다. 강원도가 가장 높고, 서울특별시가 가장 낮은 것으로 나타났습니다. 통계를 볼 때 절대 수를 보는 경우와 비율을 고려해야 하는 경우가 있습니다.

실제로 사고가 나는 시점과 통계로 확정이 되어서 나오는 시간에는 차이가 있으므로 확정 통계로 지도를 제작하려면 연말까지 기다려야 합니다. 숫자 하나하나의 정확성을 따지는 것도 중요하지만 일터에서의 안전 문제를 고려하는 것도 중요합니다. 노동자들의 안전한 업무 환경을 위해 일하는 사람의 안전의식 개선도 중요하지만, 산업안전, 노동환경, 사회적 책임 분야에 근본적인 변화가 필요합니다.

2022년 산업재해 사고사망만인율[26]

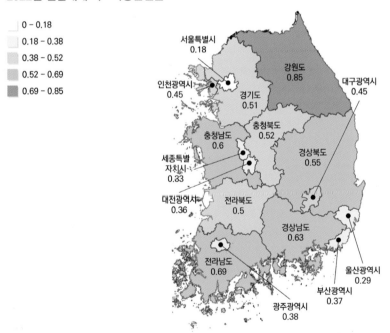

	0 – 0.18
	0.18 – 0.38
	0.38 – 0.52
	0.52 – 0.69
	0.69 – 0.85

서울특별시 0.18
인천광역시 0.45
경기도 0.51
강원도 0.85
대구광역시 0.45
충청북도 0.52
충청남도 0.6
경상북도 0.55
세종특별자치시 0.33
대전광역시 0.36
전라북도 0.5
경상남도 0.63
전라남도 0.69
울산광역시 0.29
부산광역시 0.37
광주광역시 0.38
제주특별자치도 0.34

사는 즐거움이 무엇인가 물으면, 자신의 성취를 이뤄내는 모습을 떠올리거나, 맛있는 음식을 푸짐하게 먹었을 때나 좋은 경치를 보러 떠날 때라고 말하기도 합니다. 답변은 나이와 성별 그리고 성향에 따라 다릅니다. 그만큼 자유시간이 주어졌을 때 자신의 즐거움을 위해 선택할 수 있는 폭은 너무나도 넓습니다. 최근 일과 삶의 균형(워라밸, Work and Life Balance)이 중요한 가치로 떠오르면서 사람들은 여가시간을 활용하여 자신의 욕구를 충족시키기도 합니다. 자신이 좋아하는 연예인을 보기도 하고, 드라마나 영화를 보기도 하며, 운동을 하기도 하고, 자신이 좋아하는 공간에서 자신이 좋아하는 사람들과 시간을 보내기도 합니다. 또한, 코로나19 엔데믹으로 해외여행이나 섬 여행을 계획하기도 합니다.

본 장에서는 삶의 한 부분인 여가와 문화에 대한 공간 이야기를 하고자 합니다. 한국에 대해 이야기할 때 빼놓을 수 없는 K-문화와 다양한 여가에 대한 이야기를 지도와 함께 풀어보았습니다. 이번 여가와 문화 부분을 읽으면서 평소에 관심이 있었던 여가와 문화에 대해 더 알아가는 시간이 되었으면 합니다. 더불어 여가를 주제로 한 지도를 보면서 자신의 취미나 여가를 보낸 추억을 꺼내 기록하거나 지도를 만들어 보면서, 다른 주제도를 즐기시길 바랍니다..

4

삶의 질을 좌우하는
"여가와 문화공간"

지 도 로 읽 는 대 한 민 국 트 렌 드

다채로운
K-문화 체험하기

| 무슨 노래 듣고 계세요? 뉴진스의 하입보이요♫

빌보드 차트는 미국뿐만 아니라 각국 대중음악의 흐름을 알려주는 지
표로 사용되고 있습니다. 앨범의 판매량을 기준으로 하는 앨범차트는
'빌보드200'을 가리키며, 앨범차트와 방송횟수 등 다양한 기준으로 하
는 싱글차트는 '핫100'을 가리킵니다.

우리나라 가수 중에서 빌보드200에 처음으로 올라간 사람은 보아로,
2009년 앨범 '보아'로 127위를 차지했습니다. 이후 빅뱅이 150위를, 소
녀시대의 유닛인 소녀시대-태티서가 126위를, 그룹 투애니원이 61위
를 기록하는 등 빌보드200에 우리나라 가수들이 이름을 올렸습니다.
이후, 2018년 방탄소년단이 '러브 유어셀프 전 티어'로 처음 빌보드200
1위를 차지하였고, 이 외에 방탄소년단 다수의 앨범이 빌보드200에 기
록되었습니다[1]. 3세대 이후 4세대 K-POP 아이돌은 미국 빌보드 메인
차트의 진입까지 1년도 채 걸리지 않는 등 진입 속도가 더 빨라졌습니
다. 4세대 아이돌 중 르세라핌은 데뷔 6개월 만에 빌보드 메인차트에
입성하였고, 투모로우바이투게더(TXT)는 첫 앨범을 발매하자마자 빌보

드 200에 이름을 올렸습니다. 이처럼 K-POP이 글로벌 음악시장에서 빠르게 두각을 나타내면서 위상이 높아졌으며, 이로 인해 팬덤이 두터워지면서 해외에서 현지 방송 출연 및 현지 아티스트와 협업을 통해 많은 성과를 내고 있습니다[2].

글로벌 팬덤이 늘어나고 있는 것을 확인할 수 있는 방법 중 하나는 K-POP 음반 수출액을 확인해 보는 것입니다. K-POP 음반 수출액은 2016년부터 꾸준히 증가하여 2022년에는 2016년에 비해 약 9배가량 증가하였습니다. 수출국 역시 2016년 60개국에서 2021년 148개국으로 증가하였습니다[3].

이러한 K-POP은 관광에서도 빛을 발하고 있는데, K-POP을 통해 한국에 대해서 알게 되고, 관심을 갖게 되어 관광을 오는 외국인들이 증가하고 있습니다. 이러한 외국인들은 자신이 좋아하는 아이돌이 먹었던 음식과 디저트, 생일카페 등 아이돌의 흔적을 찾아 관광을 하기도 하며, 아이돌이 뮤직비디오를 촬영했던 촬영지를 방문하여, 자신이 좋아하는 아이돌과 같은 포즈로 사진을 찍는 등 관광 코스가 만들어지기도 하였으며, 지자체에서는 이를 위해 뮤직비디오 촬영지를 적극 홍보하기도 합니다. K-POP 뮤직비디오 촬영지 지도를 살펴볼까요?

2022년 우리나라 음반수출액[3]

233,113

29,910

2016 2017 2018 2019 2020 2021 2022

── 음반 수출액 단위 : 천 달러

K-POP 수출국[3]

148개국

60개국

2016년　　　　2021년

K-POP 뮤직비디오 촬영지

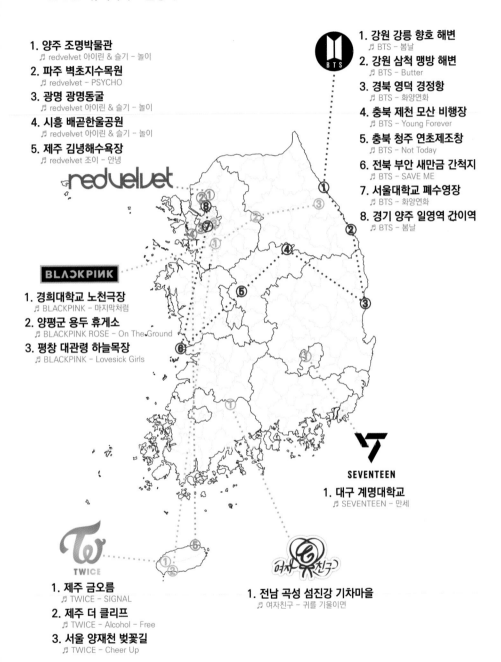

redvelvet

1. 양주 조명박물관
   ♬ redvelvet 아이린 & 슬기 – 놀이
2. 파주 벽초지수목원
   ♬ redvelvet – PSYCHO
3. 광명 광명동굴
   ♬ redvelvet 아이린 & 슬기 – 놀이
4. 시흥 배곧한울공원
   ♬ redvelvet 아이린 & 슬기 – 놀이
5. 제주 김녕해수욕장
   ♬ redvelvet 조이 – 안녕

BLACKPINK

1. 경희대학교 노천극장
   ♬ BLACKPINK – 마지막처럼
2. 양평군 용두 휴게소
   ♬ BLACKPINK ROSE – On The Ground
3. 평창 대관령 하늘목장
   ♬ BLACKPINK – Lovesick Girls

BTS

1. 강원 강릉 향호 해변
   ♬ BTS – 봄날
2. 강원 삼척 맹방 해변
   ♬ BTS – Butter
3. 경북 영덕 경정항
   ♬ BTS – 화양연화
4. 충북 제천 모산 비행장
   ♬ BTS – Young Forever
5. 충북 청주 연초제조창
   ♬ BTS – Not Today
6. 전북 부안 새만금 간척지
   ♬ BTS – SAVE ME
7. 서울대학교 폐수영장
   ♬ BTS – 화양연화
8. 경기 양주 일영역 간이역
   ♬ BTS – 봄날

SEVENTEEN

1. 대구 계명대학교
   ♬ SEVENTEEN – 만세

TWICE

1. 제주 금오름
   ♬ TWICE – SIGNAL
2. 제주 더 클리프
   ♬ TWICE – Alcohol – Free
3. 서울 양재천 벚꽃길
   ♬ TWICE – Cheer Up

여자친구

1. 전남 곡성 섬진강 기차마을
   ♬ 여자친구 – 귀를 기울이면

| OTT의 보급과 K-드라마의 성장

코로나19로 인해 유튜브 등의 스트리밍 OTT(Over The Top) 서비스 이용률과 시청률이 눈에 띄게 증가하였습니다. OTT 이용률은 2019년 41%에서 2022년 85.4%로, 2020년 코로나19 발생과 함께 2배가량 증가하였습니다. 코로나 발생 이후인 2020년부터 Z세대(1990년대 중반부터 2000년대 초반까지 출생한 세대를 아우르는 말)의 OTT 서비스 이용률이 가장 크게 증가하였고, 밀레니얼 세대(1980년대 초반부터 1990년대 중반까지 출생한 세대를 아우르는 말), Z세대, X세대, 베이비붐 세대의 순으로 이용률이 높은 것으로 조사되었습니다. OTT 서비스 이용 시 사용하는 기기로는 스마트폰이 압도적으로 많지만, 외에도 다양한 스크린이 폭넓게 활용되고 있는 것으로 나타났습니다. 고연령 세대일수록 스마트폰 이용률이 높으며, 나이가 어릴수록 다양한 스크린을 이용한다고 합니다[4].

우리의 일상이 된 OTT의 이용률에 대해 살펴봅시다. 글로벌 OTT 시

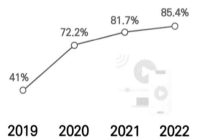

OTT 서비스 이용률[4]

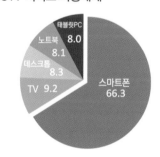

OTT 서비스 사용매체[5]

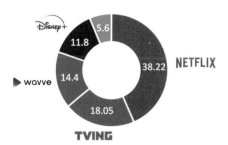

국내 OTT 점유율[6]

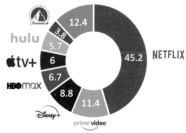

국외 OTT 점유율[7]

장 점유율을 보면 넷플릭스가 거의 절반을 차지하고 있습니다. 국내 OTT 시장 점유율에서도 넷플릭스가 약 40%를 차지하며 국내외 OTT 시장 점유율 1위를 기록하였습니다[6]. 이렇게 국내외 OTT 시장 점유율 1위를 차지한 넷플릭스에서 우리나라 드라마가 얼마나 인기가 있을까요? 넷플릭스 역대 시청 순위 TOP100에 총 15개의 한국드라마 작품이 이름을 올렸습니다. 함께 확인해 볼까요?

　TOP100 중 영광의 1위를 차지한 작품은 「오징어게임」입니다. 누적 시청시간 23억 시간을 돌파했습니다. 8위와 9위는 각각 「이상한 변호사 우영우」와 「지금 우리 학교는」이 차지하였습니다. K-멜로 드라마도 넷플릭스 TOP 100에서 눈에 띄고 있습니다. 「갯마을 차차차」는 28위를, 「사내 맞선」은 34위, 「스물다섯 스물하나」는 62위, 「그 해 우리는」은 95위를 차지하며 K-멜로의 이름을 높였습니다. 넷플릭스 오리지널에서도 우리나라 드라마가 높은 순위를 차지하고 있습니다. 「마이네임」은 51위를, 「지옥」은 81위, 「소년심판」은 89위를, 「종이의 집: 공동경제구역」은 91위, 「수리남」은 93위에 이름을 올렸습니다. 그 외에도 「환혼」과 「연모」가 각각 38위, 86위를 기록하며 퓨전 사극의 매력을 보여주고 있으며, 「작은 아씨들」이 65위에 오르면서 총 15개의 작품이 넷플릭스 TOP100에 이름을 올렸습니다[7]. 장르 불문 다양한 선전이라고 볼 수 있지요.

　K-드라마 촬영장소에 대한 지도를 모두 만들 수는 없지만, 최근 화제가 되었던 드라마인 「이상한 변호사 우영우」를 살펴봅시다. 경상남도 창원시 동부마을의 팽나무와 우영우 김밥집으로 나온 경기도 수원시 행리단길의 한 식당, 그리고 실제로는 청주시청에서 촬영되었던 드라마의 경해도청, 고래커플이 소금빵을 샀던 서초구의 베이커리, 법무법인 한바다로 명명된 역삼역 근처 빌딩, 우영우와 동그라미의 모교로 나

왔던 충남 합덕여중 등이 드라마 촬영지로 소개되고 있습니다.

구글맵에도 개인이 관심 지점에 대해 등록이 가능하지만, 우리나라에서 개발한 모두의 지도(http://modoomap.com)의 경우, 자신의 데이터를 지도로 만들어 주는 기능도 제공하고 있습니다.

창원시 동부마을 팽나무와 그 위치

이 외에도 서울시의 S-map과 같이 공공기관에서 제공하는 지도 서비스에서도 개인들이 원하는 주제를 가지고 주제도를 만들 수 있는 기능을 제공하고 있습니다. 지리 교사와 같이 사회 교과목 교사가 아니더라도 국어, 미술 등 다양한 과목에서 위치정보를 이용한 특색을 살린 나만의 문화 지도를 만들 수도 있습니다.

| 영화 촬영지를 찾아 떠나는 여행

코로나19로 인해 영화관 이용이 어려워지면서 국내 영화 관객 수가 눈에 띄게 감소하였습니다. 코로나19 발발 이전인 2019년과 2020년을 비교해 보면, 2019년에 비해 2020년의 국내 영화 관객 수는 약 74% 감소하였습니다. 극장 수 역시 2019년의 513개에 비해 7.6%가 감소하여 2020년 474개를 기록하였습니다[8]. 하지만, 2022년 이후 코로나19 상황이 좋아지면서 사회적 거리두기가 해제되었고, 그에 따른 제약이 많이 사라지면서 영화관을 찾는 관광객이 증가하여 2022년부터 코로나19 이전의 관객 수를 어느 정도 회복했습니다.

관객 수가 회복된 2022년 한국 영화의 TOP10을 살펴볼까요? TOP1 영화는 「범죄도시 2」로 관객 수 1,200만 명을 기록하였습니다. 그 뒤를 이어 「한산: 용의 출현」, 「공조: 인터내셔날」이 관객 수 각각 720만 명,

2022년 한국영화 TOP10[10]

〈범죄도시 2〉   〈한산: 용의 출현〉   〈공조2: 인터내셔날〉   〈헌트〉   〈올빼미〉
1,200만 명   720만 명   690만 명   440만 명   310만 명

〈마녀 Part 2〉   〈비상선언〉   〈육사오〉   〈헤어질 결심〉   〈외계+인 1부〉
280만 명   200만 명   197만 명   196만 명   159만 명

690만 명을 기록하면서 TOP 2위, 3위를 기록하였습니다. 그 뒤를 이어 「헌트」가 440만 명, 「올빼미」가 310만 명을 기록하였습니다. TOP4부터는 「마녀 Part 2. The Other One」(280만), 「비상선언」(200만), 「육사오(6/45)」(197만), 「헤어질 결심」(196만), 「외계+인 1부」(159만)가 기록되어 2022년 영화 TOP10을 기록했습니다[10].

이렇게 영화가 개봉되고 나면 영화 촬영지가 관객들 사이에서 이슈가 되기도 합니다. 여행지를 찾는 여행자들은 영화 속 주인공이 되어 인생 샷을 남기면서 영화의 분위기를 느낄 수 있으며, 감명 깊게 본 영화 속 한 장면에 있는 것 같은 느낌을 받기도 합니다. 최근에는 영화 촬영지를 찾아 떠나는 여행이 유행하고 있습니다. 이에 각 지자체에서도 영화 촬영지를 적극 홍보하기 위해 장소를 소개할 수 있는 표지판을 세우고, 부산과 대구의 경우에는 영화 촬영지를 엮어 관광 코스로 개발하기도 하였습니다. 날씨가 선선해지면, 영화 촬영지를 따라 여행을 가보는 것은 어떨까요?

「헤어질 결심」에 나온 전북 완주 송광사는 주인공인 해준과 서래가 다녀간 촬영지이며, 큰 북을 사이에 두고 서로 설레하는 명장면의 배경이 되었습니다. 바다가 배경이 되는 곳은 충남 태안군에 위치해 있는 마검포해수욕장이라는 이야기도 있고, 강원도 삼척시에 위치한 부남해변이라는 주장도 있고, 둘 다 맞다는 이야기도 있습니다. 이렇게 영화 촬영 장소를 찾는 사람들을 위치 사냥꾼(location hunter)이라고 부르는데, 이들의 역할은 영화를 빛내기 위한 밑거름이 됩니다.

영국의 웹사이트 중에 하나인 MOVIE LOCATION HUNTER(https://www.movielocationhunter.co.uk/) 홈페이지도 재미 삼아 방문해 볼까요? 개인이 만든 이 사이트에서 메인화면에서 영화의 대표 포스터를 보여주고,

그 영화를 포스터 사진을 누르면 영화 장면과 운영자가 해당 장면의 장소를 방문한 사진과 더불어 위치를 알려주고 있습니다. 안타깝게도 이 사이트에는 우리나라 영화는 매우 적습니다. 한국에 방문하는 외국인들에게 우리 영화나 드라마를 소개하고 안내해 줄 수 있다면 우리나라 홍보에 큰 도움이 되지 않을까요?

영국의 영화 촬영 배경지를 소개하는 사이트 첫 화면[11]

우리나라의 문화가 해외의 유명 사이트에 제대로 소개가 되지 않은 곳들을 적극적으로 찾아서 소개하는 전략이 필요할 것 같습니다. 우리가 달리지 않아도 우리의 콘텐츠를 그들의 말에 태우면, 그들이 열심히 달리게 되겠지요. 거창하게 말을 키워서 우리가 플랫폼을 제작하고 주도하겠다는 목표를 세우고 투자하는 것보다 효율적일 수도 있습니다.

활기차게!
몸을 움직일 수 있는 곳!

| 중요한 것은 꺾이지 않는 마음! 2022년 프로스포츠 관중 회복

2020년 코로나19 대유행으로 인해 K 리그 및 KBO 리그 등 스포츠 관련 분야들이 어려운 시기를 보냈습니다. 프로스포츠는 코로나19 상황에 따라 제한적으로 진행되거나 무관중으로 경기가 열렸습니다. 하지만, 2022년 코로나19의 엔데믹(endemic) 시대로 전환되면서, 2022년 프로야구와 프로축구는 2020년 이후 가장 많은 관중이 경기를 직관하면서, 스포츠에 대한 팬심이 회복되고 있음을 보여주었습니다. 다양한 스포츠 분야 중, 가장 많은 인기를 끌고 있는 야구와 배구, 축구에 대해서 먼저 알아보겠습니다.

우리나라에서 프로야구는 창설 때부터 지역대항전으로 여겨졌을 정도로 연고지를 바탕으로 큰 인기를 누렸습니다. 지역 고교야구를 응원하던 문화가 프로야구로 이어졌으며, 지역 연고제를 바탕으로 리그를 성장시키는 경우가 많아 연고지의 팬들과 팀의 관계는 끈끈할 수밖에 없습니다. 프로야구팀이 연고지에 집착하는 이유는 인구밀도가 높은 곳에 연고지가 있어야 팬 확보가 수월하며, 해당 지역 야구장을 홈 운동장으로 사용이 가능하기 때문에 팀을 창단할 때 연고지 선정에 심혈을 기울입니다[11]. 이러한 우리나라 프로야구 연고지 지도를 만들어 보았습니다.

우리나라의 지역별 야구구단 분포[13]

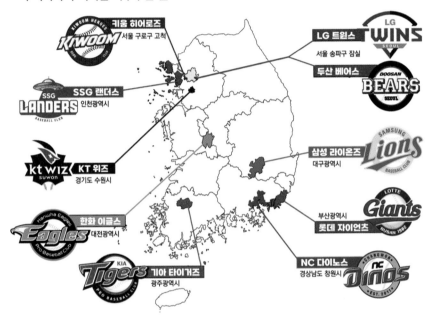

김연경 선수로 인해 많은 사람들이 배구를 즐기기 시작했으나 배구를 공중파 TV에서 중계하는 일은 정말 드뭅니다. 배구의 강자로는 특정 회사구단이 떠오르지만, 이 역시 지역을 기반으로 하고 있다는 것을 아는 사람은 적습니다. 전국에 연고지를 두고 있는 프로야구, 프로축구와 달리 프로배구는 대부분의 연고지가 수도권과 그 주변에 편중되어 있습니다. 남자부는 7개 구단 중 5개 구단이, 여자부는 6개 구단 중 4개 구단이 수도권에 연고지를 두고 있습니다. 배구의 연고지가 수도권에 집중된 이유로 프로배구의 선(先) 점유를 들 수 있습니다. 1997년에 출범한 프로배구 구단들은 서울 및 지방 대도시를 연고지로 삼았고, 이렇다 보니 같은 시기에 진행되는 경쟁 종목인 만큼, 같은 지역에 프로스포츠 구단이 2개 이상 존재하는 위험부담을 피해, 프로배구 출범 당시 관중들을 많이 끌어들일 수 있고 스폰서 기업들이 선호하는 수도권 위주로 정착하였습니다[13]. 이러한 우승 횟수를 기준으로 한 프로배구 지도도 한번 살펴보겠습니다.

우리나라의 지역별 프로 배구단 분포 지도[15]

축구는 대한민국 프로스포츠 중에서 가장 전국적으로 고른 연고지를 형성하고 있습니다. 프로 리그부터 아마추어 리그까지 내려가면 오밀

조밀한 연고지 네트워크를 형성하고 있습니다. 또한, 도시 연고지 형태가 많아 야구보다 상대적으로 더 고른 연고지가 분포하고 있습니다. 하지만 연고지 이전과 도시 연고제로 인해 생긴 많은 팀, 늦은 연고지 형성 등 다양한 이유로 인해서 야구보다 연고지의 소속감이 낮다는 지적이 있습니다.

우리나라의 지역별 K리그[16]와 KW리그[17] 구단 분포

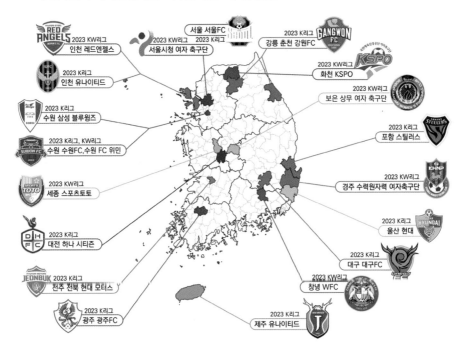

프로야구, 프로배구, 프로축구가 각 지역을 대표하는 스포츠로서 자리를 잡는다면 지역의 홍보 및 경제적 향상에 도움이 될 수 있습니다. 연고 지역에 위치한 경기장을 방문하여 관람함으로써 스포츠를 통한 마케팅과 지역 경제 활성화 등 긍정적인 효과를 기대할 수 있을 것입니

다. 또한, 프로스포츠팀 유치는 지역의 경제와 레저산업 그리고 스포츠 관련 산업의 진행에도 이바지하며, 지역 주민들의 연대감을 향상시키는 등 지역의 활성화에 있어 효율적인 수단이 될 수 있습니다.

가장 대표적인 예로 천안 현대캐피탈 스카이워커스를 들 수 있습니다. 천안 현대캐피탈 스카이워커스는 지역 밀착 마케팅을 통해 지역을 대표하는 대표 배구팀으로 자리 잡았습니다. 이를 확인할 수 있듯이 경부고속도로에서 천안 나들목으로 나가면 '배구 특별시 천안'이라는 문구를 볼 수 있습니다. 이는 현대캐피탈이 천안의 배구문화 활성화를 위해 큰 역할을 했음을 보여주는 좋은 예시입니다. 또한, 약 280억 원을 들여 천안시에 복합 베이스캠프인 '캐슬 오브 스카이워커스'를 지어 선수들과 팬 사이의 거리를 좁히기도 하고, 이를 지역 배구 동호회나 고등학교 배구부에게 개방하여 직접 코트에서 뛰어볼 기회를 제공하기도 하였습니다. 더불어 이곳을 홈구장으로 지정하여 팬덤을 형성하고 관중을 유치하는 데 성공하였습니다. 이는 한국형 스포츠마케팅의 좋은 예시로 평가되고 있습니다[14].

우리 동네 공공체육시설은 얼마나 있을까요?

'스포츠권'은 모든 국민이 차별받지 않고 자유롭게 스포츠를 누릴 수 있는 권리로, 이러한 스포츠권을 충족시키기 위해 가장 중요한 것은 스포츠시설의 조성과 활용이라고 할 수 있습니다. 아무리 훌륭한 스포츠 정책이 있더라도 스포츠 활동을 할 수 있는 시설과 공간이 없다면 소용이 없기 때문입니다. 공공스포츠시설은 단순하게 국민의 건강 증진을 위한 목적 외에도, 지속 가능한 발전과 지역공동체 활성화와 회복, 지역경제를 활성화할 수 있는 기능이 있습니다. 스포츠시설은 도시의 지속 가능하고 균형 있는 발전과 주민의 편리하고 쾌적한 삶에 필요한 '생활 인프라'에 포함되어 있습니다. 이러한 공공스포츠시설은 건강한 일상을 유지하기 위한 사람들이 모이는 장소이며, 민간 스포츠시설보다 저렴하고, 지역의 정기 이용자를 보유할 수 있습니다. 또한, 지역에서 개최되는 대회와 행사에 이용되는 공공스포츠시설은 또 하나의 관광자원으로 지역경제를 활성화할 수 있습니다[17].

그렇다면, 이러한 공공스포츠시설은 지역별로 충분히 건설되어 운영되고 있을까요? 2019년 4월 관계부처 합동으로 발표한 〈생활 SOC 3개년 계획(안)〉에 따르면, 미국과 영국, 일본 등과 같은 선진국의 경우 평균적으로 실내 체육관은 1~2만 명, 수영장은 1~4만 명당 1개소를 제공했지만, 우리나라의 경우 실내 체육관은 5.3만 명, 수영장은 12.6만 명당 1개소를 공급한 것으로 나타났습니다[18]. 또한, 국민 1인당 공공체육시설 면적은 2022년 4.64㎡/1인으로, 목표 기준 (2022 5.73㎡/1인 보급 달성) 대비 80.9%가 공급되었습니다[19]. 다른 선진국에 비해 우리나라의 체육시설 보급이 현저히 적다는 것을 알 수 있으며, 1인당 공공 체육시설 면적을 수도권으로 좁힐 경우, 더 많은 인원이 하나의 체육시설

을 사용하는 것을 짐작해 볼 수 있습니다. 이에 대한 지역별 자세한 수
치는 아래의 지도에서 확인할 수 있습니다. 좁은 땅에 경쟁이 치열한
우리나라에서 공공 체육시설에서 운동할 수 있는 여유를 찾기 어려운
것도 이해가 되지만 점차 개선되기를 바랍니다.

1인당 공공체육시설 면적과 공공체육시설 개수[20]

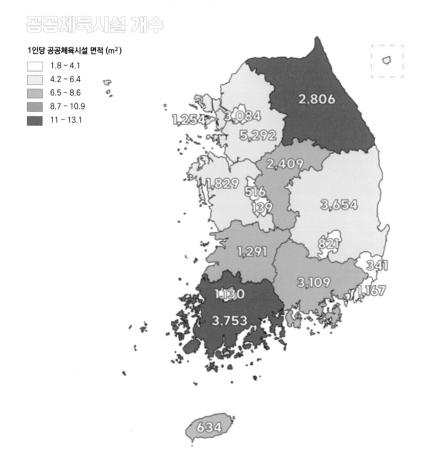

공공체육시설 개수

1인당 공공체육시설 면적 (m²)

	1.8 – 4.1
	4.2 – 6.4
	6.5 – 8.6
	8.7 – 10.9
	11 – 13.1

서울 강남구의 필라테스 시설 지도   경기도 광주시의 필라테스 시설 지도

그러나 코로나19로 인해 헬스장과 수영장 등 실내 체육시설 운영에 큰 타격을 받았다는 뉴스 기사가 나오기도 하고, 이에 따라 홈 트레이닝이 유행을 타기도 했습니다. 코로나19가 어느 정도 잠잠해지면서 수영장과 실내 체육관을 방문하지 못하는 사람들이 건강을 위해 필라테스를 선택하기도 했습니다. 한때 불었던 요가 붐이 필라테스로 옮겨가면서 전국적으로 필라테스시설이 확대되고 있습니다. 필라테스시설이 주로 입지한 곳은 직장인이 많이 몰려있는 곳과 아파트 단지 주변에 밀집해 있는 것으로 나타납니다. 이러한 경향은 서울 강남구뿐만 아니라, 경기도 광주시를 비롯한 경기도 외곽지역까지 모두 확인되고 있습니다. 필라테스 강사 교육 등 건강한 신체를 유지하고자 하는 교육 프로그램도 늘어나고 있습니다.

비싼 땅값으로 인해 새로운 부지를 확보하여 주민들에게 스포츠권을 제공하는 것은 점점 어려워지게 됩니다. 새로운 부지를 선정하기보다는 최근에는 기존 공원의 시설을 보수하여 맨발로 걸을 수 있는 공원을 조성하는 것이 유행하기 시작했습니다. 이렇게 저렴한 비용으로 스포츠권을 최대한 제공하고자 하는 변화는 점차 삶의 질을 개선하는 데 큰 도움이 될 것으로 기대해 볼 수 있습니다.

　우리나라 100대 명산은 2002년 세계 산의 해를 기념하고, 산의 가치와 중요성을 새롭게 인식하기 위해 2002년 10월부터 산림청에서 선정하여 공표하였습니다. 산림청에서 선정한 '100대 명산'은 13명의 전문가로 구성된 선정위원회가 역사, 문화성, 접근성, 선호도, 규모, 생태계 특성 등 5개의 항목에 가중치를 부여하여 선정하였습니다[20]. 2002년 이후, 산림청 외의 다양한 기관에서 한국의 100대 명산을 선정하고 발표하였으나, 100대 명산 선정기준의 자세한 설명과 정확한 기준이 없어 100대 명산 선정에 대한 논란은 계속되고 있습니다. 각 기관은 자신들의 기준을 가지고 100대 명산을 선정하고 있는데, 이에 대해서 소개하고자 합니다.

　현재 우리나라에서는 4개의 기관과 기업에서 100대 명산을 선정하고 있습니다. 산림청과 한국의 산하, 블랙야크, 월간 〈산〉이 대표적입니다. 산림청의 위에 언급된 기준에 따라, 한국의 산하는 조회 수에 의한 통계에 따라 선정하며[21], 블랙야크는 각 지역을 대표하며 실제 탐방이 가능한 명산을 기준으로[22], 월간 〈산〉은 역사적 가치로서의 산, 경관적 가치로서의 산, 지리적 가치로서의 산, 사람들이 많이 찾는 산, 지정 자연공원으로서의 산의 기준[23]에 따라 100대 명산을 선정하고 있습니다.

우리나라 산림 면적

국토의 64%

우리나라 100대 명산

산림청
한국의산하
BLACK YAK
DESIGNED BY MOUNTAINEERS
山

최근 코로나19를 겪으면서 유행으로 떠오른 것이 '등산'입니다. 그 이유는 코로나19로 인해 실내 활동에 제약이 따르고, 야외 마스크가 해제되면서 등산을 즐기는 사람들이 증가했기 때문입니다. 그중, 20~30대인 젊은 층의 등산이 많이 증가하였으며, 그중에서도 여성들의 증가가 뚜렷하게 나타났습니다. 이를 알려주듯이 최근 SNS에서 젊은 층의 등산 인증 사진을 쉽게 찾아볼 수 있습니다. 서울권 주요 산들의 검색량도 역시 증가했으며, 그중 70~80%가 젊은 층의 검색 결과라고 합니다 [24]. 이번 주말에는 다양한 기관의 100대 명산을 고려하여 등산을 도전해 보는 것이 어떨까요?

다양한 컨셉을 가진
힐링공간

| 소설가와 시인의 이야기가 살아있는 곳

2023년 기준으로 한국문학관 협회에 등록된 전국의 문학관 수는 모두 89여 곳입니다[26]. 하지만 등록되지 않은 문학관도 있으며, 현재 건립 예정인 문학관 수도 포함한다면 우리나라의 문학관 수는 100개가 넘을 것으로 예상합니다. 이는 국민들의 평균 독서량을 고려했을 때 문학관의 수는 많은 편이며, 지역의 문화를 이용하여 방문자를 늘리고자 하는 지자체의 투자가 문학관에 쏟아진 것이 아닐까요?

문학관이란[26]

국내외 한국문학 관련 자료를 수집, 보존, 복원, 관리, 전시, 연구, 교육, 연수, 기타 활용을 통하여 문학 유산의 계승과 문학 활동의 진흥 및 발전을 도모하고 문학인을 포함한 모든 국민의 문학 창작과 향유를 증진시키고자 설립되었습니다.

전국 중, 경상도 지역은 가장 많은 문학관이 협회에 등록되어 있습니다. 이육사 문학관부터 지리산 문학관, 추리 문학관, 낙동강 문학관 등 다양한 주제의 문학관이 등록되어 있습니다. 경상도에 뒤이어 전라도 지역 역시 많은 문학관이 등록되어 있습니다. 해남을 상징하는 '땅끝'과 영감을 받고자 해남을 순례하여 찾아온 문인들의 발걸음을 위해 건립

우리나라의 문학관 분포 지도[27]

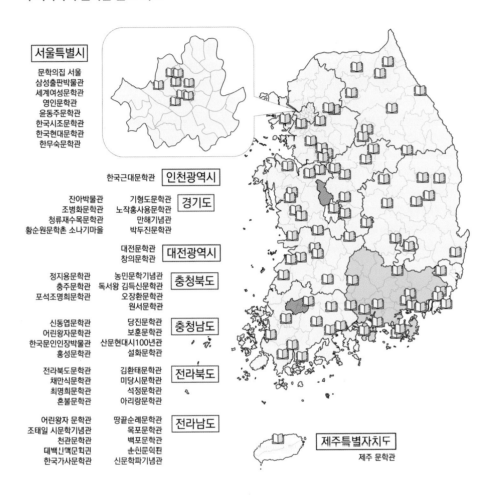

서울특별시
문학의집 서울
삼성출판박물관
세계여성문학관
영인문학관
윤동주문학관
한국시조문학관
한국현대문학관
한무숙문학관

한국근대문학관 **인천광역시**

잔아박물관   기형도문학관   **경기도**
조병화문학관   노작홍사용문학관
청류재수목문학관   만해기념관
황순원문학촌 소나기마을   박두진문학관

대전문학관   **대전광역시**
창의문학관

정지용문학관   농민문학기념관   **충청북도**
충주문학관   독서왕 김득신문학관
포석조명희문학관   오장환문학관
원서문학관

신동엽문학관   당진문학관   **충청남도**
어린왕자문학관   보훈문학관
한국문인인장박물관   산문현대시100년관
홍성문학관   설화문학관

전라북도문학관   김환태문학관   **전라북도**
채만식문학관   미당시문학관
최명희문학관   석정문학관
혼불문학관   아리랑문학관

어린왕자 문학관   땅끝순례문학관   **전라남도**
조태일 시문학기념관   목포문학관
천관문학관   백포문학관
대백산맥문학관   순신문익관
한국가사문학관   신문학파기념관

제주특별자치도
제주 문학관

된 땅끝 순례 문학관이 있고, 한불수교 130주년을 기념하여 어린왕자
를 위해 건립된 어린왕자선(禪) 문학관도 전라남도에 있습니다. 이 밖에
도 충청도와 강원도에는 김삿갓문학관, 김유정 문학촌, 이효석 문학관,
정지용 문학관 등이 있습니다.

문학관을 짓는 비용은 적게는 10억 대이고 많게는 100억 대가 넘어간

다고 합니다. 인천의 근대문학관처럼 연구사가 있어 자체 프로그램을 개발하여 그 지역 사람들의 문화 활동을 위한 터로 만든 사례는 매우 드뭅니다. 문화체육관광부에서는 지자체로 예산을 배정하는 권한을 이관하고 있다고 하지만, 문화관광 분야의 예산 축소는 이러한 소프트웨어 활동의 위축을 불러올 것으로 우려되기도 합니다.

가장 아쉬운 것은 콘텐츠가 지속하여 갱신되지 않아 한 번 방문한 곳은 다시 걸음을 하지 않는 경향이 있다는 것입니다. 세금으로 세워진 공공 문학관뿐만 아니라, 사설 문학관도 꾸준히 콘텐츠를 개발하여 다시 방문하고 싶은 문학관이 되길 바랍니다. 왼쪽에 문학기행을 위해 전국 문학관 지도를 준비하였으니, 좋아하는 작가나 인상 깊게 읽었던 작품을 따라 문학기행을 떠나봅시다.

강원도
김동명 문학관
김삿갓 문학관
김유정 문학촌
만해문학박물관
박경리문학공원
박인환문학관
울하이태극문학관
이효석문학관
효지문학관

경상북도
구상문학관
낙동강문학관
동리목월문학관
문경문학관
이육사문학관
지촌문학관
지훈문학관
최치원문학관

대구광역시
대구문학관

울산광역시
오영수문학관

부산광역시
요산김정한문학관
이주홍문학관
추리문학관

문학관
시도별 문학관 개수
0
1
2 - 3
4 - 10
11 - 12

경상남도
경남문학관
남해유배문학관
마산문학관
박재삼문학관
우포시조문학관
이병주문학관
이원수문학관
지리산 문학관
창원 김달진문학관
청마문학관
평사리문학관
한국시조문학관
한빛문학관

독립서점은 대규모 자본이나 큰 유통망에 의지하지 않고 서점 주인의 취향대로 꾸며진 작은 서점을 말합니다. 서점 주인의 취향이 구비되는 도서의 기준이 되다 보니, 서점별로 특정 영역에 특화된 경우가 많습니다[27]. 책을 읽는 사람이 줄어드는 시대에 오히려 독립서점은 늘어나고 있습니다. 책을 읽는 사람이 줄어드는데 독립서점이 늘어나는 이유는 무엇일까요?

그 이유는 개인의 취향을 중요시하는 사회 분위기가 형성되면서 독자의 취향을 충족시켜 주는 동시에 지적 사유가 가능한 독립서점이 주목받기 시작했기 때문입니다. 또한, 디지털 사회에 대한 피로감으로 인해 동네서점이 증가했다는 분석도 있습니다. 독립서점은 작은 공간이 주는 아늑함과 독립서점 직원들이 갖추고 있는 서적 관련 지식을 기반으로 책을 추천받을 수 있어 대형 서점과는 차별화된 장점이 있어 매력적으로 느껴질 수 있습니다[28].

최근, 독립서점은 복합 문화공간으로 탈바꿈하고 있습니다. 카페형 서점은 기본이며, 맥주를 마시면서 책을 읽을 수 있는 책맥공간, 숙박을 할 수 있는 북스테이 공간뿐만 아니라, 특정 주제에 대한 정기 강연이나 공연이 열리는 모임의 공간이 되기도 합니다. 이는 같은 관심을 가지는 사람들과 교류하는 장소로 인식되고, 책과 책을 넘어 책과 사람, 사람과 사람을 연결하는 공간, 또는 온라인에서 연결된 친구들을 만날 수 있는 공간이나 지역의 커뮤니티 공간이 될 수 있습니다[29].

독립서점이 가장 많은 지자체는 물론 서울과 경기도이지만, 3위를 기록한 곳은 놀랍게도 제주도입니다. 귀촌과 함께 제주의 매력에 빠져 독립서점을 운영하고자 하는 사람들이 늘었던 까닭일까요? 부산과 인천

광역시가 광역시 중에서는 15개 내외로 많은 편이고, 서울 주변의 중소
도시는 평균 2개 정도의 독립서점을 보유하고 있는 것으로 나타났습니
다. 최근 독립서점 관련 추이는 독립서점 투어를 꼽을 수 있습니다. 독
립서점 투어는 여행을 가는 곳에 있는 독립서점을 방문하는 것으로, 독
립서점마다 가지고 있는 다양한 분위기와 그 서점만이 가지고 있는 책
을 경험하고자 독립서점 투어를 즐기는 사람들이 증가하고 있습니다. 또
한, 독립서점을 소개해 주는 '동네서점'이라는 플랫폼도 존재합니다[30].
아래의 지도와 독립서점을 소개해 주는 플랫폼을 참고하여 다음 여행
에서는 그 지역에 있는 독립서점을 방문하는 것도 좋은 추억을 만드는
방법이 될 것 같습니다.

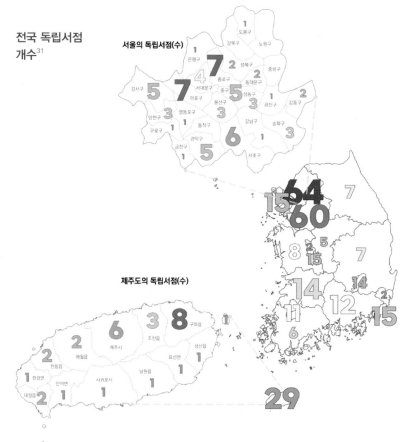

전국 독립서점
개수[31]

| 도심 속 잠깐 힐링할 수 있는 공간은 어디일까요?

2020년, 코로나19 팬데믹으로 박물관과 미술관을 방문하는 사람들이 크게 줄었습니다. 거리 두기가 완화되면서 사전 예약이나 관람객 수 제한이 풀리면서 박물관과 미술관을 찾는 사람들이 코로나19 이전으로 회복되기 시작했고, 갤러리의 경우 다음 해까지 예약이 꽉 차있을 정도입니다. 그중, 국립현대미술관은 25세 미만의 젊은 세대와 65세 이상의 연장자 방문객이 많이 증가했습니다[32]. 이는 젊은 사람들의 현대 미술에 대한 관심이 증가함과 더불어 흥미로운 주제로 진행된 전시가 많아졌기 때문이라고 할 수 있습니다. 젊은 세대들이 미술에 대한 관심을 가지는 이유 중 하나는 연예인을 들 수 있습니다. 대표적으로, 방탄소년단(BTS)의 RM이 다녀간 국내외 전시는 'RM 투어'라 불리며 팬들은 RM이 다녀간 전시를 다녀가기도 합니다[33]. 이러한 사례로 미술계는 연예인이나 유명인을 활용한 스타 마케팅을 적극적으로 활용하기 시작하면서 전시 관람 혹은 스타와의 협업 등으로 인해 일반인에게 전시에 대한 진입장벽이 이전보다 많이 낮아지고 있습니다[34].

국립중앙박물관 역시 2021년에 전년 대비 63%의 증가세를 보이며 방문객

우측 박물관 구분도의 분포도[36]

박물관 구분도[36]

체험

아이스뮤지엄
제주 서귀포시

감귤박물관
제주 서귀포시

영화체험박물관
부산광역시

커피박물관
강원도 강릉시

부천로보파크
전시관
경기도 부천시

외할머니의 부엌
경기도 김포시

풀짚 공예박물관
경기도 광주시

항공 우주 박물관
경남 사천시

테마공원
선녀와 나무꾼
제주 제주시

동해 독도 홍보관
경북 울진군

에디슨 과학 박물관
강원도 강릉시

지도박물관
경기도 수원시

고성 공룡 박물관
제주 제주시

테디베어
박물관
경북 경주시

독도박물관
경북 울릉군

박물관은 살아있다
제주 서귀포시

해녀박물관
제주 제주시

자연　　　　　**인공**　　　　　**인문**

넥슨 컴퓨터
박물관
제주 제주시

둘리박물관
서울 도봉구

황순원
소나기마을
경기도 양평군

떡박물관
서울 종로구

애니메이션 박물관
강원도 춘천시

김치박물관
광주광역시

세계술문화
박물관
충북 충주시

기생충박물관
서울 강서구

세계골프박물관
서울 강남구

연필뮤지엄
강원도 동해시

사람박물관
얼굴
경기도 광주시

오설록 차 전시관
제주서귀포시

세계 자동차
박물관
경북 경주시

복권박물관
충남 천안시

담양우표박물관
전남 담양군

시각

수 12위에 기록되었습니다. 국립중앙박물관과 국립현대미술관에서 진행된 이건희 컬렉션 특별전은 지금까지 매회 매진을 기록하며, '이건희 컬렉션 신드롬'을 불러일으켰습니다. 더불어 수요층이 확대되면서 젊은 세대가 많이 유입된 것으로 확인되었습니다.

인터파크 통계에 따르면, '이건희 회장 기증 1주년 기념전 - 어느 수집가의 초대' 예매자 중 20~30대의 비율은 70.4%에 이르렀습니다[36]. 앞으로 박물관을 자주 방문하게 된 젊은 세대의 유입을 장기화하기 위해 미술관과 박물관 측은 e-뮤지엄, 젊은 세대를 위한 홍보 콘텐츠 등 다양한 프로그램을 계획하고 있다고 합니다.

이전 쪽에서는 우리나라에 있는 박물관들을 특성마다 분류해 본 그래프를 확인할 수 있습니다. 체험 중심인지 보는 것이 중심인지에 따라 Y축을 배치하였고, 자연, 인공과 인문적인 것을 구분하여 X축으로 다양한 박물관들을 특성별로 분류해 보았습니다. 여행을 가기 전 또는 문화 체험 전에 미리 자신의 취향에 맞는 박물관을 한번 선정하여 일정을 짜는 건 어떨까요? 대한민국은 민주공화국이지만, 종종 서울공화국으로 비웃음을 사기도 합니다. 하지만 우리나라의 중소도시에서는 지역 활성화를 위해 다양한 특색이 가득한 박물관들을 설립하면서 지역을 홍보하고 있습니다. 다양한 매력을 뽐내고 있는 지역의 박물관도 더 매력적으로 느껴질 수 있도록 알뜰히 돌보고 관리하여 특성화하는 것이 필요할 것입니다.

| 자연을 느낄 수 있는 공간이 줄어들고 있어요

아쿠아리움과 동물원은 오랫동안 논란이 많았고, 그만큼 갑론을박이 끊이지 않고 있습니다. 하지만 아쿠아리움과 동물원은 시간이 지나면서 시설과 환경이 개선되고, 인력이 보충되면서 생태계에 긍정적인 영향을 미칠 수 있다는 의견이 증가하고 있습니다. 실제 우리나라 아쿠아리움에서는 해양생물 연구소를 만들고, 해양 생태계 회복을 위한 연구와 다양한 활동을 통해 해양 환경에 긍정적인 영향을 미칠 수 있도록 노력하고 있습니다[37]. 또한, 동물원에서는 생태환경이 바뀌는 것에 적응하지 못하고 멸종되는 동물들에게 알맞은 생태환경을 제공하여 멸종되지 않도록, 어려움이 없이 살아갈 수 있도록 공간을 제공하고 관리합니다.

그중 청주동물원의 경우를 살펴보겠습니다. 청주동물원은 멸종위기종과 토종 야생동물을 보호하고 연구하는 동물원으로 2014년 야생생물의 멸종을 방지하기 위한 '서식지 외 보전기관'으로 지정되었으며, 최근에는 야생동물 방사 훈련장, 야생동물 연구시설을 갖추었습니다. 하지만 다른 동물원은 지금까지 관람을 우선시하고 있습니다. 2023년 12월

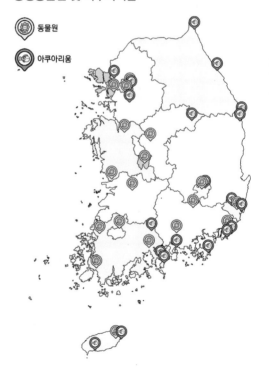

우리나라
공영동물원 및 아쿠아리움

동물원

아쿠아리움

부터 동물원 및 수족관의 관리에 관한 법률이 시행됩니다. 이는 기존 등록제였던 동물원과 수족관을 허가제로 전환하고, 사육환경 조성, 전문 인력 확보, 질병 및 안전관리 계획, 휴업과 폐업 시 보유 동물 관리 계획 등 일정 요건이 갖춰져야 동물원과 수족관을 운영할 수 있으며, 동물에게 불필요한 스트레스를 주는 체험과 쇼도 금지됩니다[38]. 이 법률을 계기로 향후 더 이상 학대로 고통받는 동물이 없기를 기대해 봅니다.

최근 1인 가구와 노령층의 비율이 늘어나면서 반려 식물이 인기를 끌고 있습니다. 반려 식물이란 옆에 두고 의지하며 살아가는 식물을 의미합니다. 코로나19 이후 외부 활동이 줄어들면서 반려 식물을 키우며 시간을 보내는 경우가 많아지면서 반려 식물을 통해서 심리적 안정감을 찾는 사람이 많아지고 있습니다[39]. 이러한 유행을 따라, 여러 수목원에서는 반려 식물 상담실을 운영하기도 하며, 식목일을 맞이하여 반려 식물을 나눠주기도 합니다. 또한, 울산의 정원에서는 반려 식물 입양을 위한 선물을 나눠주기도 하고, 자신에게 맞는 반려 식물을 찾을 수 있는 프로그램을 진행하고 있습니다.

여기서 수목원과 정원의 차이가 무엇인지와 대표적인 수목원과 정원을 소개하고자 합니다. 수목원은 수목을 중심으로 수목 유전자원을 수집하고, 증식, 보존, 관리 및 전시하고 그 자원화를 위한 학술적인 연구를 하는 시설입니다. 정원은 식물, 토석, 시설물 등을 전시, 배치하거나 재배하고 가꾸기를 통해 관리가 이루어지는 공간입니다[40]. 쉽게 말하면, 정원은 정원 가꾸기가 이루어지는 공간이며, 수목원은 정원보다 학술적이고 산업적인 기능을 갖춘 시설을 의미합니다.

대표적인 국립수목원은 포천의 국립수목원, 봉화의 국립백두대간수목원, 세종의 국립세종수목원이 있습니다. 대표적인 국가 정원은 순천

만 국가정원과 태화강 국가정원이 있습니다. '우리나라 수목원 및 정원'
의 지도를 보면, 수목원은 수도권과 가까운 북쪽에, 정원은 더 남쪽에
많이 있는 것을 확인할 수 있습니다. 이는 수목원은 민간 수목원보다
국공립 수목원이 많고, 정원은 국공립 정원보다 민간 정원이 많기 때문
이라고 예측해 볼 수 있습니다.

여러분은 몇 곳의 수목원과 정원을 방문해 보셨나요? 지도를 보고 나
니, 우리나라에 아직 가볼 곳이 너무 많이 남아있지 않나요?

우리나라 수목원 및 정원[41]

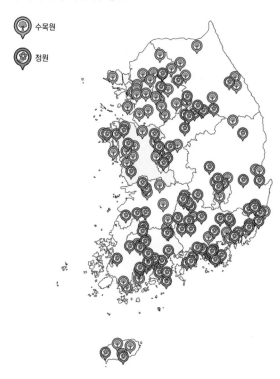

수목원

정원

우리나라에서 반려동물을 키우는 인구가 1,500만 명을 넘어섰습니다. 또한, 애완동물이 아닌 '가족'으로 인식이 변화하면서 반려동물과 떠나는 여행도 일상이 되고 있습니다. 이처럼 반려동물을 키우는 가구가 늘어나고 있는 가운데, 반려동물 동반여행이 더 많아질 것으로 예측합니다.

한국관광공사가 실시한 「2022 반려동물 동반여행 실태조사」 결과에 따르면, 조사 대상 반려인 중 약 75%가 반려견 동반여행을 선호했으며, 74.4%가 향후 반려견 동반 국내 여행 의향이 있다고 답해 반려견 동반여행이 성장할 가능성이 높은 것으로 나타났습니다[42]. 펫코노미 (pet+economy, 반려동물과 경제를 뜻하는 영문 합성어) 시장이 커지면서, 그에 따라 여행 산업도 변화하고 있습니다[43]. 국내 온라인여행사는 반려동물 동반여행을 선택할 수 있는 기능을 추가하고 있으며, 반려동물 입실 가능 객실이나 안내견 동반 가능 서비스를 제공하고 있습니다. 또한, 반려동물 동반여행 수요가 늘어나면서 온라인 언급량도 급증하였습니다. 2021년 1월부터 2021년 6월까지 반려동물 동반 여행 관련 언급량은 6,165건으로 2019년 전체 언급량이 2,224건보다 2.5배 높은 것으로 나타났습니다. 이 중에서도 여름철과 주말에 집중되어 있었으며, 동반 여행지로 관심이 높은 곳은 제주, 서울, 부산 순으로 나타났습니다[44].

최근 제주시와 제주관광공사는 「혼저옵서개」 페이지를 제작하여 반려동물 출입이 가능한 관광지 및 식당, 숙박시설 등 200여 곳의 정보를 수집하여 제공하고 있습니다[45]. 또한, 강원도 관광재단은 도내 동반할 수 있는 숙박, 식당, 관광지, 체험과 동물병원 정보를 PC와 모바일 애플리케이션을 통해 제공하는 「강원 댕댕여지도」를 오픈하였습니다[46]. 더불어, 한국관광공사는 전북을 '반려동물 동반 여행 시범 선도 특화사업 지역'으로 선정하여, 반려견 동반 안심 걷기 길을 선정하였습니다[47]. 경남 역시 반려동물 동반 여행 증가추세에 발맞춰 '반려동물과 함께하는 경남 여행' 가이드 북을 발간하여 반려동물 친화 관광지와 식당, 숙소, 동물병원 등 시설정보와 더불어 반려동물과 함께할 수 있는 지역 명소를 소개하고 있습니다[48].

앞으로 이러한 반려동물 동반 관광에 대한 정보를 제공하는 곳과 반려동물 동반 관광을 위한 대중교통이 늘어날 것으로 기대하고 있습니다. 다음 쪽의 반려동물 동반 가능 관광지, 문화시설 지도와 각 지역의 애플리케이션을 통해서 사랑하는 반려동물과 함께 여행을 가보는 것은 어떨까요? 반려동물과 갈 수 있는 지도나 목록을 두고 반려동물과 관련된 행복한 이야기를 나누어 봐도 좋겠습니다.

반려동물 동반 가능 관광지[50]

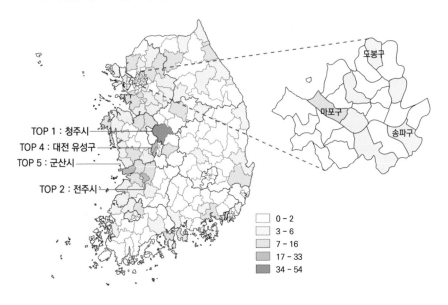

TOP 1 : 청주시
TOP 4 : 대전 유성구
TOP 5 : 군산시
TOP 2 : 전주시

도봉구
마포구
송파구

0 - 2
3 - 6
7 - 16
17 - 33
34 - 54

반려동물 동반 가능 문화시설[50]

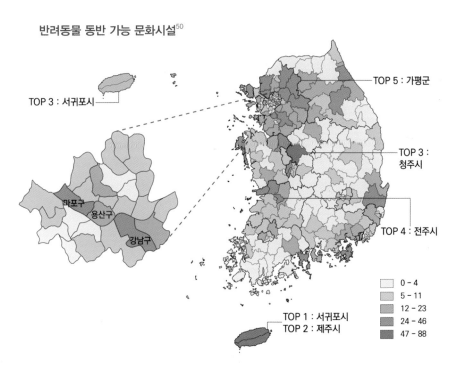

TOP 3 : 서귀포시

TOP 5 : 가평군

TOP 3 :
청주시

TOP 4 : 전주시

마포구
용산구
강남구

TOP 1 : 서귀포시
TOP 2 : 제주시

0 - 4
5 - 11
12 - 23
24 - 46
47 - 88

다른 나라의 문화를 즐길 수 있는 꿀팁!

| 우리나라에서도 다른 나라의 문화를 직접 즐길 수 있다고요?

대사관과 문화원은 해외여행이 자유롭지 못한 시절에는 우리나라에서 해외 문화를 느낄 수 있는 곳으로 멋쟁이들이 자주 찾는 곳이었습니다. 프랑스 문화원에서 흑백영화를 즐기기도 하고, 영국 문화원에서 영어를 배우고, 독일 문화원의 부설 기관인 괴테 어학원은 유학을 원하는 사람들의 필수코스이기도 했습니다.

우리나라에는 국가 간의 문화와 교육 교류를 위한 여러 문화원이 존재하고 있습니다. 주한 세계 문화원에서는 다양한 행사를 제공하고, 우리나라 사람은 그 나라에 직접 가지 않아도 그 나라의 문화를 즐길 수 있습니다. 문화원의 도서관에서는 각국의 원서를 제공하고 있으며, 영화 상영이나 음악 공연, 강연 등 다채로운 문화 행사를 운영하고 있습니다. 또한, 일부 문화원에서는 초급부터 고급까지의 어학 강좌를 제공하고 시험도 치를 수 있도록 하고 있습니다. 코로나19 이후에 문화원에서는 비대면으로 각 나라의 문화를 즐기고 언어를 배울 수 있도록 다양한 프로그램을 시작하였고 좋은 반응에 프로그램이 지속되고 있습니다. 문화원은 수도권에 약 28개의 문화원이 위치해 있으며, 각 광역시에도 문화원이 위치해 있습니다.

대사관은 외교공관의 한 종류로, 한 나라의 대표하는 외교관인 대사(특명전권대사)가 공무를 처리하는 기관입니다. 주로 외교관계를 맺는 당사국의 수도에 위치하며, 국제법에 따라 본국 영지와 동일하게 간주되며, 파견국에서의 외교 활동의 거점이 됩니다. 그뿐만 아니라, 사증과 증명서를 발급하고, 자국민을 보호하며, 문화 교류 활동, 타국 정보 수집 활동, 국제회의 등의 업무를 진행합니다[50]. 일반 건물과는 전혀 다른 각국의 고유 건축문화를 보여주는 대사관도 지나치면서 눈여겨볼 만합니다. 우리나라에는 대사관로 주소로 되어있는 곳이 2곳이 있는데, 한 곳은 서울특별시 용산구 한남동이고, 다른 한 곳은 성북구의 성북동입니다. 용산구에는 52개의 대사관이 위치해 있는데, 이는 뒤편에는 남산, 앞은 한강이 보이는 아름다운 조망과 오래된 외국 문화의 역사가 있는 이태원이 근방에 위치하고 있기 때문이라고 추측할 수 있습니다[51]. 성북구에는 용산구와 달리 대사관이 3개밖에 없으나, 성북구는 대사관보다 대사관저가 더 많이 위치해 있습니다. 뒤편에는 북악산을 끼고 있어 쾌적한 환경과 전통 부촌으로 되어있어 이런 환경을 선호하는 유럽계 국가의 대사관저가 많이 위치해 있습니다[52]. 최근, 주한 미국 대사관과 대통령 집무실이 광화문을 떠나 용산으로 이전하면서, 광화문과 용산 일대의 기능에도 변화가 생길 것으로 예상됩니다[53].

서울에만 문화원이 있는 것이 아니라 다른 광역시에도 다양한 문화원이 존재하니, 지도를 참고하여 가고 싶었던 나라의 문화원을 방문하는 것은 어떨까요?

우리나라 내 문화원 개수

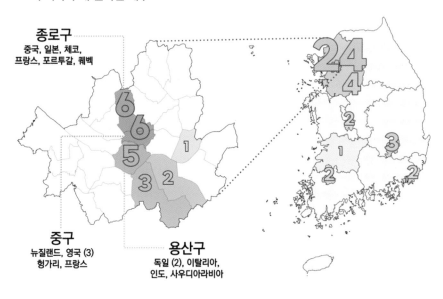

종로구
중국, 일본, 체코,
프랑스, 포르투갈, 퀘벡

중구
뉴질랜드, 영국 (3)
헝가리, 프랑스

용산구
독일 (2), 이탈리아,
인도, 사우디아라비아

주한 대사관 개수[55]

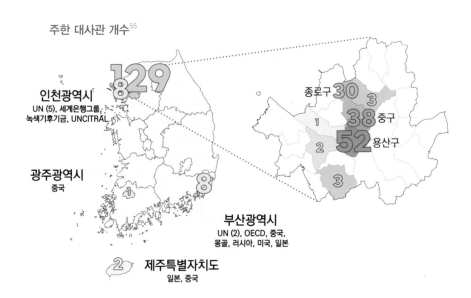

인천광역시
UN (5), 세계은행그룹,
녹색기후기금, UNCITRAL

광주광역시
중국

부산광역시
UN (2), OECD, 중국,
몽골, 러시아, 미국, 일본

제주특별자치도
일본, 중국

종로구
중구
용산구

비자는 국가가 외국인에 대하여 입국을 허가하는 증명서로, 같은 말
로는 사증 또는 입국 사증이라고도 합니다. 코로나19로 인해 나라 이동
에 제한이 생기면서 비자를 요구하는 나라들이 많아졌습니다. 최근에
는 코로나19 엔데믹 시대로 전환되면서 무비자로 전환되는 나라가 늘
어나고 있습니다. 한국 여권으로 비자 없이 갈 수 있는 나라는 192개국
으로, 일본에 이어서 싱가포르와 함께 세계 2위를 기록하였습니다. 이
는 국제항공운송협회 자료를 바탕으로 분석한 각국 여권의 힘인 「헨리

우리나라 사람이 비자 없이 입국할 수 있는 나라[56]

● 15일　● 30일　● 45일　60일　● 90일　● 4개월

여권 지수(Henley Passport Index)」에서 내린 평가입니다[56]. 이 여권 지수는 국가의 힘이나 국제적 평판, 영향력 등이 높아졌다는 지표로 볼 수도 있으므로 우리나라 여권이 국제적으로 높은 평가를 받고 있음을 알 수 있습니다. 10년 전만 해도 10위권 아래에 머물던 한국 여권의 영향력은 2018년부터 세계 2~3위 수준을 유지하고 있습니다.

여행을 가면 팁을 놓고 나가야 하나 그냥 가도 되나 궁금할 때가 있지 않았나요? 여기서 팁은 꿀팁이라고 할 때 사용하는 힌트라는 뜻이 아니고, 정확한 서비스를 받았을 때 지급되는 봉사료, 혹은 내가 받은 서비스에 대한 대가 정도의 의미를 나타냅니다. TIP은 To Insure Promptness의 약자로 영국의 접객업소에서 신속한 서비스를 받고자

그레나다

파라과이

팁 문화가 없는 나라[58]

나이지리아, 뉴질랜드, 대만, 대한민국, 덴마크, 라오스, 몰도바, 사모아, 싱가포르, 일본, 중국, 지부티, 캄보디아, 코소보, 코스타리카, 타지키스탄, 피지, 호주

● 180일 중 90일　● 180일　● 6개월　● 1년

하는 고객들이 자발적으로 베풀던 선심에서 유래되었습니다. 미국에서는 대부분의 식당 서비스 분야에서 술을 팔지 못하게 되면서 자연스레 인건비를 삭감하여 직원들이 최저임금도 받지 못하는 불이익이 생겼고, 이에 따라 부분적으로 행해지던 팁 문화가 활성화되었습니다[58]. 미국에 가게 되면 아예 20% 팁을 의무화하여 내는 팁 문화에 놀라기도 합니다. 100달러로 표시된 서비스를 받고, 세금 별도에 팁까지 하면 130달러를 내놓으라니, 여행 계획에 차질이 생기기도 합니다.

최근에는 음식점의 영수증에 팁이 포함되는 경우가 많습니다. 영수증에 "Gratuity" 혹은 "Service Charge"라고 적혀있다면 음식 비용에 서비스 비용이 포함되어 있어서 추가로 팁을 지급하지 않아도 된다는 뜻입니다. 팁 문화가 없는 나라를 참고하여 불필요한 팁이 지급되지 않았는지 확인하는 것도 좋을 것 같습니다.

우리는 먹방(mukbang)이라는 단어를 새롭게 만들어 낼 정도로, 밥을 '먹는 것(食)'에 진심인 민족입니다. 또한 스마트폰을 이용하여 버튼을 몇 번 클릭하면 장을 볼 수 있도록 제공하는 서비스들이 코로나19로 인해 확산했으며, 이 시기를 거치며 비대면이 하나의 생활방식으로 자리 잡게 되기도 하였습니다. 더 이상 실재하는 공간에 한정된 것이 아닌 가상 세계에서도 다양한 경험을 할 수 있는 환경이 구축되어 보다 넓고 다채로운 세상을 즐길 수 있게 되었습니다. 그런데도 소위 '의식주'라 여겨지는 '입는 것(衣)', '먹는 것(食)', '사는 곳(住)'인 생활의 삼대 요소는 여전히 사람의 삶에서 중요한 부분을 차지합니다. 이를 영유하기 위한 생산과 소비 공간의 변화는 활발히 이루어지고 있으며, 이러한 공간의 분포 또는 변화를 확인하고 우리가 살아가는 세상에 관심을 가지는 것이 필요합니다. 이에 우리의 먹을거리와 밀접한 정보를 포함하여 삼시 세끼를 책임지고, 다양한 생산품이 어떻게 이동하고 있는지에 대한 이야기를 지도에 담았습니다.

5

경제활동이 기본!
"생산과 유통 공간"

지 · 도 · 로 · 읽 · 는 · 대 · 한 · 민 · 국 · 트 · 렌 · 드

생산부터 제조,
활용까지!

| 6차산업이 무엇인지 알고 있나요?

빠르게 변화하는 세상에 발맞추어 산업 분야도 확장되는 추세입니다. 특히 최근에는 농업 분야에서 6차산업의 개념이 새롭게 등장하여 농촌 지역에 활력을 불어넣고 있습니다. 6차산업은 어떤 산업을 의미하는 단어일까요?

6차산업은 1차산업, 2차산업과 3차산업의 가치를 곱한다는 의미에서 등장한 개념입니다. 농부가 잘 키워낸 농산물(1차산업)을 활용하여 제품을 직접 만들고(2차산업), 이를 소비자가 농촌과 제품을 체험(3차산업)할 수 있게 하는 것입니다. 생산자부터 소비자까지 다양한 주체가 농촌의 자원을 누릴 수 있는 환경을 구축할 수 있게 됩니다. 이를 통해 농업활동의 부가가치를 창출하여 궁극적으로 농촌을 활성화하고자 하는 목적이 담겨있습니다. 6차산업이 필요하고 잘 정착되어야 하는 이유를 알아보기 전에 이와 관련된 현재 우리나라 각 농수산업 분야의 현황을 살펴봅시다.

6차 산업의 개념(농림수산식품교육문화정보원)[1]

| 쌀, 채소, 과일의 생산부터 소비까지, 1차산업

　1차산업은 농업, 임업, 수산업, 축산업 등과 같이 자연환경을 직접 이용하고 활용하여 필요한 물품을 생산하거나 얻는 산업입니다. 2021년을 기준으로 1차산업 비중은 1.96%이고, 총가구 대비 1차산업(농업, 어업, 임업) 관련 가구는 5.36%, 인구는 4.9%로 나타났습니다. 우리나라는 1960년대 이후로 경공업, 중화학, 반도체 등의 산업이 발달하면서 1차산업이 전체 산업에서 차지하는 비중이 많이 줄어들었습니다. 이는 국가 고도화, 경제 발전, 국민 소득 상승에 따라 노동 집약적인 산업보다 기술을 활용한 첨단 산업, 3차산업 등이 발달하게 되면서 자연스럽게 1차산업이 차지하는 비중이 줄어들게 되는 것으로 볼 수 있습니다.

　우리가 1차산업에 관심을 가지고, 지켜봐야 하는 이유는 인플레이션(inflation)* 위기 때문입니다. 전 세계적으로 코로나바이러스-19 감염병

---

*　인구의 증가나 재난 또는 전쟁 등이 발생할 때를 대비하여 일정한 양의 식량을 항상 확보하여 유지하는 것을 의미합니다.

의 장기화 추세, 기후변화(폭염 등)에 따른 가뭄으로 인한 작물의 생산량 감소 및 러시아-우크라이나 전쟁 발발에 따른 농산물의 수급 불안정 현상이 나타나 식량안보[*]에 대한 관심이 높아지고 있습니다. 우리나라도 이러한 상황에서 안전한 것은 아닙니다. 2020년 OECD(경제협력개발기구)가 발표한 우리나라의 곡물 자급률은 20.2%(1,717만 톤 수입), 식량 자급률은 45.8%로 38개의 OECD 회원국 중에서 식량 해외 의존도가 높은 국가에 속합니다[2]. 곡물을 구체적으로 살펴보면 2021년을 기준으로 우리나라의 밀 자급률 0.5%, 옥수수 자급률 0.7%, 콩 자급률 6.6%로 쌀을 제외한 대부분 곡물의 자급률이 저조한 편입니다[3]. 이렇게 곡물의 자급률이 떨어지는 상황에서 농산물 인플레이션 현상이 세계적으로 심화할 경우 우리나라의 식량 기반이 위험해질 것입니다. 이에 예측하지 못하는 전쟁 등의 국제 상황과 기후변화에 대비하여 우리나라의 식량 자급 능력에 대한 문제의식과 식량 재고 비축, 농촌의 구조적인 문제 등의 대책 마련이 필요한 시점입니다.

우리나라의 1차산업이 어떻게 이루어지고 있는지 알아보기 위해서 1차산업 중에서도 가장 높은 비중을 차지하고 있는 농업을 살펴볼까요? 먼저 농업에서 영농형태별 농가 수를 살펴봤을 때 '21년 기준으로 가장 높은 비중을 차지하는 영농형태'는 '논벼'입니다. 논벼는 한국의 주식(主食)인 '쌀'과 연관이 있습니다. 연간 미곡 생산량(백미 92.9%)은 2015년을 기점으로 감소하다가 2021년도 기준 388만 톤으로 전년 대비 11% 증가하였습니다[4]. 생산량과 소비자물가지수가 상승세를 보이고 있지만 쌀의 도매가격은 21년도 7월 이후로 하락하고 있습니다. 이와 더불어

---

[*]   화폐가치가 하락하여 물가가 전반적 또는 지속적으로 상승하는 경제현상을 일컫습니다.

서구식 식생활, 패스트푸드 및 육식 등과 같이 다양해진 식생활로 인해 전통적인 식생활이 무너지고 있어 주식인 쌀의 입지가 흔들리고 있습니다. 국민 1인당 연간 쌀 소비량은 최근 10년간 꾸준히 감소(2012년 69.8kg → 2021년 56.9kg)한 것으로 나타났습니다. 우리의 한식을 지켜내고, 식량 자급률을 높이기 위해 쌀의 소비를 촉진할 필요가 있을 것으로 보입니다.

쌀 생산량 및 1인당 연간 소비량, 시도별 쌀 생산량(2021)[5, 6]

그럼, 쌀은 어떤 지역에서 많이 생산되는지 알아볼까요? 전통적으로 우리나라의 최대의 곡창지대는 호남평야로 알려져 있습니다. 호남평야는 남북 80km, 동서 50km에 이르는 넓은 평야 지역으로, 전라북도 군산, 김제, 부안, 완주, 익산, 전주를 아우릅니다. 전통적으로 최대 곡창지대였던 이 지역이 오늘날에도 '쌀 생산량'이 가장 많을까요? 호남평야에서 쌀(논벼)을 생산하는 논의 경지 면적(2021년)은 약 71,149ha로 전라북도 전체 논 면적의 약 57.4%를 차지하며, 호남평야 중에서 논의 경지 면적이 약 73.7%로 여전히 쌀 생산이 많은 지역임을 짐작할 수 있습니다. 하지만 전국 시도별 쌀 생산량(미곡 92.9%)을 살펴보면 전라남도, 충청남도, 전라북도 순으로 생산량이 많은 것을 알 수 있습니다. 호남평야는 더 이상 우리나라 최대의 곡창지대라고 말할 수 없게 되었습니다.

전국 음영 기복도
(DEM 90M)[7]

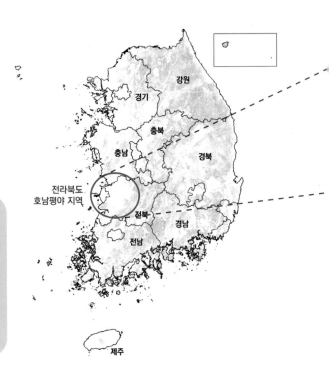

음영 기복도를 살펴봤을 때 한국은 대부분 산지 지형이며, 호남평야 지역이 유일하게 넓고 평탄한 지형임을 알 수 있습니다. 지형에 따라 농업 작물이 발달된 것을 짐작해 볼 수 있습니다.

호남평야 지역의 대간선수로[8]

전북완주, 익산, 김제, 군산으로 이어지는 약 80km의 수로로, 경작 시 농업용수로 사용되었습니다.

호남평야의 핵심지인
김제시의 논 분포도[9]

김제시

호남평야 중에서도 경지 면적이 넓은 김제 지역의 논 분포를 살펴보면, 시가지 지역을 제외하고 대부분이 논인 것을 알 수 있습니다. 또한, 저수지와 강이 인근에 위치해 있어 쌀 농사에 필요한 용수 공급도 용이했을 것으로 추측해 볼 수 있습니다.

논벼 다음으로 영농형태별 농가 수가 높은 비중을 차지하는 영농형 태는 '채소·산나물'과 '과수'입니다. 식(食)문화에서 쌀을 제외하고 밥상의 다채로운 역할을 책임지는 작물입니다. 한국농촌경제연구원 농업관측센터 홈페이지(https://aglook.krei.re.kr/main)에서는 생산, 가격, 출하 등의 농업관측정보를 매월(3-12월) 제공하여 농가의 합리적 의사결정에 도움을 주고 있습니다. 최근 기후변화(폭염, 폭우) 등으로 농작물의 생산량 감소로 인한 공급 부족과 같이 농작물 가격에 영향을 주는 현상이 자주 발생하고 있습니다. 2021년 3월에는 대파의 가격(4,667원/kg)이 전년 동월(787원/kg) 대비 약 5.93배 상승했으며, 평년(1,423원/kg) 대비 약 3.28

배 높아졌습니다. 2022년 9월에는 배추와 무의 가격 상승폭이 높았는데, 배추의 가격(23,127원/10kg)이 전년 동월(11,600원/10kg) 대비 약 2배 상승했으며, 평년(13,503원/10kg) 대비 약 1.71배 상승하였습니다. 무의 가격(28,852원/20kg)은 전년 동월(9,343원/20kg) 대비 약 3.08배 상승했으며, 평년(13,503원/20kg) 대비 약 2.14배 높아졌습니다[10].

2021년 대파, 2022년 배추와 무, 2023년, 2024년, 앞으로 계속해서 어떤 다른 농작물의 가격이 높아질지 예측하기 어렵습니다. 한 사례로, 2021년~2022년 겨울을 보내면서 대두된 겨울철 꿀벌 대량 소실 문제가 2022년~2023년에도 반복되었다는 것입니다. 한국양봉협회는 전국 벌통 153만 8,000여 개 중에서 62%가량의 꿀벌이 폐사한 것으로 집계하였으며, 이는 최소 142억 마리의 꿀벌이 사라진 것으로 보고 있습니다[11]. 꿀벌들은 꽃을 옮겨 다니며 꽃가루를 퍼뜨리는 수분(pollination) 활동을 통해 꽃이 열매가 될 수 있도록 도와줍니다. 우리가 섭취하는 과일과 채소의 90%가 꿀벌의 수분 활동에 의존하는데, 최근 2~3년간 겨울을 보내면서 꿀벌이 한국에서 사라지고 있다는 것입니다. 이는 기후변화, 사육밀도 증가, 과수농가 등의 농약 살포 등으로 원인을 꼽고 있지만, 제대로 된 해결법이 나오지 않고 있습니다. 꿀벌이 우리나라에서 사라져 버린다면, 우리의 먹거리가 생산되기 어려운 환경으로 변하고 결국 그러한 환경에서 인간도 살 수 없게 될 것이므로 우리의 먹거리를 지키기 위한 실질적인 변화가 필요한 시기입니다.

대파 도매가격

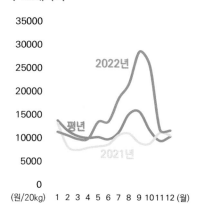

6000
5000
4000 · 2021년
3000
2000 · 평년 · 2020년
1000
0
(원/kg) 1 2 3 4 5 6 7 8 9 10 11 12 (월)

배추 도매가격

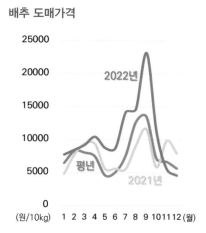

25000
20000 · 2022년
15000
10000
5000 · 평년 · 2021년
0
(원/10kg) 1 2 3 4 5 6 7 8 9 10 11 12 (월)

무 도매가격

35000
30000
25000 · 2022년
20000
15000 · 평년
10000
5000 · 2021년
0
(원/20kg) 1 2 3 4 5 6 7 8 9 10 11 12 (월)

* 대파의 평년값은 2016년~2020
  년, 배추 및 무의 평년값은 2017년
  ~2021년의 최대, 최소를 뺀 평균
  값입니다.

| KEYWORD |

도시 농업

지난 2021년 3월 한파로 인해 대파의 가격이 높아진 시기에 소비자들은 대파를 직접 집에서 키우면서 이른바 '도시 농업'이 유행하기 시작했습니다. 도시 농업은 「도시농업법」 제2조 1항에 의하면 도시지역에 있는 땅, 건축물 등을 활용해 농작물 등을 재배하거나 곤충을 사육하는 행위를 의미합니다. 우리나라에서는 옥상, 베란다 등과 같은 자투리 공간을 활용하거나 지자체가 제공하는 시민농장에서 체험하는 형태로 도시 농업이 이루어지고 있습니다. 베란다에서 대파나 허브를 키우는 아이돌의 모습과 집에서 가정용 식물 재배기 등을 사용해 야채를 먹는 배우의 일상이 방송되기도 했습니다. 도시 농업은 직접 농작물을 가꾸고 식재료로 활용한다는 점에서 성취감을 느끼고, 그러한 과정에서 일상 속 힐링을 느끼는 요소로 도시 농업이 시민들에게 다가가고 있다는 것을 알 수 있습니다.

도시농업현황[12]

| 생산부터 제조, 활용까지! 농촌 활성화 전략은 진행 중, 6차산업

앞서 다룬 쌀, 채소와 다음 페이지에서 다룰 감귤 등은 생산과 소비가 농부들의 기대만큼 원활하게 이루어지지 않아 어려움을 겪고 있다는 것을 확인할 수 있습니다. 이는 더 이상 1차원적인 농산물의 생산으로는 생산자들의 부가가치를 이루어 내기 어렵다는 것을 의미하기도 합니다. 이러한 어려움에 공감하듯이 농촌 지역에 다시 활력을 불어넣기 위해 6차산업이 등장한 것이며, 직접 생산한 농산물들을 가공, 제조 및 활용 등의 과정을 거쳐 자원의 가치를 창출하여 농가의 소득 증대에 기여하게 됩니다. 또한 농산물과 지역의 다른 관광자원과 연계하여 체험 행사 등을 만든다면 지역 경제 활성화에도 영향을 미칠 수 있습니다. 이러한 흐름으로 볼 때, 농촌 지역 주민의 주도로 1차산업이 2차·3차산업과 연계되어 창출된 부가가치와 일자리가 농업(촌)으로 환원되는 것이 농촌 지역에 필요하다는 것을 알 수 있습니다.

농림축산식품부의 농림수산식품교육문화정보원에서는 6차산업 소개부터 인증제도, 상담센터, 사업자와 업체 소개 등의 6차산업과 관련한 정보를 나눌 수 있는 홈페이지(https://www.6차산업.com:448)를 운영하고 있습니다. 전국 지자체에 6차산업을 지원하기 위한 센터가 11개 있으며, 2023년 7월을 기준으로 6차산업 인증을 완료한 사업자는 총 2,308개가 있습니다. 안테나숍 또한 운영하고 있는데, 이는 6차산업을 통해 생산된 제품에 대해 소비자의 반응을 확인하고, 이를 제품 기획 및 생산에 반영하기 위해 운영하는 테스트 공간으로 현재 총 42개(2023년 7월 기준, 전국 대상)가 있습니다[13].

아그로랜드 태신목장의 6차산업 사례[13]

1차		2차		3차
한우와 육우, 생산, 원유(우유), 청보리·수수 생산	✕	요거트, 치즈 등 유가공품 생산	✕	관광 농장, 다양한 낙농체험 프로그램 제공, 카페 운영

| 제주도에선 귤이 남아서 처치 곤란할 때도 있대, 제주도의 감귤지도

제주도 하면 가장 먼저 떠오르는 건 무엇일까요? 바다, 한라산, 귤, 말, 돌(현무암) 등 제주도에서 유명한 다양한 것들이 생각납니다. 제주도는 우리나라의 농업지역 가운데 가장 독특한 특징을 지니고 있습니다. 육지와 달리 쌀농사보다는 밭농사를 중심으로 이루어지며, 아열대기후인 특성 때문에 감귤, 월동채소류(감자, 당근, 무, 양배추 등), 돼지를 중심으로 한 농업이 특징입니다. 특히 제주도는 '감귤' 생산에 특화된 농업구조를 가집니다. 제주도에서는 내한성이 비교적 강한 온주밀감을 주로 재배하고 있습니다. 이렇게 제주도가 우리나라의 다른 지역과 달리 감귤에 특화된 이유는 감귤 재배가 가능한 북방한계 지역에 위치하기 때문입니다. 소위 '감귤국'이라는 명성에 맞게 2021년 기준으로 제주도 과실류 생산 총면적의 97.3%*를 감귤이 차지하여 대부분 과수원에서 감귤을 재배하고 있는 것입니다. 과수원의 분포를 토지피복지도로 살펴봤을 때 제주도의 북쪽(제주시)보다 따뜻한 남쪽 지역(서귀포시)의 비중

---

*　2021년의 총 재배면적 20,527ha, 감귤 19,978ha로 총 97.3%을 차지합니다.

이 더 높습니다[14].

감귤 생산 1위인 제주도에서 왜 감귤이 남아돌게 되었을까요? 감귤의 판매 가능한 크기 규정과 날씨에 따른 감귤의 상태 때문입니다. 「제주특별자치도 감귤생산 및 유통에 관한 조례」에 의하면 48.9mm 미만과 70mm 초과한 감귤은 '비상품 감귤(파치 귤)'로 구분되어 판매할 수 없습니다. 또한 감귤은 습기에 약하므로 비가 자주 오면 감귤 성장 및 수확에 어려움을 겪어 버리게 되는 감귤이 늘어나게 됩니다. 감귤 생산에 있어서 비는 적게 와도 문제, 많이 와도 문제입니다. 특히 수확 시기에 비 또는 눈이 오면 표면에 수분이 다 마를 때까지 기다렸다가 수확해야 하는데, 계속해서 눈이 오면 과실이 부패하여 잘 자란 감귤을 수확할 수 없게 됩니다. 2021년의 비상품 감귤은 2020년 대비 1.3배 증가하였으며, 수확 또는 유통이 불가해진 비상품 감귤은 그대로 버려지게 되는 것입니다.

제주도의 감귤과 관련된 토지피복지도

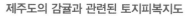

감귤 거점산지유통(APC**)[15]
건립 현황

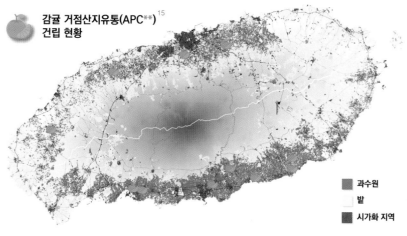

■ 과수원
□ 밭
■ 시가화 지역

**   Agricultural Products Processing Center

일부 비상품 감귤을 가공하기 위해 개발공사 또는 기업(롯데, 일해 등)에서 수매하고 있으나 1kg당 187원(2021년)으로 낮은 가격일 뿐만 아니라 가공하는 양이 적어 최소 3~7일을 공장 근처 트럭에서 대기해야 합니다. 대기하는 사이에 감귤의 상태가 나빠지면 그마저도 할 수 없게 되어버립니다. 감귤은 산도가 높아서 음식물쓰레기로 처리가 되지 않고, 가공되지 못하는 감귤은 땅에 묻히게 됩니다. 감귤이 썩으면서 마을에서 악취가 나는 경우도 있다고 합니다.

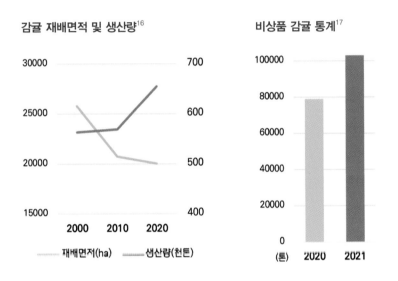

감귤 재배면적 및 생산량[16]

비상품 감귤 통계[17]

감귤이 남아도는 문제를 해결하기 위해 제주도는 폐원 및 간벌 사업을 대대적으로 추진해 왔으며, 감귤 대신에 비교적 수익성이 좋을 것으로 예상되는 작형·품종으로 전환하고 있습니다. 2019년에는 러시아가 안전성 문제로 중국산 감귤 수입을 전면 금지하면서 반사효과로 2020년부터 전체 제주도 감귤 수출량의 약 80%가 러시아로 수출하게 되었습니다[18].

하지만 2022년부터 러시아가 중국산 감귤 수입을 다시 허용하면서 제주 감귤의 입지가 좁아질 것으로 예상되며, 러시아-우크라이나 전쟁 여파로 수출 길도 막히게 되어 다시 생산되는 감귤 일부가 처치 곤란한 상태가 되어버렸습니다[19]. 어렵게 키운 귤이 유통되지 못하고 생김새만으로 버려지지 않도록 실질적인 대책이 필요한 시점으로 보입니다. 감귤 수출국의 다변화가 필요하며, 비상품 감귤을 가공 및 활용하여 다양한 상품을 제작하거나 유통과정을 줄여 저렴하게 판매하는 등의 제주 감귤을 지키기 위한 노력이 필요합니다.

또한 이러한 문제는 제주도만 겪는 상황이 아닐 것입니다. 국내에서 생산된 다양한 물품들이 버려지지 않고 제대로 잘 활용될 수 있도록 국내 농산물에 대한 지속적인 국민의 수요와 적절한 생산 및 유통, 소비의 순환이 적절히 뒷받침되어야 할 것입니다.

기후변화로 인해 바뀌게 될,
바뀌고 있는 우리의 밥상

| 미래에는 우리나라도 사과를 수입해 먹을 수 있어요

빠른 발전, 편리한 생활에 중심을 두어 산업기술을 발달시키기 위해 화석연료의 사용, 도시 위주의 무분별한 개발이 오늘날까지도 지속되어 왔습니다. 이러한 개발이 지속될 경우, 21세기 후반에는 세계 평균 기온이 6.9도 상승할 것으로 예측하고 있습니다. 우리 몸의 체온이 1도만 올라가도 아프지만 계속해서 체온이 떨어지지 않고 온도가 올라가게 되면 어떻게 될지 상상만 해도 아찔합니다. 기후변화로 평균기온이 상승하는 지구에서 우리는 앞으로 어떤 변화를 겪게 될까요?

그중에서도 우리의 먹거리와 관련 있는 농업 작물을 살펴봅시다. 특히 농업은 다른 사람에 비해 기후와 밀접한 관계가 있으며, 지역별 기후, 지형 등의 조건을 고려하여 가장 지역에 알맞은 작물을 선택하여 재배하고 수확해 왔습니다. 그렇기 때문에 사과는 영천, 배는 나주, 포도는 김천, 귤은 제주와 같이 과일을 떠올리면 특정 생산 지역이 함께 생각납니다. 앞으로의 변화를 짐작해 보기 위해 농림어업총조사의 자료를 기반으로, 1970년부터 2015년까지의 작물 재배지 변화와 향후 재배 가능지의 지도를 제작하였습니다.

과일 북한계선 변화 예측 지도[20]

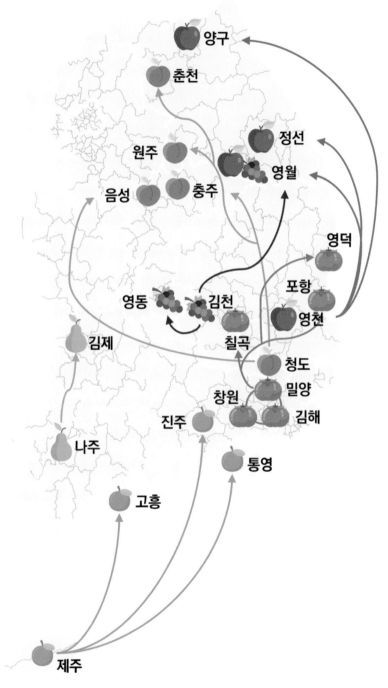

우리나라 6대 과수 작물인 사과, 배, 복숭아, 포도, 단감, 감귤은 기온 상승으로 인해 남부지방에서 충북, 강원 지역 등으로 주산지가 북상하였습니다. 기후변화의 영향으로 인해 최적의 조건을 갖춘 다른 지역으로 과일의 생산지가 옮겨가는 것입니다. 미래 기후변화를 예측하는 다양한 시나리오 중에서 RCP 8.5 *시나리오를 우리나라에 적용했을 경우, 강원도 산간 지역을 제외한 대부분 지역에 21세기 후반기에는 아열대 기후로 바뀌고 농작물 재배 적지가 북상할 것으로 예상합니다. 더 이상 '영천 사과'가 아닌 '대관령 사과'로 작물 앞에 붙게 되는 지역의 이름이 바뀔 수도 있겠네요.

사과 재배 가능 지도(SSP 5-8.5 시나리오)[21]

(1) 2030년대   (2) 2050년대

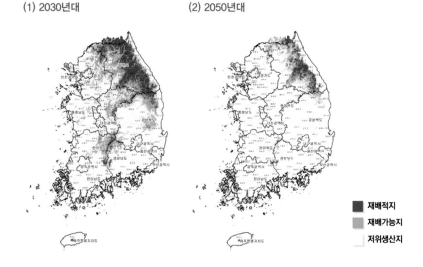

- ■ 재배적지
- ■ 재배가능지
- □ 저위생산지

---

*   RCP(Representative Concentration Pathway). RCP 8.5는 현재 추세대로 온실가스가 배출될 경우 예상되는 기후변화 시나리오로, 다른 시나리오는 RCP 2.6, 4.5, 6.0으로 총 4종이 있습니다.

특히 사과, 복숭아, 포도를 재배할 수 있는 지역은 점차 감소하는 반면 감귤, 단감 등의 재배 적지는 확대될 것으로 예측됩니다[22]. 21세기 후반기에 사과의 재배 지역이 축소되고 이러한 추세가 심화할 경우, 우리나라에서 재배가 되지 않아 다른 나라에서 수입해 와서 먹게 될 수도 있습니다. 우리가 계절마다 맛있게 먹는 과일들이 가까운 미래에는 제사상에 올라오는 과일이 사과, 배, 포도가 아니라 아열대 기후에서 생산되는 과일인 망고, 파파야, 용과 등을 올리게 될 수도 있습니다.

이렇게 최근의 기온 상승, 강수량 변화, 이상기상 등의 급격한 기상 상황의 변화는 지금까지의 국내 농업체계를 조금씩 바꾸고 있으며, 기후변화 추이가 개선되지 않는 한 이러한 변화는 더욱 확대될 것으로 보입니다. 이에 농림축산식품부는 기후변화로 인한 농식품 피해에 대응하고, 농업 분야의 온실가스 발생을 줄이기 위한 기술 개발을 추진할 목적으로 '농식품기후변화대응센터' 설립을 추진하고 있습니다[23]. 또한 농촌진흥청에서는 이러한 변화에 따라 작물의 생산성 및 품질 저하 문제를 방지하기 위해 고온 적응형 품종 육성, 고온 대응 재배 기술 개발, 기상 재해 조기 경보 시스템 등의 기후변화 대응책을 추진하고 있습니다[24]. 이와 관련된 정보들은 농촌진흥청 국립원예특작과학원에서 제공하는 과수 생육·품질관리시스템(https://fruit.nihhs.go.kr/)에서 확인할 수 있습니다.

│ 수온의 변화로 인해 바뀌게 될 우리 밥상의 생선들,
변화하는 수산물 지도

지난 2012년에는 '독도는 우리 땅' 노래의 30주년을 기념하여 일부 가사가 바뀌었습니다. 3절의 '오징어 꼴뚜기 대구 명태 거북이'에서 '오 징어 꼴뚜기 대구 홍합 따개비'로 변경되었습니다. 기후변화로 인해 연 근해의 수온 상승으로 인한 어획 추이 변화를 반영하여 가사가 바뀌었 지요. 가사에서 사라진 명태는 1970년 13,418톤에서 2017년 어획량이 1톤으로 우리나라에서 더 이상 보기 어려워졌습니다. 이러한 변화에는 기후변화뿐만 아니라 중국 어선의 조업이나 산란하지 않은 어린 물고 기들에 대한 무분별한 남획 등도 영향이 있다고 볼 수 있겠지요.

명태와 도루묵은 한류성어종, 고등어와 멸치는 난류성 어종입니다. 한반도 해역의 수온이 상승하면서 더 이상 한류성어종이 살기에 좋지 않은 환경이 된 것입니다. 반면 오징어는 남해에 주로 서식하다가 동해 와 서해로 서식지를 확장하고 있고, 고등어와 오징어는 한반도 해역에

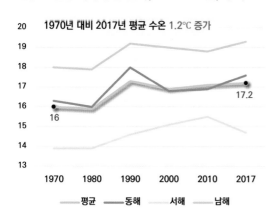

한반도 인근 해역 수온 변화(1970~2017년) 추이[25]

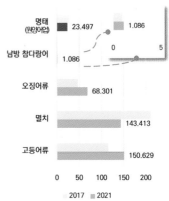

주요 품종별 생산량[26]

서 쉽게 접할 수 있는 어종이 되어버렸습니다. 그뿐만 아니라 남해안(특히 제주도 인근 바다)에서는 아열대 어종의 등장이 잦아지고 있습니다. 이러한 변화는 마냥 좋은 것이 아닌데, 대표적인 예로 제주도에 등장한 그물코돌산호는 석회질의 단단한 껍질로 계속해서 자라나며 암초를 만드는 경산호로, 감태, 미역 같은 해조류 서식지를 침범하여 생태계를 위협하고 있습니다. 또한 독도 서도에서 볼 수 있는 바다딸기도 따뜻해진 바다를 보여주는 사례입니다[27]. 이는 해양 생태계의 성격이 변화하고 있음을 보여주는 것으로, 이러한 변화가 가속화된다면 우리 밥상에 올라오는 생선의 종류가 달라질 것입니다.

변화하는 수산물 지도[25, 26]

어종의 주황 색상은 난류성 어종, 파란 색상은 한류성 어종으로 구분하여 표현하였습니다.

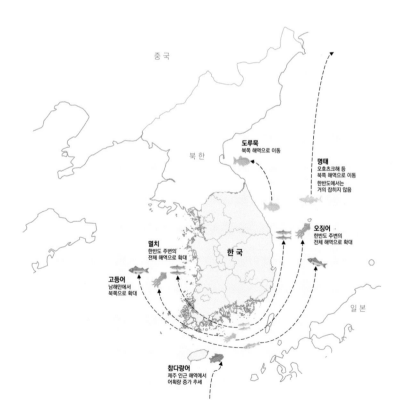

지나친 음주는 건강에 해롭지만…
조금씩 다양하게 즐겨볼까?

| 수입한 주류 대신 우리나라 전통 주류를 즐겨보자

술은 알코올 함량 1도 이상의 음료를 의미하며, 탁주, 양주, 청주, 맥주, 과실주, 소주, 위스키 등 생산방법에 따라 다양한 종류가 있습니다. 요즘엔 어떠한 종류의 술을 많이 소비하는 추세일까요? 코로나19 이후 사회적 거리 두기로 인해 회식과 모임 등이 감소하였고, 대신에 '혼술(혼자 술을 마시는 것)'을 하거나 소규모로 집에서 모이는 '홈파티' 등이 새롭게 정착하며 개인의 기호에 충실한 주류를 선택하는 소비가 늘었습니다. 이러한 추세는 2022년의 국내 주류 출고량과 주종별 출고량 변화 통계로

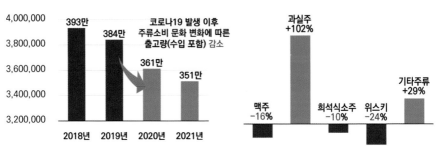

2018~2021년 국내 주류 출고량[28]

2018년 대비 2021년 주종별 출고량 변화율[28]

짐작해 볼 수 있는데, 대중적이던 소주 및 맥주의 출고량은 감소하고 과실주(와인), 기타 주류 등의 출고량이 증가했다고 합니다.

선호하는 음주 트렌드[29]
(중복응답)

편의점 구입
67.4%

홈(Home)술
48.0%

다양한맥주
33.7%

즐기는 술
33.7%

혼술
30.7%

이러한 추세에 맞게 최근 20·30세대는 만취할 듯이 술을 마시기보다는 '한 잔 한 잔 의미 있게 마시자'라는 분위기가 확산 중이며, 이에 따라 소비하는 주류가 고급화되었습니다. 이에 소비자 입맛에 맞는 칵테일을 직접 만드는 문화도 확산하였는데 그 결과로 토닉워터의 매출도 2021년 대비 83% 상승하였고, 전체 토닉워터 시장이 300억 규모로 확대되었습니다. 소비자의 다양하고 개성 있는 기호를 반영하여 새로운 종류의 술이 출시되었으며, 이러한 추세에 맞게 2022년 주류대상 출품작(812개)이 2019년(540개) 대비 약 50% 증가하기도 하였습니다[30]. 새로 출시된 술 중 20·30세대의 높은 관심을 이끈 술은 래퍼 박재범이 출시한 한국 전통 증류식 소주인 '원소주(WONSOJU)'입니다. 출시 당일 팝업 스토어에 있던 상품이 전부 매진되기도 하였고, GS 편의점에 소량만 입고 되면서 이 소주를 구매하기 위해 편의점 투어를 떠나는 사람들도 있었습니다. 이러한 신상 주류 출시 외에도 소주나 맥주가 아닌 다양한 전통술을 경험하고자 하는 소비자를 위한 전통주 구독시스템이 생기기도 하였습니다.

우리나라의 대표적인 술은 전통주인 막걸리와 보편적으로 자주 마시는 소주가 있습니다. 어떤 지역을 여행하거나 방문할 때, 우리는 그 동네의 특성이 담긴 음식을 찾곤 합니다. 술도 마찬가지로 지역의 특성을 반영하여, 지역마다 개성 있는 술을 찾아볼 수 있습니다. 서울은 참이

슬, 제주는 한라산과 같이 지역을 대표하는 소주가 떠오릅니다. 이렇게 지역을 대표 소주는 어떻게 만들어지게 되었을까요?

우리나라 지역별 소주

과거에는 지역과 집마다 고유의 소주 레시피가 존재하기도 하였습니다. 그러다가 1965년 안정적인 식량 확보를 하기 위해 양곡관리법이 시행되면서 양곡을 원료로 하는 증류식 소주 생산을 금지하면서 희석식으로 제조방식이 바뀌게 되었습니다. 결국 1976년에 정부는 '1도(道) 1사(社) 원칙(자도주법)'을 시행하였습니다. 이는 시도별로 1개의 업체만 소주를 생산하고, 생산량의 50%를 해당 지역에서 소비하도록 하는 법으로, 이 법으로 인해 지역별 소주가 탄생하게 된 것입니다. 제조방식이 바뀌면서 기존 소주 도수보다 더 낮은 소주가 등장하였고, 이 소주가 대중화되면서 소주 업체 간 경쟁이 치열해졌습니다. 이후 지역별 소주 판매제는 1996년 폐지되었으나 지역 소주 문화는 여전히 존재하고 있습니다[31]. 소주는 지역별로 특징이 다르니 언젠가 방문하게 된다면, 맛을 비교하며 먹어보는 것도 좋을 것 같습니다. 하지만, 아무리 맛있는 술이라도 지나친 음주는 건강에 해로우니 주의하며 즐겨야 합니다.

다음으로 폭발적인 인기를 얻은 힙(hip)한 원소주, 지역적 특색이 있는 소주처럼 우리나라만의 힙을 담은 막걸리, 전통주 등이 생산되는 지역의 우수 양조장인 '찾아가는 양조장'에 대해 알아봅시다. 찾아가는 양조장은 농림축산식품부가 한국의 술과 양조장을 알리기 위해 시행하고 있는 사업으로, 2013년 2개소를 시작으로 2023년 5월을 기준 50개의 양조장이 선정되어 있습니다. 주로 체험 행사 운영, 관광 상품화, 양조장 홍보 등에 지원하고 있습니다. 지역의 우수한 양조장에서 생산부터 관광 및 체험까지 이루어지고 있으니, 주류 분야의 6차산업 활성화도 기대해 볼 수 있겠네요.

매년 '찾아가는 양조장'의 신규 모집을 받고 있으며, 한국농수산식품 유통공사와 함께 '더술(THE SOOL) 닷컴(https://www.thesool.com)'을 운영하여 전통주의 가치를 알리기 위해 우리 술의 종합 정보를 홈페이지에서 안내하고 있습니다. 찾아가는 양조장으로 선정된 곳은 전국에서 50개뿐이지만[32], 현재 전국에는 더 많은 양조장이 있습니다. 소주, 맥주에도 다양한 맛이 있듯이, 우리의 전통주에도 각 지역과 양조장에 따라 다채롭고 다양한 맛을 뽐냅니다. 이번 휴가에는 궁금한 술이 있는 양조장을 찾아가 보면 어떨까요?

2023년 찾아가는 양조장 지도

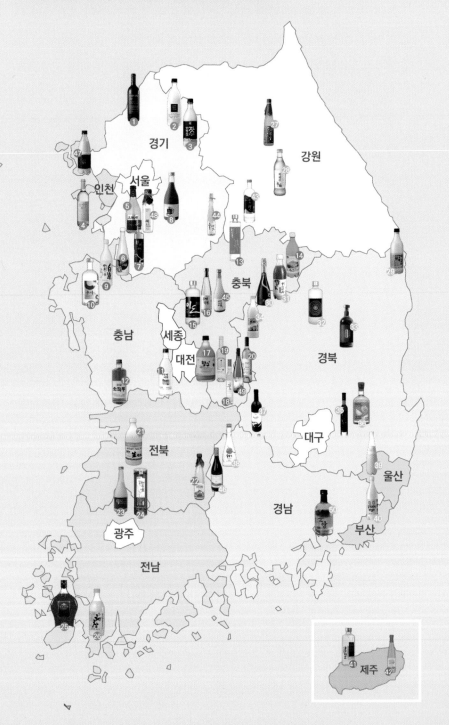

강원도

(강원 - 3곳)
27 예술주조,
28 국순당, 3 모월

인천, 경기

(경기 - 10곳) 1 산머루농원,
2 배상면주가, 3 우리술,
4 그린영농조합, 5 배혜정도가,
6 밝은세상영농조합, 7 좋은술,
8 술샘, 44 술아원, 48 오산양조

(인천 - 1곳) 47 금풍양조

경상도 (경남, 경북)

(경북 - 9곳) 29 울진술도가,
30 오미나라, 31 문경주조,
32 명인안동소주, 33 한국애플리즈
34 은척양조장, 35 한국와인
36 고도리 와이너리,
37 수도산와이너리

(경남 - 3곳) 38 명가원,
46 하미앙, 50 맑은내일

충청도 (충남, 충북)

(충남 - 4곳) 9 신평양조장,
10 예산사과와인, 11 양촌양조,
12 한산소곡주

(충북 - 10곳) 13 중원당,
14 대강양조장, 15 조은술 세종
16 화양, 17 이원양조장,
18 여포와인농장, 19 불휘농장,
20 도란원, 45 장희, 49 산막와이너리

울산, 부산

(울산 - 1곳)
39 복순도가

(부산 - 1곳)
40 금정산성 토산주

전라도 (전남, 전북)

(전북 - 2곳) 21 태인합동주조장,
22 지리산 운봉주조

(전남 - 4곳) 23 청산녹수,
24 추성고을,
25 대대로영농조합법인,
26 해창주조장

제주도

(제주 - 2곳)
41 제주샘주
42 제주고소리술익는집

물류시설과 유통업체를 거쳐
우리에게 상품이 닿기까지

| 교통의 요충지, 전국에 퍼져있는 물류시설

3차산업은 1차산업과 2차산업에서 생산 및 가공된 물품을 소비자에게 판매하거나 다양한 서비스를 제공하는 산업(서비스 측면)을 의미합니다. 도매 및 소매업, 숙박 및 음식점업, 운송업, 금융업 등이 3차산업에 해당합니다. 생산과 소비를 연결하는 '유통' 중에서도 우리가 구매하는 제품들이 어떤 과정을 거쳐 우리 앞으로 오는지와 관련한 '물류'를 다뤄보고자 합니다. 물류는 생산자에서 소비자까지의 제품 또는 재화의 이동을 의미합니다[33]. 우리나라에서는 국가물류통합정보센터(https://www.nlic.go.kr/nlic/front.action) 홈페이지를 운영하여 육해공 물류정보를 수집 및 통합하여 정보를 제공하고

물류시설 지도[34]

있습니다. 국내에는 물류와 관련한 다양한 시설이 있는데 대표적으로
내륙물류기지, 물류단지, 물류터미널, 물류창고 등이 있으며, 전국 분
포는 다음과 같습니다.

　대부분의 물류시설은 이동이 편리한 고속도로나, 창고를 짓기 쉬운 평
지 지형에 있으며, 물류창고 – 물류단지 – 물류 터미널 – 내륙물류기지
순서로 규모가 확대됩니다. 특히 내륙물류기지는 고속도로, 항만, 철도
와 연계가 용이한 곳에 있어 편리하게 물류 운송이 가능합니다. 이렇게
다양한 물류시설을 거쳐 생활용품과 같은 상품들은 백화점, 시장, 마트
등의 유통업체로 이동하게 됩니다. 소비자들은 이러한 유통업체에 방문
하거나 온라인으로 접속하여 주문하는 과정을 통해 상품을 구매합니다.

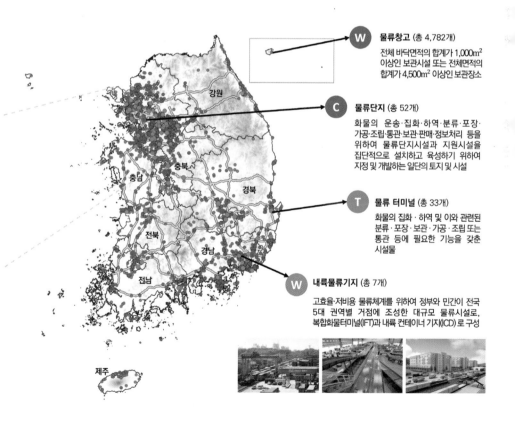

W 물류창고 (총 4,782개)
전체 바닥면적의 합계가 1,000m²
이상인 보관시설 또는 전체면적의
합계가 4,500m² 이상인 보관장소

C 물류단지 (총 52개)
화물의 운송·집화·하역·분류·포장·
가공·조립·통관·보관·판매·정보처리 등을
위하여 물류단지시설과 지원시설을
집단적으로 설치하고 육성하기 위하여
지정 및 개발하는 일단의 토지 및 시설

T 물류 터미널 (총 33개)
화물의 집화·하역 및 이와 관련된
분류·포장·보관·가공·조립 또는
통관 등에 필요한 기능을 갖춘
시설물

W 내륙물류기지 (총 7개)
고효율·저비용 물류체계를 위하여 정부와 민간이 전국
5대 권역별 거점에 조성한 대규모 물류시설로,
복합화물터미널(IFT)과 내륙 컨테이너 기지(ICD)로 구성

2020년부터 시작된 코로나19로 인해 사회적 거리 두기가 시행되면서 대형마트, 백화점 등 대면 소비가 이뤄지는 분야는 감소했지만, 비대면(untact) 소비인 인터넷 쇼핑 및 홈쇼핑 부문의 성장과 함께 유통 시장(배달, 물류 등)의 성장이 가속화되었습니다. 통계청에서 실시한 서비스업동향조사[35]에 따르면 소매업태별 판매액 지수 중 무점포 소매에 해당하는 인터넷 쇼핑의 판매액 지수 증가는 '19년 대비 '22년에 67.64% 성장했습니다. 소매업태의 총지수의 성장률은 16.65%로 코로나19를 겪으면서 인터넷 쇼핑의 성장이 단기간에 이뤄진 것입니다.

택배는 유통 시장 분야 중에서도 소비자가 요구하는 장소까지 상품을 직접 배달한다는 이점이 있어, 소비자가 직접 경험하는 서비스와 가장 밀접한 연관이 있습니다. 택배 시장에서도 경쟁이 심화하여 매출액은 증가하고 있지만 박스당 평균단가는 1997년 4,732원에서 2020년 2,221원까지 감소하였습니다[36]. 게다가 신선식품의 구매 증가 및 쇼핑몰의 익일배송, 당일발송 등의 마케팅으로 인해 택배 접수부터 배송 완료까지 D+1(2일) 정도 걸리는 속도 경쟁도 치열해지게 되었습니다.

그러나 빨라진 배송 서비스만큼 부정적인 영향도 나타나고 있습니다. 먼저 현장 근로자의 안전 문제입니다. 2021년 운수·창고 및 통신업의 근로자 수는 514,758명, 요양재해자 수는 2,854명, 사망자 수는 50명이었습니다. 2020년 대비 요양재해자 수는 1.19배, 사망자 수는 1.39배로 매년 증가 추세를 보이고 있습니다[37]. 또한 택배 노동자 평균 노동환경 조사에 따르면 2020년 택배기사의 주당 총 노동시간은 71.3시간[38]으로 우리나라 근로기준법에 명시된 40시간(1주)보다 높은 수치입니다. 1주당 12시간 한도로 연장할 수 있다고 명시되어 있으나 그 시간보다 훨씬 많은 수치에 해당합니다. 택배기사들은 소비자의 편의를 위해, 빠르고 정확한 배송을 위해, 일반적인 근로자보다 훨씬 더 많은 노동을 하는 삶을 살고 있습니다[39].

경쟁력 있는 빠른 배송은 택배 비용을 증가시킵니다. 현재 시장의 흐름과 다른 여유로운 배송은 비교적 땅값이 저렴한 도심 외곽에 물류 거점을 두어도 괜찮지만, 새벽배송, 당일배송, 익일배송을 제공하기 위해서는 사람이 많이 거주하는 도심과 물류 센터가 가까워야 시간을 맞출 수 있으므로 높은 임대료를 지불하는 곳으로 물류 거점을 세우게 되어 비용을 높이게 됩니다. 결국 속도가 빠른 배송은 누군가의 희생, 비용 증가 및 환경에 부정적인 영향으로 이어져 택배 관련 노동자뿐만 아니라 소비자에게도 부정적인 결과로 돌아올 것입니다. 소비자들은 지금보다 배송 속도가 느려져도 불편함을 감수하고, 유통 물류 업계는 지금과 다른 탄력적인 물류배송 전략을 구사한다면 안전, 사회적비용의 감소로 이어질 수 있지 않을까요?

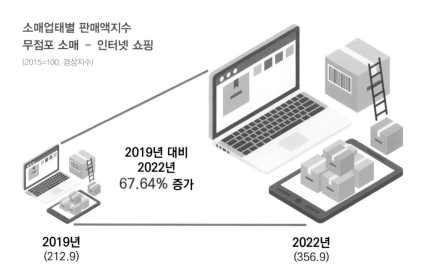

소매업태별 판매액지수
무점포 소매 – 인터넷 쇼핑
(2015=100, 경상지수)

2019년 대비
2022년
67.64% 증가

2019년
(212.9)

2022년
(356.9)

택배(생활물류) **실적 추이**[40]

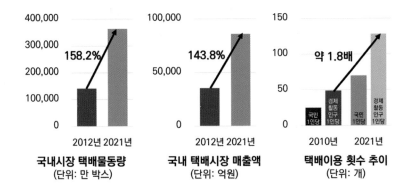

국내시장 택배물동량
(단위: 만 박스)

국내 택배시장 매출액
(단위: 억원)

택배이용 횟수 추이
(단위: 개)

| 조금 느려도 뭐 어때! 편의점을 거점으로 한 택배 배송 서비스의 등장

택배 시장의 성장에 따라 다양한 택배 서비스가 등장했는데, 그중에서도 가장 돋보이는 것은 '편의점 반값 택배'입니다. 편의점에서는 일반적인 택배 서비스도 제공하고 있지만, 반값 택배는 기존의 편의점을 거점으로 하여 편의점에 와서 접수하고 편의점에 방문해서 택배를 찾아가는 방식입니다. 하루 한두 번씩 신선식품(삼각김밥, 샌드위치 등)이 배송될 때, 배송하는 차량의 빈자리를 활용 또는 편의점 자체 물류망을 활용하여 택배가 운송되며 일반적으로 접수일 포함 4일 이내에 배송이 완료됩니다. 이러한 방식은 직접 개인의 집 주소가 아닌 편의점 지점을 입력하기 때문에 개인정보 노출이 없고, 기존 택배에 비해 저렴한 가격(최소 2,000원부터 시작)으로 인기를 끌고 있습니다. 이는 중고 거래(당근마켓, 번개장터 등) 시에도 좋은 방법으로 활용되고 있습니다. GS25 편의점 경우, 2019년 도입 첫해 9만 건, 2020년 148만 건, 2021년 603만 건에 이어 2022년 1,046만 건으로 이용 건수가 확대되고 있습니다. 그뿐만 아니라 반값 택배 이용자가 택배를 맡기거나 찾으러 와서 편의점에서 다른 상품을 추가로 구매한 매출 효과는 연 500억으로 추산하고 있습니다[41]. CU 편의점도 '끼리 택배'라는 반값 택배 서비스를 출시하여 택배 서비스로 소비자가 활용할 수 있는 편의점도 증가하고 있습니다.

이러한 변화는 기존의 집 앞까지 배송해 주는 문 앞에서 문 앞(door to door) 방식과 익일 배송 등의 빠른 방식에서 벗어나서 조금 늦더라도 저렴하고 안전하게 택배 서비스를 이용할 수 있다는 이점이 있습니다. 편의점에 직접 방문해야 하고, 기존보다 느릴 수 있는 택배 방식에 불편함이 있을 수 있지만 편의점이 온라인과 오프라인 거래의 접점을 만든 방법에 착안하여 택배 산업에 집중된 과로 현상이 완화될 수 있기를 기대해 봅니다.

| 육지와 도서 지역의 택배 배송비는 차이가 얼마나 날까?

수도권은 빠른 택배 전쟁이지만, 그렇지 않은 지역도 있습니다. 도서 산간으로 분류되는 지역들입니다. 도서 산간 지역에는 택배 서비스가 되지 않거나 배송이 되더라도 기본 3,000원에서 10,000원의 추가 요금을 지불해야 합니다. 10만 원 등의 말이 안 되는 택배 요금을 기재하는 경우도 있습니다. 제주도와 제주녹색소비자연대가 연구한 도서 지역 추가배송비 부담 실태조사 결과보고[42]에 따르면 무료배송을 포함한 품목 군별 평균 총배송비를 육지권(422원)*과 비교했을 때 제주 지역의 총배송비(2,582원)는 약 6.1배, 제주 외 도서 지역**의 총배송비(3,253원)는 7.7배로 나타납니다. 섬 중에서 석모도는 일부 사업자가 도서 지역에 포함하지 않아 다른 도서 지역에 비해 저렴한 편입니다.

택배 배송비 비교[42]

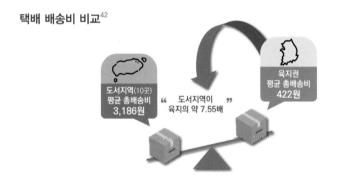

평균적으로 도서 지역이 육지 지역에 비해 약 7.55배 높은 배송비

---

*   육지권에는 서울 중구, 인천 남동구, 대전 서구, 대구 중구, 광주 서구, 부산 연제구, 울산 남구가 해당합니다.

** 도서 지역 10곳에는 덕적도, 연평도, 석모도, 울릉도, 욕지도, 한산도, 선유도, 흑산도, 청산도, 제주도가 해당합니다.

를 지불하는 것으로 나타났으며, 제주 지역의 추가배송비만 보더라도 93.8%가 3,000원 이상 7,000원 미만을 내는 것으로 집계되었습니다.

국민의 1인당 연간 택배 이용 횟수는 지속해서 늘어나고 있지만 택배 이용의 지역 격차는 점점 더 심화하고 있습니다. 택배를 이용하고자 하는 도서 지역 소비자들이 수도권 등의 지역 소비자와 비슷한 수준으로 사용할 수 있도록 현재의 체계를 개선할 필요가 있습니다.

당장 배송비를 육지권과 비슷한 수준으로 낮추라는 것이 아니라 소비자들이 느끼는 추가배송비 부담 완화를 위한 합리적인 배송비 기준의 마련이 필요하다는 것입니다. 또한 특별한 이유 없이 섬이라는 지리적 특징으로 인해 배송 불가를 하는 사업자들을 단속하는 방안도 마련해야 할 것입니다. 제주도에서는 2020년부터 10곳의 도서 지역의 특수 배송비와 관련된 실태조사를 계속해 오고 있으며, 택배비 부담 완화를 위한 제도 개선 자료로 활용하고자 택배 추가배송비 부당 요구 사례를 홈페이지(https://www.jeju.go.kr/industry/economicinfo/logistics/econo_fee.htm)에서 수집하고 있습니다.

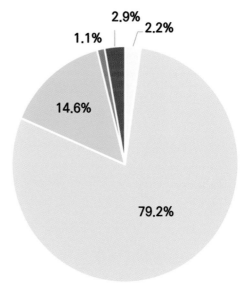

제주지역 택배 추가배송비[42]

- 1,000원 이상 3,000원 미만
- 3,000원 이상 5,000원 미만
- 5,000원 이상 7,000원 미만
- 7,000원 이상 9,000원 미만
- 9,000원 이상

2.9%
2.2%
1.1%
14.6%
79.2%

세상을 살아간다는 것은 어느 움직임을 전제로 하며, 여러 목적에 따라 다양한 움직임의 방법이 있습니다. 사람이 다리로 움직이는 거리와 자전거로 움직이는 이동 거리는 어느 정도 한계가 있습니다. 더 넓은 곳에 이전보다 빨리 도달할 수 있도록 인간은 "교통"이라는 수단을 개발했습니다. 교통은 이동하는 인간의 능력을 다른 동물들과 크게 차별화한 근대의 산물입니다. 자동차 회사가 모빌리티 회사로 거듭나는 과정은 인간에게 새로운 이동 수단의 경험을 주겠다는 의도이며, 결국 돌아다니면서 원하는 것을 얻고자 하는 사람들의 욕구를 만족시켜서 돈과 같은 부가가치를 창출하겠다는 의도도 담겨있을 것입니다.

어떤 사람들은 세계지도나 우리나라 지도 위에 자신들이 다녀온 곳에 핀을 꽂아서 자신들의 이동 공간을 표시하기도 하며, 앱을 이용하여 기록을 남기기도 합니다. 내가 다녀온 나라가 몇 개이고, 내가 가봤던 시도를 표시하기도 하며, 이동의 경험에 관한 추억을 남깁니다. 실제로 우리나라는 반도 국가이지만 북한을 통과할 수 없어서 배나 비행기를 타지 않으면 다른 나라로 이동하기는 쉽지 않습니다. 우리에게 주어진 이동권은 소유한 차량이나 국가와 교통 서비스를 제공하는 서비스 업체에 의존할 수밖에 없습니다. 이에 자전거, 자동차, 버스, 비행기, 배 등 다양한 교통수단과 최근 새롭게 등장하는 교통 서비스에 관한 내용과 공간을 지도에 담아 보았습니다.

6

움직여야 사는 사회,
"교통공간"

지 도 로 읽 는 대 한 민 국 트 렌 드

가까운 곳은 편리하게!
개인형 이동 수단이 늘어나고 있대

| 개인형 이동 수단(PM, Personal Mobility)이란?

길거리를 지나다니다 보면 종종 거리에 세워져 있는 자전거나 킥보드를 볼 수 있습니다. 자전거, 킥보드는 도심 속에서 1인이 이동할 수 있는 수단으로, 이를 퍼스널 모빌리티(개인형 이동 수단, Personal Mobility)라 합니다. 2020년 10월 기준, 개인형 이동 수단(PM)를 이용하는 사람들은 180만 명으로 2019년에 비해 약 314% 급증하였습니다[1]. 이러한 추세에는 코로나19로 인해 밀폐되거나 밀집된 대중교통을 이용하기보다는 사회적 거리두기를 지키면서 개인만의 공간에 더 집중하게 되는 트렌드가 반영되면서 개인형 이동 수단의 이용이 증가했다고 볼 수 있습니다. 개인형 이동 수단 이용자가 늘어나고 시장이 확대되면서 킥고잉, 카카오의 T 바이크 등과 같은 개인형 이동 수단의 사업자도 늘어났습니다. 개인형 이동 수단은 앱을 통해 손쉽게 대여할 수 있으며, 대여 및 반납 장소가 비교적 제한이 없으며 친환경이기까지 하다는 장점이 있습니다.

개인형 이동 수단 시장의 확대에 따라 부가적인 문제들도 부각되고 있습니다. 특히 우리나라의 도로 환경은 개인형 이동장치를 이용하기에 취약하고, 이에 따른 교통사고의 위험성, 보행자 위협 등 각종 안전 관련 문제가 부각되고 있습니다. 실제로 2018년 대비 2021년에 사고가 약 8배 많아졌으며, 부상자 수는 248명에서 1,901명으로 사망자 수는 4명에서 19명으로 증가하였습니다. 이에 2020년 9월『개인형 이동 수단의 관리 및 이용 활성화에 관한 법률(PM 법)』이 발의되었지만, 현재까지 국회에 계류되어 있습니다. 2021년 5월 13일 시행되는 개정된 도로교통법에서는 운전 자격을 강화하고 처벌 규정을 신설하였습니다*. 여전히 관리체계, 법·제도, 안전의식 측면에서 개선해 가야 할 사항이 많습니다. 개인형 이동 수단의 사용자가 지속해서 증가할 것으로 예측되는 만큼 안전하게 이용할 수 있는 문화를 확립하고 안전한 도로 및 보도 환경을 구축해 나가야 할 것입니다.

2018년~2021년 개인형 이동 수단(PM) 사고 현황[2]

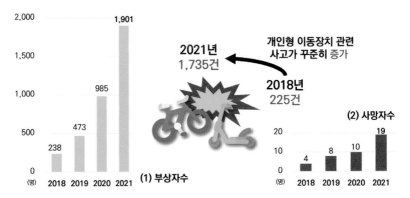

---

* 운전 자격은 원동기면허 이상의 운전면허를 소지해야 하며, 처벌 규정으로는 어린이 운전금지, 운전자 주의의무(안전모착용, 동승자 탑승 금지 등)의 조항을 추가하여 이를 어길 시 범칙금을 부과하는 것으로 명시되어 있습니다.

지역별 개인형 이동 수단 공유서비스 현황[3]

구분		개인형 이동수단 서비스명	수
수도권	서울	킥고잉, 지바이크, 지쿠터, 고고씽, 씽씽(PUMP), 디어, 일레클, 플라워로드, RYDE, swing, 다트, T바이크, 무빗(Moveit), 부스터, 빔(Beam), 라임(Lime)	16
	인천	지바이크, 지쿠터, T바이크	3
	경기	킥고잉, 씽씽(PUMP), T바이크	3
충청권	대전	알파카, Zet	2
호남권	전북	T바이크(전주)	2
	전남	Zet(광주, 순천)	1
영남권	부산	킥고잉, 고고씽, 윈드	3
	대구	지바이크, 지쿠터	2
	울산	T바이크	1
제주		고고씽, Zet, EV-Pass	3

※ 서비스 운영 지역이라 하더라도, 상세위치에 따라 서비스가 불가한 지역이 있을 수 있습니다.

│ 친환경 움직임, 지방자치단체의 공공자전거 서비스

충전이 별도로 필요하지 않고 개인형 이동 수단에 비해 더욱 친환경적인 교통수단인 자전거를 살펴봅시다. 자전거는 사람의 힘으로 페달 등을 사용하여 움직이는 장치가 있는 바퀴가 둘 이상인 차로 정의되어 있습니다[4]. 자전거는 화석 연료를 사용하지 않고도 이동할 수 있으며, 자동차 중심의 교통문화를 변화시키는 과정에서 차량 일부를 대체하여 차량의 이용량을 감소시킬 수 있다는 장점이 있습니다.

이러한 이유로 직접 자전거를 구매하지 않아도 손쉽게 이용할 수 있는 자전거를 지자체별로 서비스하고 있는데, 이를 공공(공영)자전거라고 합니다. 공공자전거는 국가 및 지방자치단체가 유지와 관리하는 것으로, 공공의 편의를 위해 시민에게 대여해 주는 자전거를 의미합니다[5]. 국내 최초로 2008년 경상남도 창원시에서 '누비자'라는 공공자전거의 도입을 시작으로 전국으로 퍼져, 서울의 따릉이, 대전의 타슈, 세종의 어울링 등 일부 지자체에서 서비스를 제공하고 있습니다. 행정안전부에 따르면 2021년을 기준으로 공공자전거를 운영하는 전국의 지방자치단체는 70곳이며, 대여 실적은 전년 대비 17.6% 증가했습니다.

같은 기간에 터미널(빌리고 반납하는 장소)과 주차장은 13.3%, 자전거 대수는 15.5% 증가하였습니다[6]*. 최초로 시작한 창원시의 '누비자'[7]는 현재 자전거 4,248대, 터미널(정류장) 283곳을 운영 중입니다. 누비자는 오전 5시부터 다음 날 오전 1시까지 20시간 동안 운영이 되고 있습니다. 만 13세 이상 사용이 가능하고, 1회 대여 시 90분까지 이용할 수 있습

---

* 대여실적은 4,061만 8,339건, 터미널과 주차장은 4,374곳이며 자전거 대수는 6만 4,069대로 나타났습니다.

●	0 - 16
●	16 - 22
●	22 - 27
●	27 - 35
●	35 - 53

창원 누비자 자전거 터미널 위치 분포

니다. 창원의 누비자는 시민들의 생활권에서 접근과 이용이 편리한 곳에 설치되어 있어 시민들의 이용률도 높습니다. 반면, 공공자전거 서비스가 잘 정착되지 않은 지역도 있습니다. 광주의 타랑께(타라니까의 방언)가 그 예입니다. 2020년 7월 1일부터 광주 서구 상무지구를 중심으로 서비스를 시작한 '타랑께[8]'는 현재 자전거 350대, 터미널(정류장) 52곳을 운영 중입니다. 타랑께는 타 공공자전거에 비해 시간이 제한적(오전 7시부터 오후 9시, 총 14시간)이며, 가입 절차 및 결제가 불편한 편입니다*. 터미널 52곳 중 33곳이 상무지구에 집중되어 있으며, 상무지구 일대가 자전거 타기에 적합한 환경이 아니고 현재 도시철도 2호선 공사 구간도

---

*   특히 카카오페이, 페이코 등의 간편결제를 지원하지 않을 뿐만 아니라 결제 수단 등록도 되지 않아 대여 시마다 카드번호와 유효기간 입력을 반복해야 한다는 단점도 존재합니다.

겹쳐있어 위험하기까지 합니다. 이러한 복합적인 이유로 출·퇴근 시에 자전거를 교통수단으로 이용하거나 생활에서 이동 수단으로 활용하기 제한적인 상황입니다.

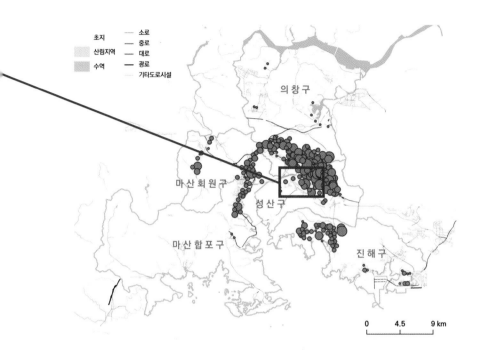

또 다른 문제는 카카오 모빌리티(T 바이크)와 비교했을 때 경쟁력이 약하다는 것입니다[**]. 2022년 12월에는 타랑께의 일 이용 횟수가 평균 약 70회 정도로, 사실상 이용률이 다른 공공자전거 서비스에 비해 매우 저조한 편으로 볼 수 있습니다. 결국 저조한 이용 실적으로 인해 타랑께

[**] 카카오의 T 바이크 서비스는 반납금지 구역을 제외하고 어디서든 대여와 반납을 할 수 있으며 서구뿐만아니라 광산구, 동구, 남구, 북구 등의 이동이 자유롭습니다. 타랑께에 비해 비싼 가격이지만 약 1,000대가 투입되어 있으며, 24시간 대여 가능하다는 장점이 있습니다.

광주 타랑께 자전거 터미널 위치 분포

의 2023년 운영 예산이 삭감되었으며, 광주 시의회에서는 23년 6월에
폐지 계획을 세웠습니다. 창원의 누비자는 시민들의 생활과 밀접한 곳
에 있어 이용할 수 있는 시간이 길고 결제 서비스도 편리하지만, 광주
의 타랑께는 서비스 대상 지역이 상무지구 및 하천 근처에 한정되어 있
으며 이용할 수 있는 시간이 짧고 사용이 불편하다는 점이 이용 저조로
이어진 것입니다. 그런데도 타랑께를 포기하지 않고 추경으로 하반기
운영비를 확보하고 관련 서비스 이용 방법 개선 등을 시도하면서 광주
의 공공자전거 서비스를 살려보려고 노력한다고 합니다[9]. 앞으로 타랑
께의 변화를 기대해 보아도 좋을 것 같습니다.

  다른 지역의 공공자전거 현황도 간단히 살펴봅시다. 대전의 타슈[10]는
1시간 이내는 무료로 탈 수 있게 제공하고 있어 사실상 무료 공공자전거
서비스이며, 이를 통해 시민들의 자전거 활용성과 이용 편의성이 높아
졌습니다. 세종시의 어울링은 머신러닝을 기반으로 대여소별 적정 보

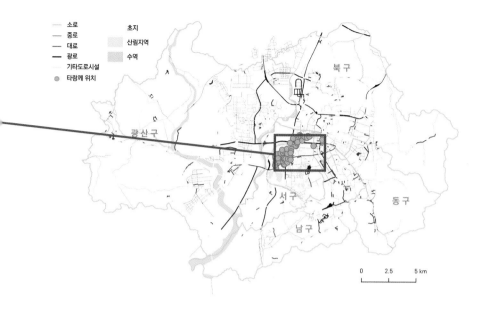

유 대수를 실시간으로 분석 및 예측하고 재배치하여 2019년 58만 건이 었던 이용 실적이 2021년 161만 건으로 확대되었습니다[11]. 반면 경기도 고양시는 2021년 5월 피프틴을 철수하였고, 안산시는 12월 페달로를 철수하였습니다. 운영을 중단하게 된 이유는 저조한 이용 실적도 있지만 자전거의 파손과 도난, 무단 방치 등도 원인으로 꼽고 있습니다. 성공 사례로 꼽히는 서울의 따릉이도 이용객 확대에 따른 서비스 및 수익률 개선 추세에도 불구하고 적자 폭은 매년 늘고 있으며, 2021년 따릉이의 운영 적자는 103억 원으로 나타났습니다[12].

공공자전거 서비스는 각 지방자치단체에서 다양한 서비스 제공으로 도입 초기에는 우위를 점해왔지만, 최근 인프라 부실, 운영 적자, 이용자 감소 등으로 지속적인 공공자전거 서비스 제공에 한계가 발생하고 있습니다. 누비자, 따릉이 및 타랑께 같은 사례를 통해 서비스 제공 시

자전거도로 인프라, 이용 방법과 비용, 터미널 위치 등을 종합적으로 분석하고 고려하여 최적의 서비스를 제공할 수 있도록 해야 합니다. 자전거 이용에 있어서 가장 중요한 것은 이용자의 안전이므로, 안전 대책 마련 및 시민의식 함양도 필요합니다. 지역의 연결성이 높은 자전거도로 인프라를 제공하여 인도를 이용하지 않고도 자전거를 탈 수 있다는 인식을 심어주는 것도 중요합니다. 궁극적으로는 시민, 지자체와 정부가 노력하여 자전거를 타고 이동하는 것이 국민의 삶에 정착될 수 있도록 단기적인 서비스가 아닌 지속할 수 있고 실질적인 자전거 이용에 도움이 되는 서비스가 제공돼야 할 것입니다.

우리나라 곳곳의
다양한 대중교통 이야기를 알아보자

| 서울의 버스정류장과 지하철역은 어느 곳에 가장 많을까?

서울에는 우리나라 인구의 약 18.3%가 모여 살고 있습니다. 서울이 다양한 도시 기능 측면에서 포괄하는 범위가 넓은 만큼 지역을 수도권으로 확장하면, 수도권에는 전체 인구의 절반이 조금 넘는 약 50.5%의 인구가 모여 산다고 합니다. 이 지역에 있는 인구가 모두 차를 가지고 다닌다면 차량이 혼잡하게 얽혀 있어 심각한 교통체증을 유발하여 제시간에 이동할 수 있는 사람은 거의 없을 것으로 예상됩니다. 지금도 수도권에는 약 1,100만 대의 차량이 등록되어 있으며, 이는 전국의 약 44.2%인 수준으로 수도권 인구 2.3명당 1대를 가지고 있는 셈입니다. 모든 것이 집중된 서울에서 우리는 차를 타지 않고 어떻게 이동할까요?

넘쳐나는 시민의 이동수요를 충족하기 위해 각 지자체는 대중교통을 제공합니다. 대중교통은 버스, 지하철, 택시와 같이 일정 요금을 지불하고 많은 사람이 한 번에 이동하는 교통수단을 일컫습니다. 그럼, 서울의 버스와 지하철은 어떻게 갖춰져 있는지 알아봅시다. 먼저 버스는 2022년 11월 평일 운행을 기준으로 65개의 업체에서 총 436개의 노선이 운영되고 있으며, 총 12,559개의 버스 정류장이 있습니다[13].

서울특별시 버스정류장 열지도

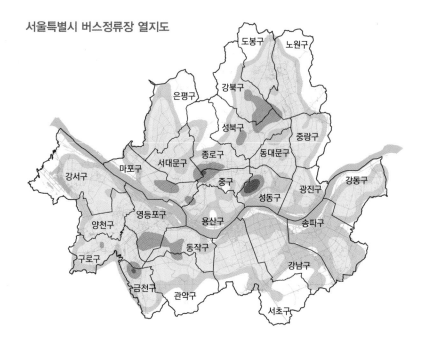

   수도권에만 지하철이 23개의 노선이 현재 운행되고 있으며, 이 중 2023년 3월을 기준으로 17개 노선[*]이 서울을 지나고, 총 409개의 지하철역이 서울에 있습니다[14]. 버스와 지하철이 서울에 어떻게 분포하고 있는지 알아보는 방법은 다양합니다. 서울시를 동일한 격자 단위의 크기로 나누어 분포를 파악하기도 하고, 열지도(Heat Map)과 같이 밀집도를 분석하여 열 분포 형태로 표출하여 알아볼 수도 있습니다. 다양한

---

[*]   서울을 지나는 전철로는 1호선~9호선, 공항철도, 경의·중앙선, 경춘선, 수인분당선, 경전철인 우이신설선, 신림선과 김포도시철도가 있습니다.

서울특별시 지하철역 열지도

방법 중에서 열지도 방법을 사용해서 서울시의 버스정류장과 지하철역이 어떻게 분포하고 있는지 나타냈습니다. 각 열지도는 내추럴 브레이크(Natural Breaks)** 방법으로 5단계로 나누어 표현하였으며, 마지막 색상은 투명으로 설정하여 표현하였습니다.

가장 밀집도가 높은 곳은 빨간 색상으로 표현되는데요. 버스정류장은 아파트 단지 또는 빌라 등이 밀집된 지역과 지하철역 인근의 환승이 편리한 지역이 높게 나타납니다. 반면, 지하철역은 을지로, 시청, 서울역, 공덕, 왕십리, 여의도 등 다수의 지하철이 지나가서 환승할 수 있는 역이 분포가 높게 나타났습니다. 이를 통해 버스정류장은 도심지와 주

** 데이터값의 배열을 자연스러운 등급으로 최적화하여 데이터를 분류하는 방법으로, 등급 내 분산은 줄이고 등급 간의 분산은 최대화하는 방법입니다[15].

거지 등 생활 전반에 걸친 지역에 다수 배치되어 있고, 지하철역은 주거 밀집 지역보다는 상권 발달 지역, 도시 교통 결절 지점 등에 분포하고 있다는 것을 알 수 있습니다. 또한 버스는 지하철이 닿지 못하는 주거 및 생활 지역까지 연결하여 시민들의 교통 편의를 지원하는 것으로 볼 수 있습니다. 지하철도 그러한 불편을 해소하고자 우이신설선, 신림선, 김포도시철도와 같은 경전철을 개통하여 편리하게 이동할 수 있도록 지원하고 있습니다.

지도에서 하얀색으로 표현된 부분은 대부분 산과 하천에 해당하는 지역으로, 이곳들을 제외하면 서울은 모든 곳에서 버스와 지하철을 편리하게 이용할 수 있다는 것을 의미합니다. 하지만 서울에는 인구가 많이 밀집되어 있고, 수도권뿐만 아니라 전국이 서울의 영향권이므로 대중교통의 공급보다 수요가 넘치는 것으로 볼 수 있습니다.

| 사라지는 시외버스 터미널과 지역 격차 가속화의 위기

　서울에 집중된 교통 시설과 서비스를 뒤로한 채, 다음으로 서울에서 확장하여 수도권과 전국의 교통을 살펴봅시다. 현재 수도권에는 23개의 광역철도 노선이 구축되어 있으며, 이 외에도 2012년부터 수도권 광역급행철도(GTX)를 건설하기 위한 사업이 시작되었습니다. 소위 도심이라고 불리는 지역이 포화상태이지만, 서울의 생활권 범위를 확장하고 인천, 경기 등에서 접근이 더 편리하도록 GTX를 구축하는 것으로 볼 수 있습니다. 충분한 교통서비스뿐만 아니라 문화시설, 의료시설 및 편의시설 등 모든 기능이 수도권에 밀집해 있는 상태입니다.

　우리나라에서 수도권 지역은 다채롭게 변화하면서, 살기에 좋은 도시 환경을 만들어 가고 있지만 그렇지 못한 지역이 더 많습니다. 이를 확인할 수 있는 지표가 많이 나타나고 있습니다. 그중 하나인 시외버스 터미널을 분석해 보았습니다. 최근 시외버스 터미널이 잇따라 폐업하여, 각 지역의 교통 연계성이 단절되어 더욱 지역 간의 격차가 가속화될 것으로 우려하고 있습니다. 2022년을 기준으로 전국에는 303개(공영 47개, 공용 256개)의 버스터미널이 있습니다[16]. 최근 3년간(2020년~2022년) 폐업한 버스터미널은 총 18곳입니다[17]. 또한 2021년 고속버스와 시외버스의 이용량은 2019년 대비 각각 54.3%, 58.5%가 감소하였습니다[18]. 코로나19 확산 뒤 이용객이 과거의 절반에도 못 미쳤을 뿐만 아니라 여객 운송이 철도 중심으로 재편되어 버스 이용률이 감소하면서 버티지 못하고 폐업하게 된 것입니다.

　현재 버스터미널은 민간기업의 영역으로, 지자체가 관리할 수 있는 영역이 아닙니다. 수익성이 떨어져서 더 이상 존재할 이유가 사라지는 버스터미널이지만, 교통이 잘 갖춰진 지역부터 교통 소외지역까지 대중교통을 연결할 수 있는 것이 시내 및 시외버스입니다. 교통 소외지역에 있던 버스터미널마저 사라진다면 지역 주민의 이동권이 보장되지 못하고, 장기적으로 해당 지역을 방문하는 관광객 등의 접근성을 낮춰 지역 활성화를 저해하거나 지역 발전에도 타격이 있게 될 것입니다. 결국에는 지역 격차가 더욱 가속화될 수 있으므로, 지역 주민들의 최소한의 교통복지를 보장하기 위한 대책이 마련되어야 하지 않을까요?

| 교통약자를 위한 천 원 교통서비스

인구 밀집 지역과 같은 도심은 시민들의 교통편의를 위해 대중교통이 잘 갖춰져 있습니다. 서울에는 지하철, 버스, 광역버스 등이 잘 구축되어 연계되어 있지만 그렇지 못한 다른 지역이 더 많습니다. 읍면지역과 농어촌 지역은 대중교통의 운영에 있어서 어려움이 많으므로 정시성 미흡, 긴 배차 간격 또는 불규칙한 버스 운행 등 대중교통 이용에 불편함이 발생하기도 합니다. 결국 이동에 있어서 불편함을 겪게 되는 것은 지역 주민들이며, 이러한 점들은 지역 간 불균형을 초래하기도 합니다. 그렇다면 우리나라에는 대중교통 소외지역에 거주하는 주민들을 위해 최소한의 교통복지를 제공하는 제도가 있을까요?

우리나라는 『교통약자의 이용 편의 증진법』[19]에 의해 대중교통이 어려운 교통약자들에게 휠체어 탑승 설비가 장착된 특별차량을 제공하여 편리하고 저렴하게 교통서비스를 이용할 수 있도록 하고 있습니다. 이를 위해 각 지자체에서는 교통약자 이동지원센터를 설립하여 교통서비스를 지원합니다. 교통약자 이동지원센터의 분포를 보면, 교통체계가 잘 갖춰진 도심지역보다는 시, 군, 읍 지역에 주로 위치합니다. 대부분 지원 차량의 비용은 기본 거리 기준(2~10km로 지역별 상이)으로 1,000원에서 1,500원 이내로 책정되어 있고 기본 거리 초과 시에는 일정 거리당 30원에서 100원 등입니다. 이용할 수 있는 대상은 지자체별로 차이가 있지만 대부분 장애인, 65세 이상 노약자, 임산부 등이 이러한 교통 복지 서비스를 이용할 수 있습니다.

---

* 교통약자(交通弱者)가 안전하고 편리하게 이동할 수 있도록 교통수단, 여객시설 및 도로에 이동편의시설을 확충하고 보행환경을 개선하여 사람 중심의 교통체계를 구축함으로써 교통약자의 사회 참여와 복지 증진에 이바지함을 목적으로 합니다.

이외에도 충청남도에서는 2022년 4월부터 충남 지역에 거주하는 어린이와 청소년(만 6세~만 18세)이 시내버스 및 농어촌버스를 무료로 이용할 수 있도록 지원하고 있고[20], 전라남도 광양, 고흥, 순천과 여수는 청소년(13~18세)을 대상으로 100원 버스를 운영하고 있습니다[21]. 이러한 서비스에 수요가 높아져 이용객은 증가하고 있으나 지원 차량의 수와 인력은 제자리에 머무르고 있어 운영에 어려움을 겪고 있기도 합니다. 교통 소외의 최전방에서 교통약자를 대상으로 이동권을 보장하기 위해 복지 서비스를 제공하고 있는 만큼 편의를 위한 서비스가 지속될 수 있도록 지속적인 지원이 필요할 것입니다.

교통복지 서비스 요금 구간[22] (단위:원)

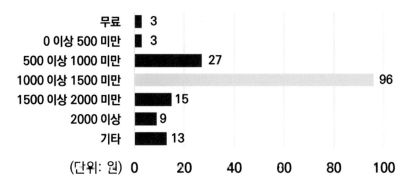

교통복지 서비스 제공 지역 지도[22]

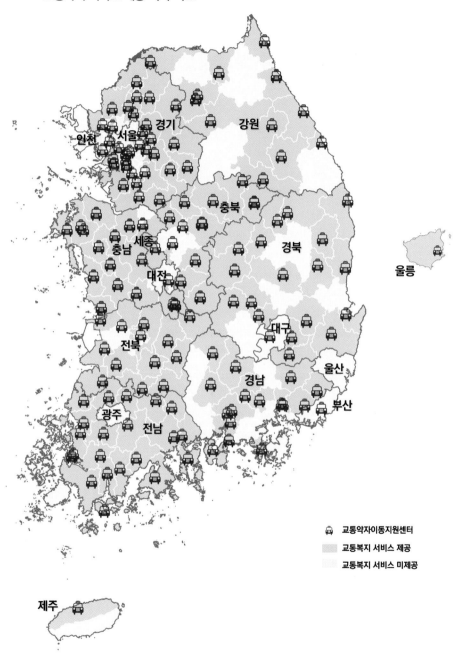

경기

강원

인천 서울

충북

충남 세종

대전

경북

울릉

전북

대구

울산

경남

부산

광주

전남

🚕 교통약자이동지원센터

교통복지 서비스 제공

교통복지 서비스 미제공

제주

수요응답형 교통체계, DRT Demand Responsive Transport

DRT(수요응답형 교통체계)는 버스, 지하철과 같이 기존에 정해진 노선을 이용하지 않고, 탑승자의 수요에 따라 운행구간, 정류장 등을 실시간으로 결정하여 탄력적으로 운행하는 여객 운송 서비스를 의미합니다[23]. 이는 신도시나 교통 취약지역에 사는 사람들에게 이동권을 보장하고 고령층과 같이 대중교통 서비스 이용에 어려움이 있는 대상에게 의료·문화 등과 같은 접근성을 개선하고자 하는 목적이 있습니다. 특히 인공지능(AI)을 활용하여 수요에 맞게 실시간으로 최적의 경로를 생성하여 운행하는 것이 특징입니다.

최근 경기도에서는 '똑버스'라는 경기도형 수요응답형 교통체계 서비스를 시작하였습니다. 똑버스는 똑똑하게 이동하는 버스라는 의미를 가지며, 현대자동차의 셔클 앱과 경기도만의 똑타앱을 사용하여 도민들에게 서비스를 제공합니다. 승객이 전용 앱을 사용하여 출발지와 가고자 하는 목적지를 입력한 후 예약하면, 가장 가까운 곳에서 운행 중인 똑버스를 기준으로 노선, 승차지점 및 시간을 실시간으로 안내해 준다고 합니다. 또한 경로가 유사한 승객이 예약하면 인공지능이 이를 분석하고 자동으로 우회 노선을 생성하여 합승하는 방법으로 운영됩니다.

2021년 12월 28일부터 파주 운정 교하지구에서 똑버스 시범사업을 추진하였고, 지난 1년간 10대의 똑버스로 약 3만 1,357명의 유료 회원을 모집하였습니다. 총 26만 2,369명이 똑버스를 타고 이동하였다고 합니다. 요금제는 경기도 시내버스 요금을 그대로 적용하며, 기존 수도권 통합환승 할인제도에 속해 있는 모든 대중교통 수단과 환승 할인이 가능한 것도 장점으로 꼽혔습니다. 경기도는 2023년 상반기까지 경기도 내 시·군에 96대를 추가 도입하여 똑버스 서비스 지역을 넓혀 나갈 예정이며, 23년 3월 21에는 안산시도 운행을 시작하였습니다[24].

똑버스의 모습[25]

똑버스의 내부[25]

수입차와 친환경 차는
어디에 많을까?

| 늘어나는 수입차, 수입차가 많은 지역은?

길을 걷다 보면 심심치 않게 수입차들을 볼 수 있습니다. 우리나라에는 얼마나 많은 수입차가 있는지 살펴보기 전에 일단 우리나라의 자동차는 「자동차관리법」 제2조[26]에 의해 승용자동차(승용차), 승합자동차(승합차), 화물자동차(화물차), 특수자동차(특수차), 이륜자동차(이륜차)로 구분됩니다. 평상시 우리의 이동과 관련 있는 차는 특수 목적을 가진 화물차와 특수차를 제외하고는 승용차, 승합차와 이륜차입니다.

2023년 1월을 기준으로 우리나라에는 자동차가 2,546만 6,066대가 등록[27]되어 있으며, 이 중 자가용(승용차, 승합차만 포함)은 2,027만 8,381대입니다. 최근 10년간 자가용 등록 대수는 계속 증가해 왔으며, 운전면허 취득이 가능(만 18세 이상)한 인구를 기준으로 하면 인구 약 2.17 명당 차 1대를 보유하는 것으로 볼 수 있습니다. 그렇다면 자동차 중에서도 수입차(수입 승용차)는 어느 정도를 차지할까요? 수입차 등록 대수[28]는 320만 671대이며, 2022년도의 전체 차량의 19.69%가 수입차였습니다. 1990년에 단 0.37%에 불과하던 수입차의 비중이 2022년에는 약

53배나 증가했습니다. 또, 전국에서 수입차(승용, 승합차만 고려)를 가장 많이 등록한 지역은 서울특별시의 강남구가 97,384대로 가장 많았으며, 전체 차량 등록 대수 대비 수입차 비율이 높은 곳은 부산의 중구였습니다. 부산 중구의 인구 약 1.95 명당 수입차 1대를 보유하는 것입니다. 고금리로 인한 경기침체 속에서도 수입 승용차 국내 시장 점유율은 사그라지지 않고 있습니다. 코로나19로 억눌렸던 소비가 보복 소비 형태로 나타나기도 하였고, 법인 차*에 대한 정부 정책 변화, 신차 출시 등 다양한 원인이 복합적으로 영향을 미치고 있기 때문입니다.

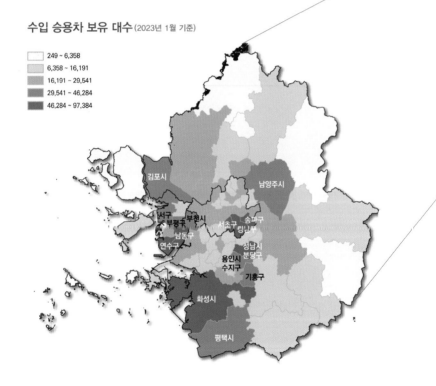

수입 승용차 보유 대수 (2023년 1월 기준)

- 249 ~ 6,358
- 6,358 ~ 16,191
- 16,191 ~ 29,541
- 29,541 ~ 46,284
- 46,284 ~ 97,384

---

* 사적 남용을 방지하기 위해 국토교통부가 7월부터 법인 차 전용 번호판 제도를 시행하기로 하였으며, 연두색의 번호판으로 도입됩니다[29].

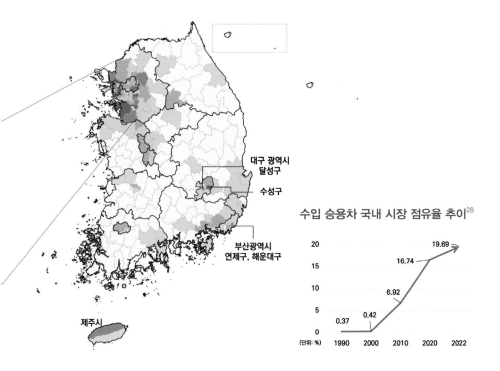

대구 광역시
달성구

수성구

부산광역시
연제구, 해운대구

제주시

수입 승용차 국내 시장 점유율 추이[28]

```
20                                    19.69
15                          16.74
10                  6.92
 5
    0.37    0.42
 0
(단위: %)  1990    2000    2010    2020    2022
```

| 화석 연료를 사용하는 자동차 대신 환경친화적 자동차는 어떨까?

수입 자동차를 포함하여 우리나라의 자동차 보유 대수는 증가하는 추세이며, 현대를 살아가는 이들에게 없어서는 안 될 교통수단으로 꼽히고 있습니다. 하지만 자동차는 화석 연료를 사용하므로, 이산화탄소(18%), 유해 물질(1%) 등과 같은 많은 배기가스를 배출*하여 지구온난화와 환경오염을 일으키는 주범으로도 지목되고 있습니다. 배기가스로 인해 생성되는 미세먼지(PM 2.5)는 사람에게 악영향을 미칩니다.

자동차에서 배출된 PM 2.5 미세먼지는 입자가 매우 작아서 폐를 거쳐 혈관 또는 혈액까지 침투하기도 합니다. 호흡기 질환, 심혈관 질환, 천식 등을 유발하여 환경뿐만 아니라 사람에게도 부정적인 영향을 미친다고 합니다. 이에 다른 연료로 대체하는 방법을 사용한 '친환경 자동차'가 대두되기 시작했습니다. 친환경 자동차가 우리에게 더 익숙하지만, 법률에서는 친환경 자동차를 '환경친화적 자동차'로 정의하고 있습니다. 그렇다면 환경친화적 자동차란 뭘까요? 환경친화적 자동차[30]에는 전기자동차, 태양광자동차, 하이브리드자동차, 수소 전기자동차 등이 포함됩니다. 이외에도 배출가스 허용기준이 적용되는 자동차 중 에너지소비효율, 저공해자동차의 기준, 자동차의 성능 등 기술적 세부 사항 기준에 적합한 자동차도 해당합니다.

2023년 1월을 기준으로 전국에서 환경친화적 자동차의 등록 비중은 약 6.44%이며, 시도 중에서 환경친화적 자동차의 비중이 가장 높은 곳은 약 10.68%를 차지한 제주도로 나타났습니다. 전체 등록된 환경친화

---

* 중간 속도로 가솔린 기관을 운전할 때, 질소(70%), 이산화탄소(18%),수증기(8.2%), 유해물질(1%)가 배출됩니다. 유해물질의 대부분은 일산화탄소, 탄화수소, 질소산화물이며, 대기 중 화학 반응에 의해 2차 오염물질인 미세먼지 (PM2.5)와 오존을 생성합니다[31].

적 자동차 중에서 가장 높은 비중을 차지하는 차량 종류는 휘발유와 전기가 함께 자동차의 연료로 쓰이는 하이브리드 자동차입니다. 그다음은 전기차로, 현재 우리나라 환경친화적 자동차의 약 93%가 전기를 동력원으로 한 차량이 주가 됩니다. 전체 차량 대비 전기차 비율이 높은 상위 세 지역은 제주

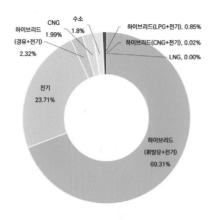

환경친화적 자동차 비율
(2023년 1월 기준)[27]

하이브리드(LPG+전기), 0.85%
하이브리드(CNG+전기), 0.02%
LNG, 0.00%
CNG 1.99%
수소 1.8%
하이브리드(경유+전기) 2.32%
전기 23.71%
하이브리드(휘발유+전기) 69.31%

(10.7%), 인천(8.5%), 세종(8.3%)입니다. 환경부는 적극적으로 보조금을 지원하여 전기차 대중화의 기반을 마련하였으며, 전기차 성능에 따라 보조금을 차등 지급하여 단기간에 우수한 성능을 가진 전기차의 개발과 확산을 이끌었습니다. 보급률이 높은 제주도의 경우, 전기차 3만 대 달성 시 환경적 편익, 연료비 절감과 같은 사회적 비용이 연간 134억 원 절감 효과가 나타나는 것으로 추산하고 있습니다[32]. 탄소 중립을 달성하기 위해 전기차 보급이 단기간에 성과를 내고 있지만, 이에 따라오는 부가적인 문제에 대한 대책 마련도 필요합니다. 배터리 화재 등 전기차 안전에 대한 대책 마련과 차량 보급에 따른 전기차 충전소 확충 등 이용 편의에 대한 것도 함께 고려될 수 있습니다.

전기차 비율 및 전기차 충전소 분포 지도[27]

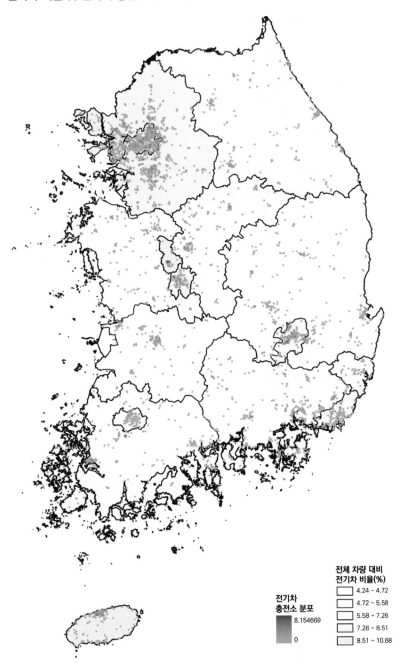

전기차
충전소 분포
8.154669

0

전체 차량 대비
전기차 비율(%)
4.24 ~ 4.72
4.72 ~ 5.58
5.58 ~ 7.26
7.26 ~ 8.51
8.51 ~ 10.68

신기술 도입을 시작하는
우리나라의 비행기와 배

| 세계에서 제일 붐비는 국내 비행기 노선은 우리나라에?

세계에서 제일 붐비는 국내선이 우리나라에 있다는 사실을 알고 있나요? 바로 김포공항과 제주공항을 오가는 노선입니다. 한국항공협회에서 발표한 '2021 세계 항공운송 통계' 보고서에 따르면 2020년 국내선 여객 운송 실적순위 중 김포-제주 노선이 약 1,022만 3,667명으로 전 세계에서 가장 많은 것으로 나타났습니다. 2위인 베트남 하노이-호찌민 노선이 590만 명, 3위인 중국 상하이-선전 노선이 360만 명과도 차이가 크게 났습니다[33]. 왜 김포-제주 노선이 세계에서 가장 붐비게 되었을까요? 세계적으로 관광시장의 규모가 확대되면서, 제주도가 한국 관광산업의 중심으로 떠올랐고 제주도로 향하는 수요가 높아진 것입니다. 또한 제주도민에게는 주로 비행기가 제주와 육지를 잇는 대중교통의 역할을 하고 있습니다. 이러한 이유로 김포와 제주를 오고 가는 노선이 점점 확대되었고, 2023년 3월을 기준으로 김포-제주 노선이 하루 약 122편이 운행되고 있습니다.

코로나19라는 팬데믹을 겪으면서 항공 시장 침체로 김포-제주 노선의 추세가 꺾이긴 했으나, 해외로 나가지 못한 관광객들이 국내 여행으로 눈길을 돌리면서 국내 노선을 중심으로 항공교통이 유지되었습니다. 항공기를 공항에 세워놓는 대신* 적자를 보더라도 비행기를 띄우자며 항공권을 1만 원대로 낮추면서 김포-제주 노선을 확대하기도 하였습니다. 이에 김포-제주 노선의 일일 평균 항공 운항(월~일의 평균)이 2019년 약 109대에서 2022년에는 125대로 많아졌습니다. 김포-제주 노선은 세계에서 가장 바쁘게 오고 가는 반면 국내 다른 노선은 어떨까요?

우리나라에는 김포공항과 제주공항을 포함하여 총 15개의 공항이 있습니다. 국제선과 국내선을 함께 이용할 수 있는 국제공항은 8개, 국내선만 탈 수 있는 국내 공항은 7개입니다. 섬이라는 제주도 특성상 비행기(또는 배)를 이용해야만 하는 경우가 아니면 국내 내륙 지역은 비행기뿐만 아니라 차, 버스와 KTX로도 충분히 이동할 수 있으므로 항공기에 대한 수요가 제주도에 비해 적은 편입니다.

김포-제주 노선 운항편 및 여객 운송 수[34]

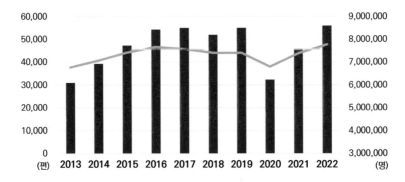

---

*   인천공항 주기장에 비행기를 24시간 동안 세워둔다고 가정할 때, 소형기의 경우 약 32만 원, 대형기는 약 157만 원의 주기료(비행기 주차료)를 내야 합니다[35].

국내 비행기 노선 지도[34]

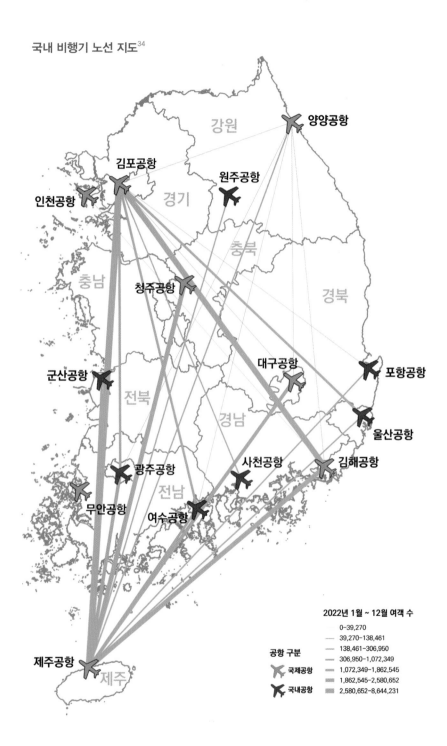

강원

양양공항

김포공항

원주공항

경기

인천공항

충북

충남

청주공항

경북

대구공항

포항공항

군산공항

전북

경남

울산공항

광주공항

사천공항

김해공항

전남

무안공항

여수공항

제주공항

제주

2022년 1월 ~ 12월 여객 수

0–39,270
39,270–138,461
138,461–306,950
306,950–1,072,349
1,072,349–1,862,545
1,862,545–2,580,652
2,580,652–8,644,231

공항 구분

국제공항
국내공항

전국 공항 단기순이익 및 손실 현황[36](인천공항 제외)

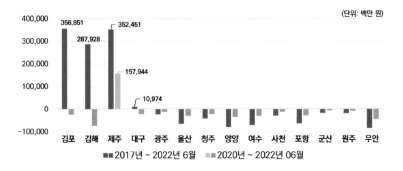

(단위: 백만 원)

■ 2017년 ~ 2022년 6월 ■ 2020년 ~ 2022년 06월

제주공항, 김포공항, 양양공항, 김해공항을 제외하고 대부분 공항이 1개에서 3개까지 적은 수의 적은 노선을 운행 중이며, 팬데믹을 겪는 기간 동안 14개의 공항에서 적자(당기순손실)가 난 것으로 나타났습니다. 팬데믹 상황이 아님을 고려해도 김포, 김해, 대구와 제주공항을 제외하고 적자가 났다고 합니다. 대부분의 항공 수요는 김포-제주, 김포-김해와 같은 국내 장거리인 노선에 집중되어 있으므로, 적자가 지속되는 10개의 공항에 대한 원인 분석과 수익구조 개선 등의 근본적인 대안을 마련할 필요가 있음을 시사합니다.

2022년 기준 국내 공항의 취항 노선

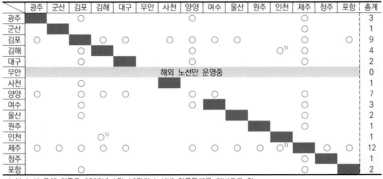

	광주	군산	김포	김해	대구	무안	사천	양양	여수	울산	원주	인천	제주	청주	포항	총계
광주			○					○					○			3
군산													○			1
김포	○			○	○		○	○	○	○			○		○	9
김해			○					○				○¹⁾	○			4
대구			○										○			2
무안						해외 노선만 운영중										0
사천			○													1
양양	○		○	○	○				○	○			○			7
여수			○					○					○			3
울산			○										○			2
원주													○			1
인천			○¹⁾													1
제주	○	○	○	○	○			○	○	○	○	○¹⁾		○	○	12
청주													○			1
포항			○										○			2

* 본 노선 운행 기준은 2022년 1월~12월의 노선별 항공통계를 기반으로 함
1) 인천공항 국제선을 이용하는 사람들이 경유를 위해 운영되며, 인천공항은 국제선을 중점적으로 하여 운행 중임

도심 항공 모빌리티, UAM Urban Air Mobility

　UAM(도심 항공 모빌리티)[37]는 약 4~5명을 태울 수 있는 항공 택시 개념으로, 소형 항공기를 전기동력(allelectic) 항공기로 제작하여 별도의 활주로 없이 수직 이착륙이 가능하게 하는 새로운 교통수단을 일컫는 용어입니다. 도심 항공 모빌리티는 지상의 교통혼잡에서 벗어나게 하고, 도로와 주차장 등의 시설이 점유하는 도시의 일부 지역을 다른 목적으로 활용할 수도 있게 됩니다. UAM이 정해진 항로로 안전한 운항을 할 수 있게 다양한 데이터 처리가 통신 네트워크를 기반으로 이루어지는 만큼 국내 이동통신사들의 역할도 중요할 것으로 보고 있습니다.

　글로벌 UAM 시장 규모는 2021년 30억 1,000만 달러에서 2028년 89억 1,000만 달러로 연평균 16.7% 성장할 전망입니다[38]. 이런 추세에 맞게 한국은 한국형 도심항공교통(K-UAM) 준비를 하고 있으며, 2025년 수도권을 중심으로 UAM을 상용화하고 2035년에는 전국으로 확대하여 지상의 교통체증을 해소하기 위한 구상이 이루어지고 있습니다. 현재 한국항공우주연구원이 국토교통부 지원을 받아 'UAM 실증 운용 검증 인프라'를 구축하고 있으며, 적극적으로 UAM 생태계 조성에 앞장서고 있습니다. 우리는 가까운 미래에 비행기를 타지 않고도 자유롭게 항공 택시를 타고 도시 위를 누빌 수 있게 될지도 모릅니다.

국내 UAM 모습과 지역별 시범 비행 사진[37]

비행기와는 달리 작은 기체, 적은 인원이 탑승하여 개개인의 수요에 맞추는 새로운 항공 모빌리티 서비스입니다.

20.22.22 한강 시범 비행

20.11.12 서귀포 시범 비행

20.11.16 대구 시범 비행

| 새로운 변화가 시작되고 있는 우리나라의 항만

우리나라는 삼면이 바다이고, 북한과 인접한 부분은 단절된 지리적 특성으로 인해 수출하고 수입하는 화물 대부분이 선박과 항공기를 통해 운송되고 있습니다. 선박을 통한 운송은 장거리 대량 운송이 가능하고, 거리 대비 운송비가 상대적으로 저렴하다는 특징이 있습니다. 특히 우리나라는 항만에서 집중적으로 수입과 수출이 이루어지고 있으며, 국가의 경제성장을 이끌기 위해서는 항만의 경쟁력을 확보하는 것이 중요합니다. 항만은 선박의 출입, 사람의 승선과 하선, 화물의 하역, 보관 및 처리 등을 위한 시설이 갖추어진 곳입니다[39]. 우리나라의 항만은 무역항과 연안항으로 나눠지며, 무역항은 주로 외항선이 입항 및 출항을 하고, 연안항에서는 국내의 항만을 운항하는 선박이 입항 및 출항하는 곳을 의미합니다. 현재 우리나라에는 62개의 항만이 있으며, 12개의 신항만이 계획 및 건설되고 있습니다. 62개의 항만 중에서 무역을 담당하는 항만은 31개이며, 이 중 국가가 관리하는 항만이 14개입니다.

항만물동량은 항만을 통해 들어오고 나가는 연간 화물량을 의미하는데, 2022년에는 전국 항만에서 15억 4,585만 톤의 물동량을 처리했습니다. 한국의 화물 대부분이 항만을 통해 이동하는 마큼, 부산항은 2021년에 세계 7위 항만으로 선정되었습니다. 부산항에는 항만과 연관된 약 3,659개의 산업이 개발되었으나, 세계적인 항만물동량 수준에 비해 항만의 생산성이나 부가가치의 규모는 낮은 수준입니다[40]. 그 이유로는 선박의 장시간 해상 대기, 항만 터미널 운영 효율성 저조, 항만 게이트 병목 현상 등을 꼽을 수 있습니다. 이는 선박, 터미널과 내륙의 실시간 데이터가 각 위치에서 실무자에게 전달되지 못하고 있어 발생하는 것으로 볼 수 있습니다. 복잡하고 혼잡하게 운영되는 항만이 더욱 효율적으로 운영될 만한 방법을 고려해 봐야 할 시기입니다.

항만의 효율적인 관리, 높은 생산성과 안전성을 확보하기 위해 최근에는 '스마트 항만'이라는 개념이 등장하였습니다. 스마트 항만은 인공지능(AI), 사물인터넷(IoT) 등의 혁신적인 디지털 기술을 활용하여 물류의 최적화, 효율적인 에너지 사용, 배후 도시와의 연계를 이루어 내는 포괄적인 항만으로 정의하고 있습니다[41]. 세계 최초로 스마트 항만을 도입한 네덜란드의 로테르담 항의 경우, 스마트 항만 발전을 위해 물류, 에너지 및 산업, 항만 인프라, 항만 도시와 전략 측면에서 디지털화를 추진하고 있습니다. 네덜란드는 스마트 항만의 현실화를 위해 Smart Port라는 자체 조직을 설립하여 관련 프로젝트와 구상을 완료하였으며, 'Pronto' 플랫폼을 제작하여 항만 서비스와 관련된 제공업체 간의 데이터를 실시간으로 공유할 수 있게 하였습니다.

부산항에서 기술 검증 후, 실질 업무에 적용하고 싶다는 의사도 받았으나, 2023년 현재 관련 기술은 연구개발 사업 종료 후 기술 개발 주체 등의 문제로 활발하게 적용되지 못하고 있습니다. 약 400억 원을 들여 기술을 개발하였으나, 제품화하고 운영할 수 있는 예산이 없어 실제 사업 또는 실무로 연결되기 어려운 상황입니다[42]. 항만의 효율적인 관리, 생산성 향상 및 안전성 확보 등이 최적화된 스마트 항만으로 거듭나기 위해서는 연구 기술 개발에서 끝나지 않고 기술 적용 및 활용까지 이어질 수 있도록 하는 체계가 필요할 것으로 보입니다. 최적의 스마트 항만으로 거듭나는 날까지 지속적인 지원과 관심이 필요하지 않을까요?

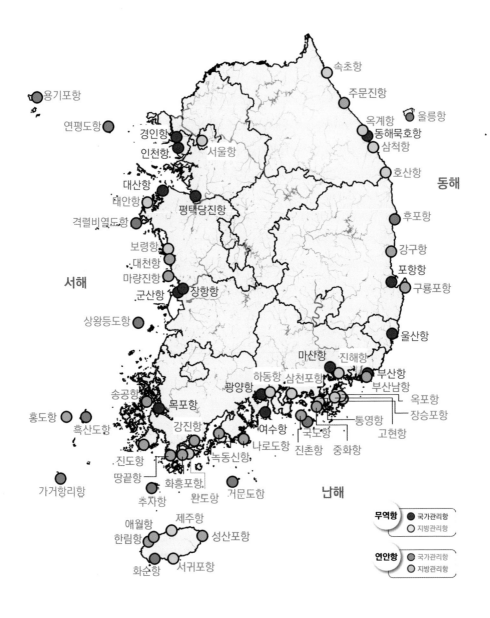

전국 항만 위치도[43]

사람이 동물과 다른 점은 언어와 사회를 구성하고 교육과 훈련을 통해 축적된 문화가 연속성을 갖도록 할 수 있다는 것입니다. 사교육에 대한 부담으로 인한 저출산, 교육 불평등, 대학 입시 등 우리나라의 교육 관련된 이슈가 나오면 모든 사람들이 의견을 내놓듯이, 교육 관련 문제는 뜨거운 감자 중 하나입니다. 이처럼 정답이 없는 교육과 훈련의 이슈를 배움의 공간과 평생교육, 기술을 습득할 수 있는 여러 서비스를 제공하는 공간 등 다양한 주제와 함께 지도로 풀어보았습니다. 이러한 정보는 교육부를 넘어 평생을 배워야 하는 숙명을 지닌 현대인들에게는 피곤한 정보가 될 수 있으나, 사회가 변하면서 교육의 공간이 변화하는 것을 실감할 수 있는 주제이기 때문에 다루어 보았습니다. 이번 파트를 읽으면서 사회가 급격하게 변화하면서 변화된 교육의 공간에 대해 주변 사람들과 이야기를 나눠보는 것은 어떨까요?

7

끝이 없는
"배움의 공간"

지 · 도 · 로 · 읽 · 는 · 대 · 한 · 민 · 국 · 트 · 렌 · 드

학교가 겪고 있는
변화를 살펴볼까?

| 학교용지 비율이 높은 도시: 학교용 땅이 따로 있다고?

토지는 사용 용도에 따라 법률상으로 구분되는 '지목(地目)'을 갖는데, 지목 중에서 학교용지는 학교 건물을 포함하여, 체육관 등 부속 시설물 부지를 전부 일컫습니다. 학교용지가 가장 많은 지역을 알아보기 위해 학교가 해당하는 지역 면적(시군구 기준)에서 학교용지가 차지하는 비율을 계산하여 지도로 만들었습니다.

전국에서 학교용지 비율이 가장 높은 곳은 서울의 서대문구(12%)로 나타났습니다. 이는 서대문구에 연세대학교, 이화여자대학교 등의 대학을 중심으로 많은 학교가 모여있기 때문으로 볼 수 있습니다. 두 번째로 높은 곳은 서울의 동대문구(9%)이며, 부산 영도구(7%)가 뒤를 이어 세 번째로 높은 학교용지가 있는 것으로 나타났습니다. 「학교용지 확보 등에 관한 특례법」에 따르면 300가구 이상 주택을 공급하고자 하는 개발사업자는 시도 교육청과 협의하여 적정한 학교용지를 확보해야 한다고 합니다. 과거에는 적정한 학교용지를 확보하지 못하여 학령인구가 한 지역에 몰리는 현상이 발생하였습니다. 이러한 문제를 해결하기 위해 교실의 자리가 부족하거나 학생들이 원거리로 통학하는 경우를 고려하여 만들어진 법이라고 합니다[1]. 「학교용지 확보 등에 관한 특례법」은 개발사업으로 인해 늘어나는 학령인구를 수용하기 위한 목적이 있다고 볼 수 있습니다. 법의 목적처럼, 서울, 서울 근처의 신도시(수도권 지역)와 지방의 광역시에서 학교용지 비율이 높게 나타나는 것을 확인할 수 있습니다.

전국 학교용지 비율 지도[2]

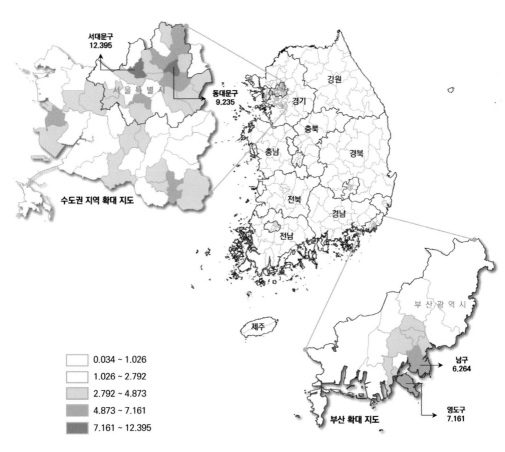

그러나 최근에 교육부는 저출산 심화로 활용되지 못하고 있는 학교용지에 대해 용도변경을 가능하게 하는 '장기 미사용 학교용지 지정 해제 요청 기준 및 절차' 제정안을 행정예고 했습니다. 이 제정안에 따르면, 개발사업이 5년을 넘었거나, 주택공급계획 가구 수 중 80% 이상이 입주를 마치고도 학교용지를 사용하지 않은 경우 개발사업자가 학교용지 해제를 요청할 수 있도록 하는 것입니다[1]. 학교용지 상태로는 다른 용도로 개발하거나 제삼자에게 매각할 수 없습니다. 하지만, 도심 내 개발할 수 있는 땅이 부족한 상황에서 학교용지가 다른 용도로 변경이 된다면, 지금보다 더 과밀하게 토지 개발이 이뤄지는 현상이 초래될 수도 있습니다. 이렇게 되면 학교용지를 확보하는 것에 어려움이 발생할 수 있게 되므로, 우리 아이들의 교육 공간 확보를 위해서라도 학교용지의 지정 해제가 무분별하게 이루어지지 않도록 신중하게 판단해야 합니다.

| 폐교가 변화한 장소들

도시개발 사업과 농산어촌 경제의 쇠퇴로 인한 가구의 이동으로 농산어촌과 구도심 지역의 초등 및 중등학교의 학생 수가 급속도로 감소하고 있습니다. 학생 수 감소에 따라 소규모 학교가 늘어났으며, 학생 수가 부족하여 학교의 운영이 어려워지자 폐교되는 학교의 수도 증가하고 있습니다. 이렇게 폐교가 늘어나면서 「폐교

전국 누적 폐교 수(2022.03 기준)[3]

재산의 활용촉진을 위한 특별법」에서는 폐교재산의 효과적인 활용을 위해 법적인 제약을 완화하고 있습니다. 폐교재산은 교육용 시설, 사회복지시설, 문화시설, 공공 체육시설과 소득증대시설 등 지역 및 사회문제를 해결하는 등의 건전한 용도로 사용하는 것을 권장하고 있습니다.

위의 그래프는 2022년 3월을 기준으로 한 전국의 누적 폐교 수를 나타낸 것입니다. 농어촌 지역의 소규모 학교가 많았던 전남, 경북, 경남, 강원 순서로 폐교가 많이 나타나는 것을 알 수 있습니다. 현재 출생아 수가 점점 줄어들고 있는 상황에서 앞으로 폐교의 수는 더 늘어날지도 모릅니다. 폐교된 학교가 황폐해지지 않고 다양한 용도로 바꿔 새로운 자원으로 활용될 수 있도록 각 지방자치단체의 꾸준한 노력과 관심이 필요할 것으로 보입니다.

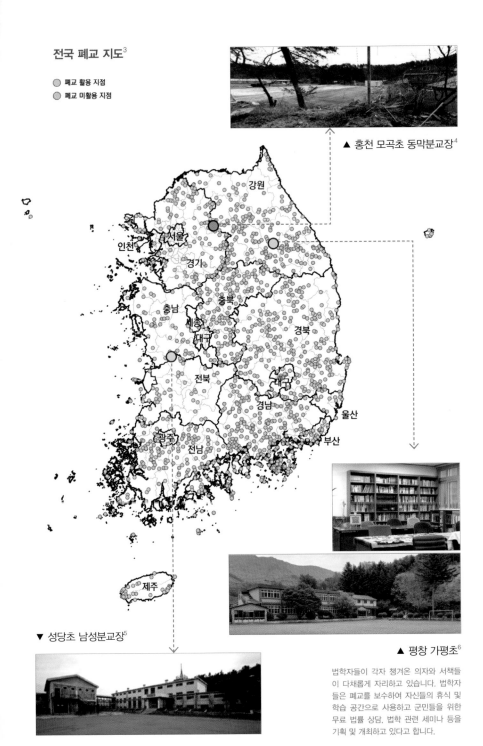

전국 폐교 지도[3]

◯ 폐교 활용 지점
◯ 폐교 미활용 지점

▲ 홍천 모곡초 동막분교장[4]

▼ 성당초 남성분교장[5]

▲ 평창 가평초[6]

법학자들이 각자 챙겨온 의자와 서책들이 다채롭게 자리하고 있습니다. 법학자들은 폐교를 보수하여 자신들의 휴식 및 학습 공간으로 사용하고 군민들을 위한 무료 법률 상담, 법학 관련 세미나 등을 기획 및 개최하고 있다고 합니다.

| 차별에 아파하는 아이들을 위한 변화가 필요해

서진학교는 서울 강서구 가양동에 위치한 특수학교로, 지역 주민의 반대로 학교 설립에 난항을 겪어 6년 만에 지어졌습니다. 지역 주민들의 발달장애인에 대한 막연한 두려움과 집값 하락에 대한 우려로 인해 서진학교는 설립부터 어려움을 겪었습니다. 이후 서진학교는 학교 절반 이상을 지역 주민을 위한 도서관을 제공하기로 한 후에 준공할 수 있었습니다[7].

서울 강남구의 밀알학교는 주민들의 반발로 시공식조차 진행하지 못할 정도였지만, 현재는 교내 미술관과 음악 홀, 카페 등을 지역 주민들에게 연중 개방해 문화공간으로 이용하기로 하여 문을 열 수 있었습니다. 또한, 강북구의 효정학교 역시 학교 차원에서 주민들에게 교내 헬스장을 개방하고, 주민 공청회나 모임의 공간으로 교내 식당과 광장을 내주는 등의 방식으로 주민들이 활용하고 있습니다[8].

서울의 특수학교 분포 지도를 보면 종로구와 강북구에 4개의 특수학교가 자리 잡고 있습니다. 반면, 25개 구 중 8개 구(동대문구, 중랑구, 성동구, 중구, 용산구, 영등포구, 강서구, 금천구)에는 특수학교가 없는 것을 알 수 있습니다[9]. 특수학교 분포지를 지형도와 함께 보면, 특수학교가 대부분 산과 가까운 높은 지대이면서 서울의 중심과는 먼 지역에 있는 것을 알 수 있습니다. 일반적인 학교는 접근성이 좋은 곳에 있기 마련이지만, 특수학교는 주민들의 반대로 인해 학교용지로는 선호되지 않는 외곽지역에 위치하는 경우가 많습니다.

한국의 교육 시스템에서 일반 학교 학생들은 대학을 잘 가기 위한 입시에 매달리고 있습니다. 이러한 상황에서는 발달장애 학생을 위한 통합 교육환경이 실시되기 힘들 수밖에 없습니다. 선진국에서는 입시 중심이 아닌 통합교육을 지향하고 있기 때문에 괜찮을지 몰라도, 현재 우리나라에서는 학교를 구분하여 특수학교를 별도로 운영하는 것이 지금은 현실적인 대안으로 보입니다. 그런데도 이렇게 차별을 당연시하는 상황은 점차 개선될 필요가 있을 것입니다. 대도시인 서울에서부터 특수학교에 대한 적극적인 주민 지원 정책을 시행하여 공존과 상생의 장을 만들어 가는 노력을 시작해야 할 시점이 아닐까요?

서울시 특수학교 분포 지도[9]

| 인재들이 모이는 나라

한국으로 유학을 오는 외국인들이 점점 늘어나고 있습니다. 2022년도에 베트남 유학생이 63,491명으로 가장 많았고, 중국 유학생이 48,270명으로 두 번째로 많았습니다. 우즈베키스탄(9,504명), 몽골(8,837명)에서도 많은 유학생이 공부하기 위해 한국을 찾았습니다. 2020년 통계청에서 실시한 '이민자체류실태 및 고용조사'에 따르면, 외국인 유학생이 한국을 선택한 이유로 '교육 과정이 다른 나라에 비해 우수하다고 생각해서(25.8%)'와 '한국에서의 전공 과정이 내 관심 분야와 잘 맞아서(21.8%)'가 높은 비율을 차지하였습니다[10]. 한편, 한국을 떠나 해외로 유학을 가는 사람은 점차 줄어들고 있습니다. 학생 수가 줄어들고 있음을 감안하여 경제활동인구 중 유학생의 비율로 살펴보아도 한국인 유학생 비율은 1% 이상에서 0.5% 이하로 감소하였습니다.

그러나 인재 유출에 대해 안심할 수는 없습니다. 스위스 국제경영개발연구원(IMD)에서 발표한 '두뇌 유출(brain drain)지수'의 변화를 보면 지수의 값이 점점 줄어들고 있습니다[11]. 두뇌 유출은 고도의 교육을 받은 고급 인력이 국외로 유출되는 현상으로, 국가의 유효한 고급 인적 자원을 활용하지 못하는 상태를 파악할 수 있는 지표입니다.

두뇌 유출지수의 값이 0에 가까울수록 자국을 떠나 해외에서 근무하는 인재가 많아 국가 경제 피해가 심하고, 10에 가까울수록 인재가 고국에서 활동하여 경제에 도움이 된다는 의미입니다. 즉, 지수의 값이 내려간다면 한 국가 안에서 경쟁력 있는 인재의 유출이 우려되고 있는 상황으로 볼 수 있습니다. 특히 우리나라의 이공계 인재의 경우 인재 유출의 심각성이 크게 나타나고 있습니다. 이에 다양한 분야의 인재들을 국내로 유인하고 정착시킬 수 있는 연구 환경 조성이 필요하며, 그

에 따른 정책과 다양한 지원 사업이 뒷받침되어 국내에서 세계를 선도
할 인재를 양성하는 것이 중요합니다.

세계 두뇌 유출 지도[11]

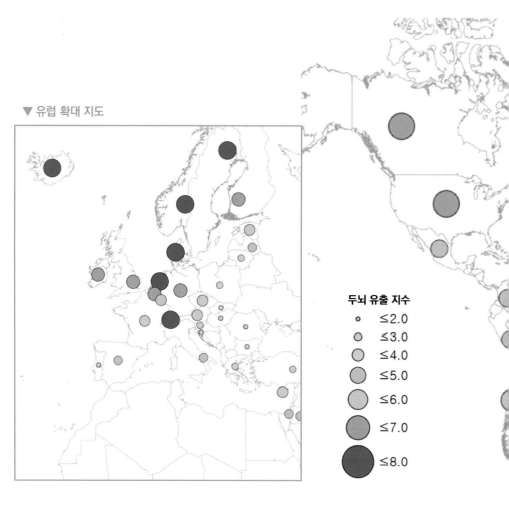

▼ 유럽 확대 지도

두뇌 유출 지수

○ ≤2.0
○ ≤3.0
○ ≤4.0
○ ≤5.0
○ ≤6.0
○ ≤7.0
○ ≤8.0

미래의 나는 어디서,
어떻게 일하고 있을까?

| 일자리가 필요한 사람, 여기여기 모여라

평생교육이란 유아에서 시작하여 노년에 이르기까지 가정, 학교, 사회에서 전 생애에 걸쳐 이루어지는 교육을 의미합니다. 급변하는 사회와 과학 문명의 발달에 따라 기존의 학교 교육만으로 해결될 수 없는 부분이 존재하기 때문에, 평생교육에 대한 중요성이 증가하고 있으며, 특히 고령화로 인해 노인인구가 증가함에 따라 노인들의 삶의 질 향상과 자아실현을 위한 평생교육의 필요성이 강조되고 있습니다[12].

평생교육은 「평생교육법」에 따라 인가, 등록, 신고된 시설, 법인 또는 단체에 의해 제공됩니다. 흔히 생각하는 초·중등 및 대학 부설 평생교육원, 사업장부설 평생교육시설, 시도 평생교육진흥원, 평생학습관 등은 비형식 평생교육기관으로 학력이 인정되지 않습니다. 초·중·고등교육 형태의 학력 및 학위 인정이 가능한 준 형식 평생교육기관도 존재합니다. 하지만, 그 수가 비형식 기관에 비해 적고, 사실상 수도권에만 존재해 수도권과 비수도권 간의 학력 격차 해소에는 도움이 되지 않습니다.

새일센터 현황[13] 및 평생교육기관 지도[14]

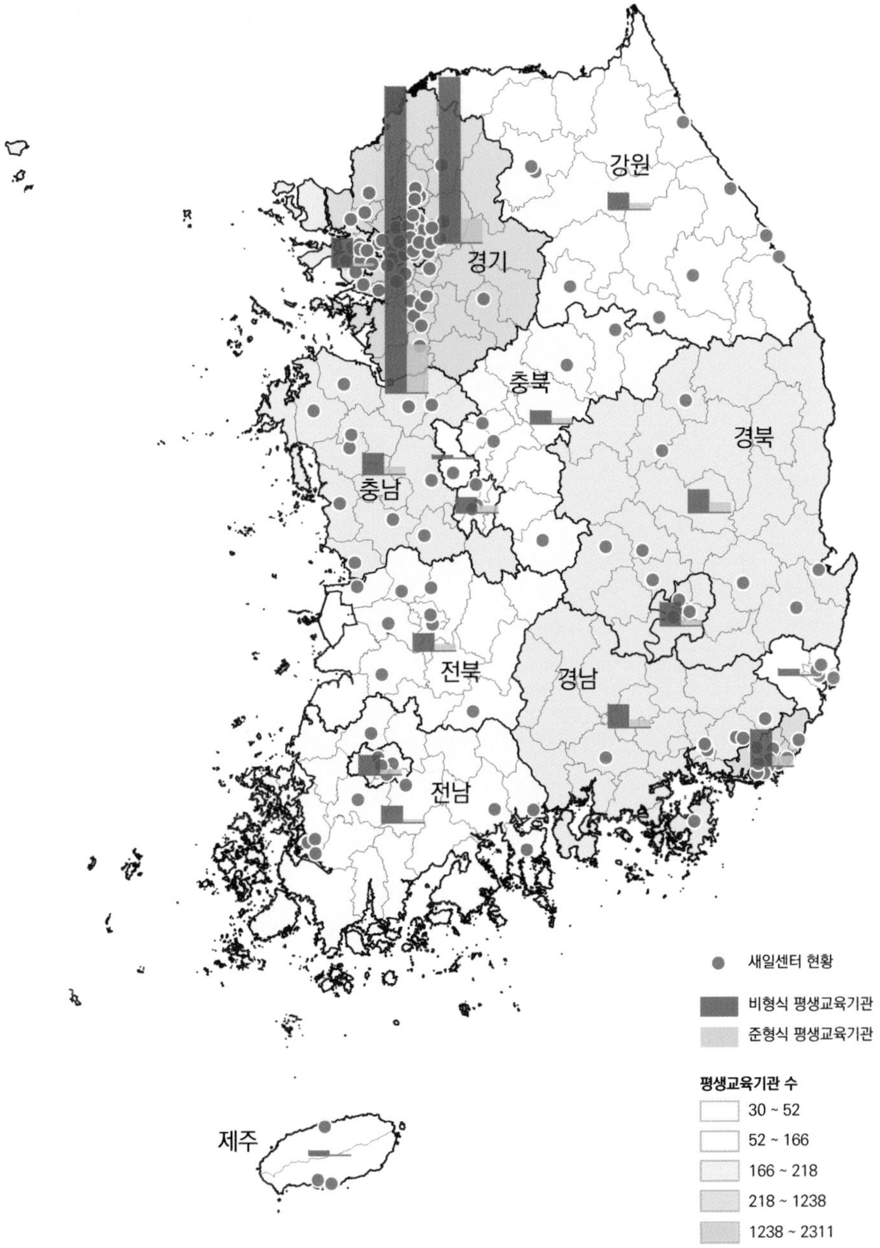

● 새일센터 현황

■ 비형식 평생교육기관
■ 준형식 평생교육기관

평생교육기관 수
☐ 30 ~ 52
☐ 52 ~ 166
☐ 166 ~ 218
☐ 218 ~ 1238
☐ 1238 ~ 2311

이러한 문제를 해결하기 위해 온라인을 기반으로 한 평생교육 제도가 시행되고 있습니다. 대표적으로 한국형 온라인 공개강좌(K-MOOC)*가 있습니다. K-MOOC는 고등교육기관의 우수 강좌를 온라인으로 공개하여 고등교육에 대한 평생교육 수요를 충족시키고자 추진되었습니다. 2021년까지 총 1,358개의 강좌가 업로드되었으며, 누적 회원가입 약 96만 명, 누적 수강신청 약 225만 건의 성과를 보이고 있습니다[15]. 또한, 최근 신산업 분야 대표기업과 교육기관이 공동으로 참여하여 구직자, 재직자 등 성인 학습자를 위한 온라인 중심 교육과정인 매치업(Match業)을 운영하여 직무 능력 향상에 도움을 주고 있습니다.

여성새로일하기센터, '새일센터'는 경력 단절 여성의 취업 역량을 높이고, 최근의 산업·노동시장 변화에 대응한 직업교육훈련을 위해 운영됩니다. 전국 158곳에서 디지털 전환, 4차 산업혁명 등 최근의 산업·노동시장 변화에 대응한 고부가가치 과정, 기업 맞춤형 과정, 전문기술 과정, 일반훈련 과정 등 유망직종을 위한 직업교육훈련 과정을 운영하고 있습니다. 코로나19로 인해 비대면 훈련 비중이 높아짐에 따라 온라인으로 원하는 강의를 수강하고 직무 능력을 향상할 수 있도록 온라인 '새일e직업훈련센터(saeiledu.co.kr)'로 확대 운영하고 있습니다[16].

---

*   K-MOOC란 수강 인원의 제한 없이(Massive), 모든 사람이 수강할 수 있으며(Open), 웹 기반으로 (Online), 미리 정의된 학습 목표를 위해(Course) 구성된 온라인 공개강좌를 의미합니다. K-MOOC 는 교육부와 사업주관기관인 국가평생교육진흥원 외에 4년제 대학, 전문대학, 방송대학, 출연연구기관, 기업, 기업부설 연구소, 직업 능력개발 훈련시설, 공익법인 등이 추진하고 있습니다.

| 새로운 시대를 위한 새로운 교육과 직업

사회가 급격하게 변화함에 따라 교육과정도 다양해지고 있습니다. 새로 생긴 교육과정을 확인하기 위해 대학교 학사 과정의 교육 편제 단위를 살펴보았습니다. 교육 편제 단위는 학과의 표준 분류를 대계열, 중계열, 소계열로 분류하는데, 이 중 중계열 분류에서 기존 학과 대비 신설된 학과의 비율을 알아보겠습니다. 신설된 학과의 비율이 가장 높았던 분야는 농림·수산(24%)입니다. 그중에서도 반려동물과 관련된 학과의 비중이 높았고, 스마트팜, 식물방역과 관련된 학과도 신설되었습니다.

기존 학과 대비 신설된 학과의 비율[17]

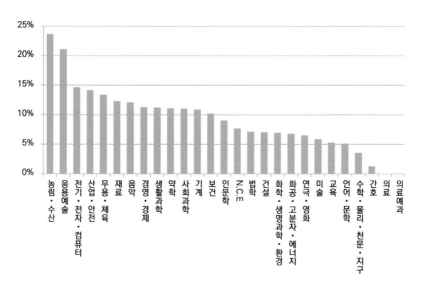

그럼 새롭게 생긴 농림·수산 분야의 학과에 대해서 더 알아보겠습니다. 이 분야 학과의 수가 가장 많은 한국농수산대학교와 강원대학교는 반려동물과 관련된 학과는 신설되지 않았습니다. 상대적으로 이 두 학교에 비해 농림·수산 분야 학과의 경쟁력이 낮은 학교에서 전략적으로 차별화를 두기 위해 반려동물과 관련된 학과를 신설한 것입니다. 농지 축소, 농업 기술의 기계화에 따른 인력 대체 등 전통적인 1차산업 계열 취업자 수가 급격히 감소하고, 반려동물 가구가 늘어나고 있는 현재 우리나라의 상황을 잘 반영한 것으로도 볼 수 있습니다. 「2020 한국의 직업 정보 보고서」에 따르면 10년 후 증가할 일자리에 '반려동물 미용사', '자연 및 문화해설사' 등이 포함된 것을 확인할 수 있을 정도로 이 분야에 대한 관심이 높은 것을 짐작할 수 있습니다[18].

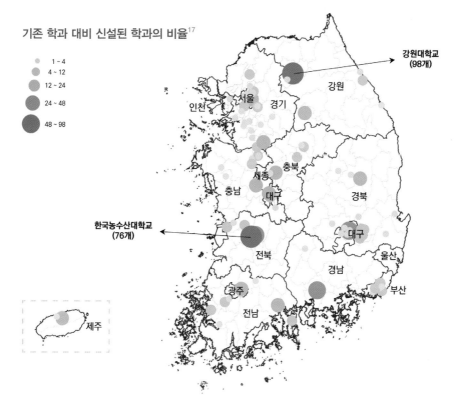

기존 학과 대비 신설된 학과의 비율[17]

- 1 ~ 4
- 4 ~ 12
- 12 ~ 24
- 24 ~ 48
- 48 ~ 98

강원대학교
(98개)

강원

서울
인천   경기

충북
세종
충남   대구
        경북

한국농수산대학교
(76개)

전북   대구

울산

경남
광주
        부산
전남

제주

국립대학교 國立大學校, National University

농림수산분야 학과의 수가 가장 많은 강원대학교와 한국농수산대학교는 국립대학교입니다. 국립대학교는 국가가 설립하여 운영하는 고등교육기관으로, 전국에 국립대학 28개, 교육대학 10개, 전문대학 1개(한국농수산대학교), 원격대학 1개(한국방송통신대학교), 각종학교 등이 포함됩니다. 국립대학교는 비교적 등록금이 저렴하고 법에 따라 조직 및 교육의 적정성이 유지된다는 장점이 있습니다. 하지만, 법으로 규정된 부분이 많아서 부서를 늘리거나 학과의 구조조정에 있어 적극적인 움직임을 보여주기 어렵다는 단점도 가지고 있습니다.

최근 국립목포대학교가 국립대학교 중 처음으로 15개 학과를 폐지하며 수요자 중심 융합 교육 시스템으로 혁신을 추진하여 화제가 되었습니다. 목포대는 4차 산업혁명 시대에 대응할 융합적 사고력을 갖춘 인재 양성을 목표로, 학생의 전공 선택권을 강화한 융합 교육시스템으로의 전환을 위해 65개 모집단위를 37개로 축소하고, 전교의 약 30%에 해당하는 15개 학과를 폐지해 지역 주력산업과 미래산업을 중심으로 신설을 감행했습니다[19]. 기존의 자연과학대학을 폐지하고 전라남도의 바이오 메디컬 산업 수요에 맞춰 생명·의과학 대학으로 개편하였으며, 미래라이프대학 등을 신설하였습니다[20].

국립목포대에
신설되는 미래라이프대학
및 소속 학과

창업도 수도권이 유리할까?

중소벤처기업부에 따르면, 국내 벤처·스타트업 종사자는 총 76만여 명으로 1년 사이에 9.7%가 증가했습니다. 특히 벤처투자를 받은 기업의 고용 증가율은 32.5%로 높게 나타났습니다. 지역별 벤처투자 상위 2개 지역은 서울(2조 356억 원), 경기(7,372억 원)이며, 벤처투자를 받은 기업의 고용 증가 상위 2개 지역 역시 서울(5,905명), 경기(922명)로 나타났습니다. 투자된 자금이 고용 증가로 이어지는 것으로 볼 수 있습니다[21]. 벤처투자기업의 업종별 분포를 보면, 주로 제조업과 정보처리 S/W업입니다. 벤처투자기업의 특성상 안정성은 떨어질 수 있으나 직무적성과 급여에 있어서는 상대적으로 양질의 일자리로 이어진다고 볼 수 있습니다.

반면 비수도권 벤처투자 비중은 약 20% 내외 수준에 머물러, 양질의 일자리가 수도권에 편중되고 있다는 것을 알 수 있습니다. 수도권의 벤처투자 집중도는 약 82%로, 투자 대상인 중소기업의 집중도(51.3%, 19년) 및 벤처기업의 집중도(62.1%, 21년)보다도 더욱 편중의 정도가 심한 실정입니다[22].

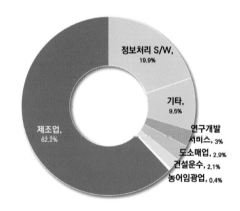

업종별 벤처확인기업 현황[23]

정보처리 S/W, 19.9%
기타, 9.5%
연구개발서비스, 3%
도소매업, 2.9%
건설운수, 2.1%
농어임광업, 0.4%
제조업, 62.2%

이는 대기업 사업체(58.3%)와 중견기업 사업체(52.4%)의 수도권 집중도보다도 높은 수치입니다. 좋은 일자리가 수도권에 계속해서 집중된다면 사람들은 일자리를 얻기 위해 수도권으로 향하게 될 것이고, 결국 지방 지역의 인구 감소와 함께 지역 불균형

이 심화될 수 있습니다.

투자를 하는 사람은 투자 위험을 줄이면서 수익성이 높은 것에 투자하려고 합니다. 또한 그들은 똑똑하고 경험이 있는 사람이 모여있는 곳, 이미 자본의 선택을 받은 곳에 주목하게 됩니다. 이러한 수도권 집중의 악순환을 끊고, 비수도권에서의 벤처기업이 높은 투자 기회를 바탕으로 수익성을 갖출 수 있도록 정부의 지속적인 교육 및 창업 지원이 필요합니다. 더 좋은 조건을 가진 환경을 추구하는 젊은 사람들이 중소도시에서도 비슷한 경험을 할 수 있다고 생각이 바뀔 수 있도록 악순환의 고리를 끊어야 할 시점입니다.

시도별 벤처기업의 분포[24]

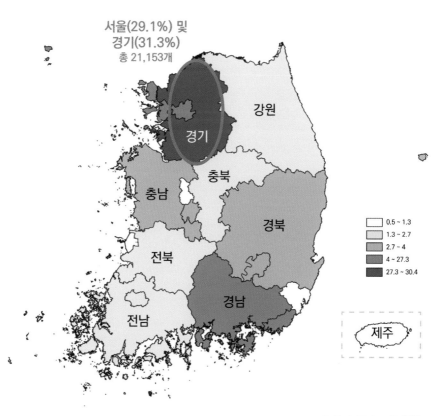

세상에서 가장 귀한 것이 무엇인가 물었을 때 가장 높은 가치로 여겨지는 것이 바로 "생명"입니다. 생로병사의 모든 순간을 담지는 못했지만, 영아부터 유아, 청년, 그리고 노년의 각 단계별로 발생하는 현상과 정보들을 조금이나마 공간 속에 표현해 보았습니다.

사실 건강과 관련된 우리의 생활 환경은 집부터 직장, 그리고 교통수단과 취미 공간 등에서 함께 다루어질 수 있는 내용입니다. 8장 마지막 내용으로 다루는 음주 관련 내용은 다루는 방식에 따라서 지역의 술 관련 지도가 여가 공간으로 볼 수 있지만, 지역의 음주율과 연계한다면 해당 지역에 거주하면서 음주를 즐기는 사람들의 건강이 위험할 수 있다고 생각할 수 있습니다. 또한 건강한 삶을 누리기 위한 공공체육시설, 산 등의 여가 공간으로 소개된 곳도 역시 건강 공간에 해당할 수 있습니다.

따라서 8장에서는 우리의 건강과 직접 관련 있는 내용으로, 특히 병원 및 질병과 관련된 내용을 위주로 담아보았습니다. 풀뿌리처럼 촘촘하게 사회안전망이 자리를 잡으려면 지속해서 생로병사 관련 정보 관리를 해나가는 것이 필수적이라고 생각됩니다.

8

생로병사가 담긴
"건강공간"

지 도 로 읽 는 대 한 민 국 트 렌 드

줄어드는 아이,
줄어드는 소아과

| 갑자기 우리 아이가 아플 땐

달빛어린이병원[1]을 아시나요? 응급실에 가지 않고도 평일 야간(밤 11 시~12시)과 주말과 공휴일(오후 6시까지)에 만 18세 이하 환자들에게 의료 서비스를 제공하는 병원이 있습니다. 이 병원들은 국립 중앙의료원 홈 페이지와 달빛어린이병원 홈페이지에서 정보를 확인할 수 있습니다. 2023년 6월을 기준으로 전국에 38곳이 운영되고 있습니다.

대부분 각 시도 인구 중에서 만 19세 이하 비율이 높은 지역에 어린 이 병원이 위치해 있는 것을 확인할 수 있습니다. 그러나, 인구가 많더 라도, 혹은 세종과 울산과 같이 어린이의 비율이 높은 지역에는 달빛어 린이병원이 운영되고 있지 않습니다. 대형병원 등에서 소아청소년과의 의료진이 줄어들고 있는 만큼, 달빛어린이병원이 그 역할을 보완해 주 고 있으나 여전히 아픈 아이들을 치료하기에는 역부족임을 확인할 수 있습니다.

아이들이 진료를 받지 못해 발을 동동 구르는 상황이 없도록 소아과 의료서비스에 획기적인 인센티브가 필요할 것으로 보입니다.

달빛어린이병원 분포지도[2]

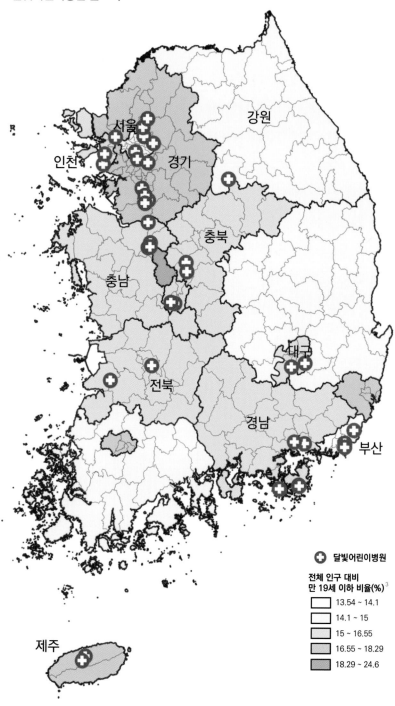

강원

서울

인천

경기

충북

충남

대구

전북

경남

부산

제주

➕ 달빛어린이병원

전체 인구 대비
만 19세 이하 비율(%)[3]

☐ 13.54 ~ 14.1

☐ 14.1 ~ 15

☐ 15 ~ 16.55

☐ 16.55 ~ 18.29

☐ 18.29 ~ 24.6

│ 영아사망률 지도

「숫자는 어떻게 진실을 말하는가」라는 바츨라프 스밀의 책[4]에 의하면, 각국의 삶의 질을 평가하는 강력한 지수는 1인당 가처분 소득(GNP)이 아니라 영아사망률이라고 합니다. 즉 1,000명당 1세가 되기 전에 사망한 비율로, 핀란드 아일랜드 슬로베니아가 2명으로 나이지리아 62명, 소말리아 69명, 시에라리온이 81명과 극명한 대조를 보여주고 있습니다. 우리나라 2021년 평균 영아사망률은 2.4%로 다른 국가들과 비교했을 때 사망률이 낮은 편입니다. 그렇다면 우리나라 전체가 아닌, 시도별 영아사망률은 어떤 양상을 보이고 있을까요?

2021년에 태어난 아이의 수는 26만 명 수준으로, 시도별 구성비는 오른쪽의 그래프와 같습니다. 영아사망률은 충북, 전남, 강원, 대구가 영아사망률이 높은 반면에, 충남, 경기, 서울, 세종이 가장 낮은 값을 보여주고 있습니다. 이것은 최근 인구증가율이 높고, 일자리가 많고 안정된 곳에 영아사망률이 낮게 나타난다고 해석할 수 있을 것입니다.

2019년 대비 2021년 영아사망률[*] 증감 상위 7개 시도

전라남도	1.7
세종특별자치시	1.4
강원도	1.2
울산광역시	0.8
전라북도	0.6
부산광역시	0.6
제주특별자치도	0.2

(단위: %) 0 0.5 1 1.5 2

---

*   영아사망률은 출생아 1,000명당 사망하는 영아의 비율을 의미합니다.

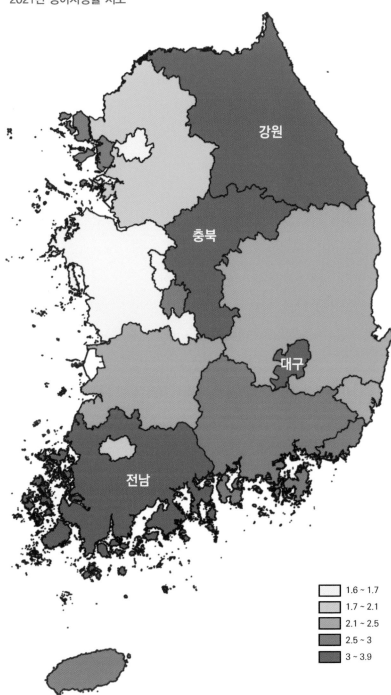

2021년 영아사망률 지도[5]

	1.6 ~ 1.7
	1.7 ~ 2.1
	2.1 ~ 2.5
	2.5 ~ 3
	3 ~ 3.9

| 소아청소년과가 없어진다고?

우리나라 합계출산율*은 OECD 38개국 중 최하위(2020년 기준 0.84명)를 기록하고 있습니다. 통계청이 발표한 '2021년 출생통계[6]'에 따르면 2021년 합계출산율은 0.81명으로 이전 해에 비해 0.03명 감소한 것으로 조사되었습니다. '저출산 시대'를 살아가고 있는 우리는 인구 감소로 인한 여러 사회·경제 분야에 닥쳐올 여러 변화를 걱정하고 있습니다. 여러 변화가 있겠지만, 우리의 미래가 될 '아이'가 누리는 의료서비스가 줄어들고 있는 현상은 지금도 체감할 수 있습니다.

'소아과 오픈런(open-run)'이라는 단어를 한 번쯤은 들어보았을 것입니다. 한정으로 판매하는 물건을 살 때나 들어볼 수 있는 오픈런 현상이 병원 진료에서 발생하는 것부터 모순적이지만, 병원 접수 시작 2시간 전부터 병원 밖에서 대기하는 사람이 줄을 서고, 또 운 좋게 마감 전 접수하더라도 앞선 접수자들의 진료가 끝나고 난 뒤에 진료를 볼 수 있는 상황이 지금의 현실입니다. 병원 진료 예약 접수를 위한 애플리케이션도 등장하였으나 이마저 시작과 동시에 치열한 경쟁을 겪고 있다고 합니다.

소아청소년과 전공의 지원율[7]

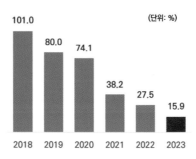

	2018	2019	2020	2021	2022	2023
(단위: %)	101.0	80.0	74.1	38.2	27.5	15.9

---

* 합계출산율은 한 여성이 가임기(15~49세) 동안 낳을 것으로 기대되는 평균 출생아 수를 의미합니다.

비단 집 근처의 작은 병원의 이슈뿐만이 아닙니다. 2022년 12월, 상급병원인 가천대 길병원의 경우 '소아청소년과 의료진 부족으로 인해 소아청소년과 입원이 잠정적으로 중단된다'라는 공지를 올린 바 있습니다(23년 1월 입원 진료 재개). 그러나 이외에도 근처의 인천성모병원의 경우 23년 1월부터 의료진 부족으로 소아청소년과 응급실 야간진료가 중단되어, 인력 충원 후 정상화한다는 공지가 있었습니다. 또, 22년 9월 이대목동병원은 한시적인 외상환자를 제외한 소아 환자의 응급진료를 중단하기도 하였으며, 10월에는 강남 세브란스병원이 외상, 소아외과 질환을 제외한 소아청소년과의 응급실 야간진료 중단하기도 하였습니다[9]. 229개의 시군구 중 소아과 전문의가 없는 곳은 34곳으로 나타났습니다. 시 단위에서는 문경시가 유일했고, 그 외에는 군 단위에 지역에 소아과 전문의가 없음을 확인하였습니다.

반면, 서울시 강남구(160명), 송파구(134명), 경기도 화성시(128명)가 가장 소아과 전문의가 많은 상위 3개 지역으로 조사되었습니다. 대체적으

로 인구수가 많고 도시지역에 소아과 전문의가 많으며, 산지 지역, 군
단위 지역 등이 전문의 수가 비교적 적은 것으로 나타났습니다. 이 지
도는 단순히 전문의의 수를 표현한 지도로, 인구수, 유아 또는 청소년
수 등 다양한 지표를 고려할 경우 다른 특성을 가진 지도가 나올 수 있
음을 유의해야 합니다.

시군구별 소아과 전문의 분포지도[10]

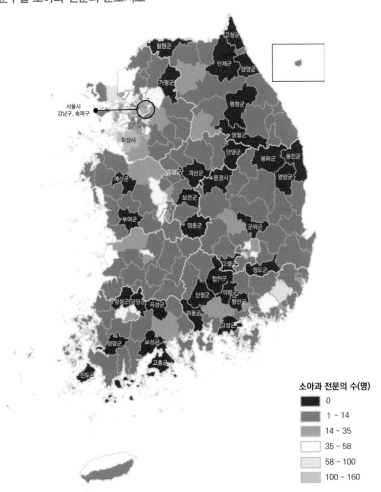

100세 시대,
우리가 건강하려면

| 어느 날 갑자기 암 환자가 되었습니다

나는 아직 젊으니까 괜찮아! 나는 나이가 들어도 많이 아픈 곳이 없어, 건강해! 하고 평소처럼 지냈는데, 어느 날 병원 검진에서 암이라고 진단받는다면? 당혹스러운 감정과 함께 내가 왜? 하는 생각이 먼저 떠오를 것입니다. 2022년 12월 발표된 보건복지부 암 등록통계[11]에 따르면, 2016년부터 2020년까지 최근 5년간 암 환자는 꾸준히 증가하고 있습니다. 증가세를 보이고 있는 연령대는 20대, 60대, 70대, 80세 이상으로 나타났습니다. 주목할 만한 것은 2016년

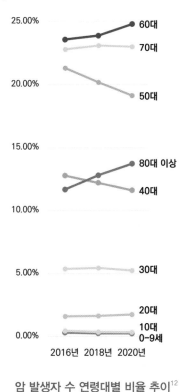

암 발생자 수 연령대별 비율 추이[12]

대비 2020년에 20대 연령의 암 발생자 수는 약 10%가량 증가했으며, 특히 췌장, 신장, 자궁 체부와 대장의 암 발생자 수의 증가가 높게 나타났다는 점입니다. 60대 이상 연령층은 20대와 달리 특별하게 증가하는 암 종류가 있다기보다는 통계에서 집계하고 있는 대부분의 암 종류에서 전반적인 증가 추이가 확인되었습니다.

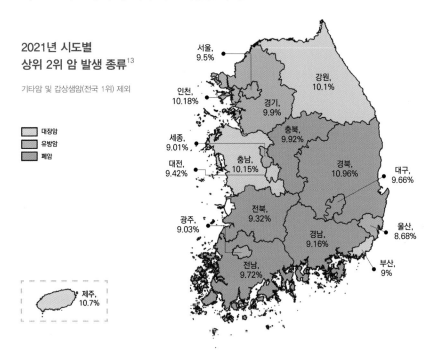

**2021년 시도별
상위 2위 암 발생 종류**[13]

기타암 및 갑상샘암(전국 1위) 제외

■ 대장암
■ 유방암
■ 폐암

서울, 9.5%
강원, 10.1%
인천, 10.18%
경기, 9.9%
충북, 9.92%
세종, 9.01%
대전, 9.42%
충남, 10.15%
경북, 10.96%
대구, 9.66%
광주, 9.03%
전북, 9.32%
울산, 8.68%
경남, 9.16%
부산, 9%
전남, 9.72%
제주, 10.7%

우리나라는 사망 원인 1위인 암을 조기에 발견하고 치료할 수 있도록 '국가암검진사업'을 시행하고 있습니다. 우리나라에서 흔히 발생하는 위암, 간암, 대장암, 유방암, 자궁경부암과 폐암을 조기에 검진할 수 있도록 하고 있는데, 자궁경부암을 제외하고는 만 40세 이상이 지나야 사업 혜택을 받을 수 있게 됩니다. 하지만 더 이상 20대, 30대의 비교적 젊은 층이 암에 안전하지 않다는 사실이 통계를 통해 확인되었습니다.

대표적으로 대장암의 경우, 2016년 대비 2020년에서 가장 높은 증감률을 보여준 연령 및 성별은 20대 남성이며, 다음으로는 30대 여성, 20대 여성, 30대 남성 순이었으며, 다음이 80대 연령층이었습니다. 젊은 연령 세대의 건강검진 시행 시, 국가암검진사업에 해당이 되지 않으며, 암 검진을 받기 위해서는 별도의 비용을 지불해야 하기 때문에 조기에 암을 발견하기 쉽지 않은 상황이 그 이유로 꼽힙니다. 이를 위해 20·30세대에서 발병률이 높거나 발병 추이가 급증하고 있는 암을 선정하여 일부라도 국가암검진사업을 통해 혜택을 받을 수 있도록 하는 방안 마련이 필요합니다. 또한 젊은 층에서 암 발생이 급증하고 있는 현황을 조사하고 연구하여, 어떤 요인이 영향을 미치고 있는 것인지에 대한 연구도 필요할 것입니다.

2021년 암 발생자 수를 암의 종류별로 구분해 보면, 기타 암을 제외하고 갑상샘암, 대장암, 유방암, 폐암, 위암이 가장 높은 것으로 나타나 국가 5대 암인 위암, 간암, 대장암, 유방암, 자궁경부암과는 사뭇 다른 것을 확인할 수 있습니다.

2021년 상위 5개 암 발생 지수[13]

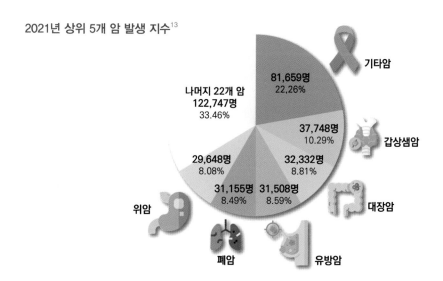

기타암
81,659명
22,26%

나머지 22개 암
122,747명
33.46%

갑상샘암
37,748명
10.29%

대장암
32,332명
8.81%

유방암
29,648명
8.08%

31,155명
8.49%

31,508명
8.59%

폐암

위암

요새는 환갑잔치라는 말이 없어진 말이라고 할 정도로, 오래 사시는 분들이 많아졌습니다. 그러다 보니 나이가 들어가면서 생기는 각종 질병에 대한 걱정들이 많아지고 있습니다. 다양한 노인 질환들이 있지만, 그중 가장 무섭다고 여겨지는 치매는 어떻게 관리할 수 있을까요? 국가 차원에서는 어떻게 관리하고 있을까요?

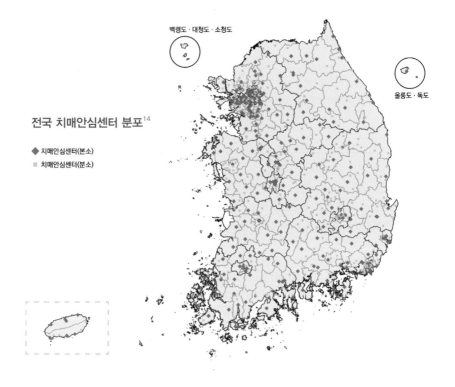

전국 치매안심센터 분포[14]

◆ 치매안심센터(본소)
■ 치매안심센터(분소)

백령도 · 대청도 · 소청도

울릉도 · 독도

국립중앙의료원은 응급의료 기본계획, 공공의료 기본계획 등 국가 단위의 보건의료계획을 수립하고 지원해 온 국립중앙의료원의 노하우와 역량을 결합하여 중앙치매센터, 광역치매센터, 치매안심센터로 이어지는 기능과 역할을 재정립하고 분절되고 형식화된 사업을 통합, 조정하는 작업을 계속하고 있습니다. 중앙치매센터는 치매의 진단과 예방 프로그램 개발에서 환자 이송체계, 퇴원환자 관리체계, 나아가 국가 차원의 치매 관리위원회 운영에 이르기까지 광범위한 치매 관련 정책 효율성을 높이고자 설립된 곳입니다.

2022년 4월 기준 전국 치매안심센터는 본소 256개, 분소 217개가 운영 중이며, 각 시·군·구 보건소, 행복 안심 센터 등과 함께 운영되고 있습니다[15].

치매안심센터마다 간호사, 사회복지사, 작업치료사, 임상심리사 등 치매 관련 전문 인력이 상담 및 서비스를 제공하고 있습니다.

전국 치매유병률 지도[16]

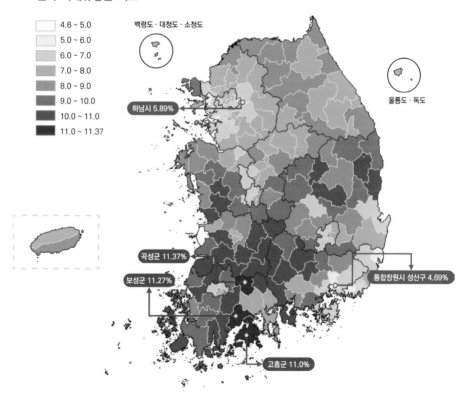

	4.6 ~ 5.0
	5.0 ~ 6.0
	6.0 ~ 7.0
	7.0 ~ 8.0
	8.0 ~ 9.0
	9.0 ~ 10.0
	10.0 ~ 11.0
	11.0 ~ 11.37

백령도 · 대청도 · 소청도

울릉도 · 독도

하남시 5.89%

곡성군 11.37%

보성군 11.27%

통합창원시 성산구 4.69%

고흥군 11.0%

중앙치매센터에서 제공하는 '치매 오늘은' 사이트에는 전국, 광역, 시군구별 치매 환자 유병 현황을 제공하고 있습니다. 성별, 연령별, 중증도별 정보를 확인할 수 있습니다. 앞에 나온 전국 치매 유병률 지도는 2022년 시점으로 전국 시군구별 남녀 60세 이상의 치매 환자 유병률을 바탕으로 만들어진 지도입니다.

┃ 외로운 죽음을 예방할 수는 없을까?

인간(人間)이라는 단어를 글자 그대로 바라보면, 사람 사이에서 살아가는 존재라고 해석할 수 있습니다. 이렇듯 삶을 사는 것에 있어 마지막 순간까지 같은 사람과 함께 하는 것이 이상적인 삶이나, 삶의 마지막을 홀로 마감하는 사람들이 증가하고 있다고 합니다.

고독사 예방 및 관리에 관한 법률[17]에 따르면 고독사(孤獨死)는 '가족, 친척 등 주변 사람들과 단절된 채 홀로 사는 사람이 자살·병사 등으로 혼자 임종을 맞고, 시신이 일정한 시간이 흐른 뒤에 발견되는 죽음'을 말합니다. 한자 뜻풀이를 보아도 외롭게 홀로 맞이하는 죽음으로 해석되고 있습니다. 이런 외로운 죽음을 예방하고 관리하고자 2021년 4월부터 「고독사 예방 및 관리에 관한 법률」이 시행되었고, 2022년 말에는 처음으로 '고독사 실태조사' 결과가 발표되었습니다. 최근 5년('17~'21년) 국내에서 발생한 고독사 현황 및 특징을 살펴보면 다음과 같습니다.

약 8개월에 걸쳐 조사된 고독사 발견 장소는 인구가 가장 많은 경기도가 1위, 서울시가 2위, 부산시가 3위를 차지하고 있습니다. 최근 5년간 고독사 사망자 수는 증가 추세에 있으며(2019년 제외), 전체 사망자 수에서 고독사가 차지하는 비중은 매년 약 1% 내외 수준임을 확인할 수 있었습니다. 즉, 100명 중의 1명은 혼자서 고독하게 생을 마감한다는 뜻입니다.

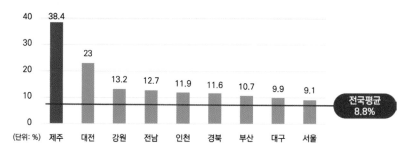

고독사 연평균 증가율이 높은 지역(9개)[18]

제주	대전	강원	전남	인천	경북	부산	대구	서울
38.4	23	13.2	12.7	11.9	11.6	10.7	9.9	9.1

(단위: %)

전국평균 8.8%

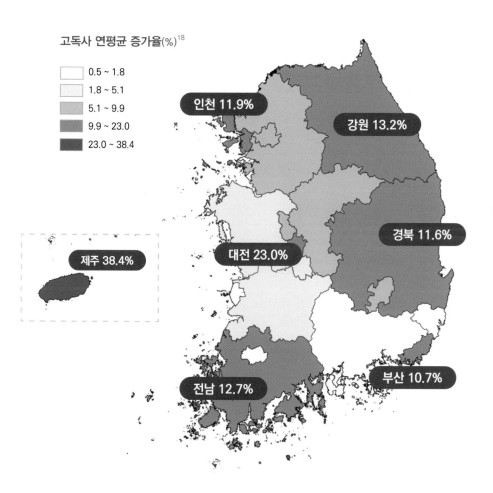

고독사 연평균 증가율(%)[18]

- 0.5 ~ 1.8
- 1.8 ~ 5.1
- 5.1 ~ 9.9
- 9.9 ~ 23.0
- 23.0 ~ 38.4

인천 11.9%
강원 13.2%
경북 11.6%
대전 23.0%
제주 38.4%
부산 10.7%
전남 12.7%

남성이 여성보다 훨씬 높은 발생 수와 증가율을 보이는 것은 왜 그런 걸까요? 젊은 시절에 생존을 위해 필요한 일상생활에서 타인에 대한 의존도가 높아서, 자립을 위한 활동에 불편함과 스트레스가 여성에 비해 높을 수 있다고 생각합니다. 노후에 남자들은 경비원과 같은 새로운 일을 하게 되는 경우가 많습니다. 일하는 여성들은 업무 외에도 집안일을 동시에 수행하는 데 익숙하여, 경제적으로 어려움을 겪더라도 생존을 위한 다양한 일할 자리들이 있습니다. 식당 및 청소 등의 일부터 50대 60대 여성도 기꺼이 집에서 하던 일을 확장하면 됩니다. 하지만 20대와 30대의 고독사는 심리적 위축과 일자리로부터 소외가 중첩되면서 자살의 형태로 고독사가 나타난다고 해석할 수 있습니다.

최근 5년간 고독사 발생 현황[18]

최근 5년간 성별 고독사 발생 현황[18]

전체 사망자 중 고독사 차지 비중[18]

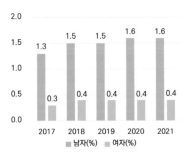

즐기지만 해로운
기호식품 지도

| 담배 뻐끔뻐끔 비율은 어디가 높을까?

흡연율이 높은 곳은 어디일까요? 경쟁 스트레스가 많은 서울일까요? 통계를 보면 의외의 결과를 보여줍니다. 2021년 자료를 보면 100명 중 흡연하는 사람이 21명 이상인 곳이 강원도와 충청북도로 나타났습니다. 가장 적게 흡연하는 지역은 세종시였는데, 이는 다른 지역에 비해 공무원과 연구원의 수가 많기 때문이지 않을까 생각합니다. 전라남도를 제외하고는 광역시가 훨씬 낮은 흡연율을 보여주고 있다는 것도 지도를 통해 확인할 수 있습니다.

청소년의 흡연율 지도를 살펴보면 또 다른 경향을 보여주고 있습니다. 청소년 흡연율이 가장 높은 곳은 시도별 흡연율이 가장 높았던 충청북도로 동일하였으나, 시도별 흡연율이 가장 높았던 강원도가 청소년 흡연율은 다소 낮은 경향을 보였습니다. 시도별 흡연율과 다르게 청소년 흡연율이 높은 양상을 보이는 곳은 광주광역시로 충청북도에 이어 두 번째로 청소년 흡연율이 높았습니다.

2021년 시도별
흡연율 지도[19]

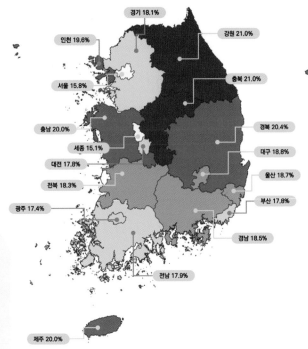

	15.1 – 15.8
	15.8 – 18.1
	18.1 – 18.8
	18.8 – 20.4
	20.4 – 21.0

경기 18.1%
인천 19.6%
강원 21.0%
충북 21.0%
서울 15.8%
충남 20.0%
경북 20.4%
세종 15.1%
대구 18.8%
대전 17.8%
울산 18.7%
전북 18.3%
부산 17.8%
광주 17.4%
경남 18.5%
전남 17.9%
제주 20.0%

흡연율

최근 30일 동안 1일 이상 일반
담배(궐련)를 흡연한 사람의 비율

● 청소년 흡연율의 경우 지역마다 분
석대상자 수의 차이가 있으며, 세
종특별자치시의 경우 표준오차가
1.2로 나타났습니다.

2021년 시도별
청소년 흡연율 지도[20]

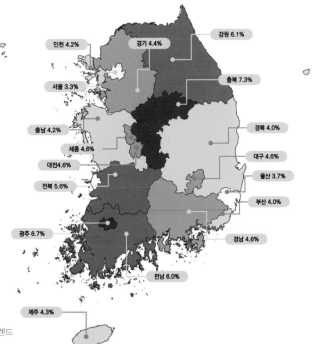

	3.3 – 3.7
	3.7 – 4.3
	4.3 – 4.6
	4.6 – 6.1
	6.1 – 7.3

인천 4.2%
경기 4.4%
강원 6.1%
서울 3.3%
충북 7.3%
충남 4.2%
경북 4.0%
세종 4.6%
대구 4.6%
대전 4.6%
울산 3.7%
전북 5.6%
부산 4.0%
광주 6.7%
경남 4.6%
전남 6.0%
제주 4.3%

| 어느 지역에서 가장 술을 많이 마실까? 왜?

우리나라 평균 알코올 소비량은 세계의 최상위권에 속합니다. 과거에 비해 많이 개선되었지만, 아직 술을 마시지 못하면 사회생활에 불편을 겪는 경우가 종종 있다고 합니다. 우리나라에서 알코올 중독으로 입원한 사람의 수가 1만 5천 명이 넘고 있고, 치료를 위해서 매달 병원을 방문하는 환자 수도 계속해서 늘고 있습니다.

2022년의 음주 빈도 자료를 보면 상승과 하락세를 반복하지만, 전체적으로 보았을 때 대체로 환자 수가 증가하고 있음을 알 수 있었습니다. 특히 알코올 중독은 입원상태에 있는 사람들이 10명 중의 1명꼴이므로, 자발적인 의지만으로는 치료가 어려운 상황입니다.

2022년 월별 알코올 중독증 환자 수[21]

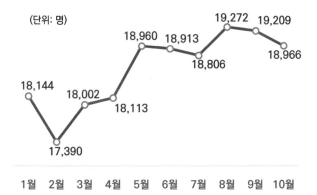

(단위: 명)

2022년 시도별 음주 빈도[22]

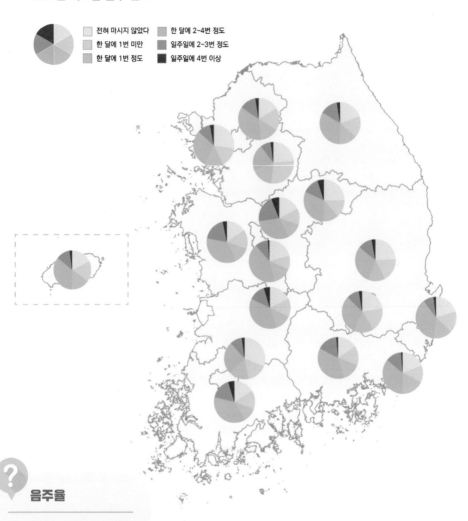

- 전혀 마시지 않았다
- 한 달에 1번 미만
- 한 달에 1번 정도
- 한 달에 2~4번 정도
- 일주일에 2~3번 정도
- 일주일에 4번 이상

?

음주율

최근 1년 동안 남자는 한 번의 술
자리에서 7잔 이상(또는 맥주 5
캔 정도), 여자는 5잔 이상(또는
맥주 3캔 정도)을 주 2회 이상
마시는 사람의 비율(%)

● 연도 및 지역 간 비교를 위해 인구
구성 차이에 따른 영향을 표준인구
(2005년 추계인구, 통계청)로 보정
한 결과입니다.

전국의 음주 빈도를 조사한 결과, 전혀 술을 입에 대지 않는 분들의 비율은 광주광역시가 31%, 인천이 27.4%로 가장 높게 나타났고, 경북과 세종이 가장 낮았습니다. 일주일에 4번 이상 마시는 사람의 비율은 흡연율과는 반대로 세종시가 6%로 가장 높았으며 충북이 그 뒤를 잇고 있습니다. 세종이 흡연율은 낮지만, 술을 마시는 빈도는 주 2~3회에도 높은 순위를 보여주고 있어 대조적인 현상을 보여줍니다.

　서울에서는 강북구가 가장 위험률이 높은 것으로 나타났으며, 부산시에서는 남구와 중구, 연제구가, 대구에서는 남구와 서구가 높게 나타났습니다. 평균적으로 강원도가 14.4%로, 인천은 12.2%로 타 시도보다 높은 수치를 보여주고, 세종시는 7.7%와 대전광역시는 7.9%로 타 시도에 비해서 현격히 낮았습니다. 울산은 북구가 높게 나타났습니다. 전국에서 영월군이 19.6%로 가장 높은 수치를 보여주고 있습니다. 유난히 높은 수치를 보여주는 지자체는 금주 프로그램이 필요할 것으로 보입니다.

2021년 시도 고위험 음주율 지도[23]

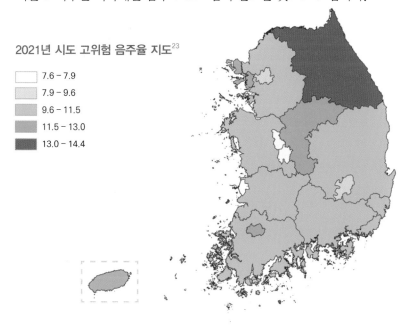

- 7.6 – 7.9
- 7.9 – 9.6
- 9.6 – 11.5
- 11.5 – 13.0
- 13.0 – 14.4

2021년 시군구 고위험 음주율 지도[23]

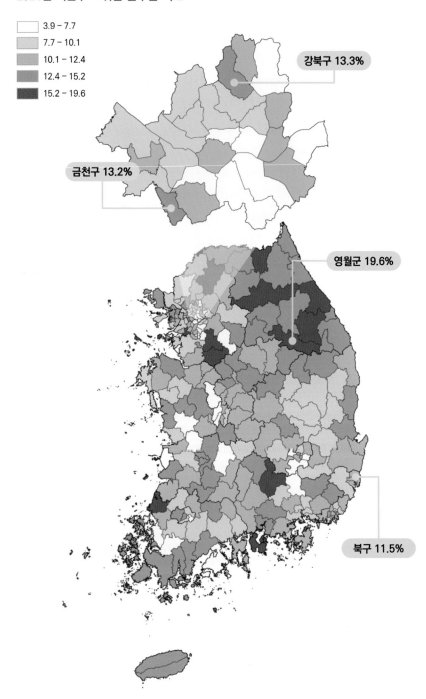

	3.9 – 7.7
	7.7 – 10.1
	10.1 – 12.4
	12.4 – 15.2
	15.2 – 19.6

강북구 13.3%

금천구 13.2%

영월군 19.6%

북구 11.5%

2022년 사회변화를 대변하는 키워드로 기후변화가 선정되었습니다. 실제로 살아가는 모습에서 커다란 변화를 보여주고 있지만 길거리 쓰레기 줍기(플로깅)와 같은 자발적 움직임과 고체 샴푸를 사용하여 환경도 보호하고 물을 정수하기 위해 쓰는 에너지를 줄이기 위한 노력 등 다양한 시민들의 참여를 볼 수 있습니다. 우리나라의 기후와 에너지 지도를 어떻게 표시할 수 있을까요? 지구 온난화와 관련된 화학물질에 대한 지도와 더불어 기후변화를 엿볼 수 있는 다양한 주제를 지도로 만들어 보았어요.

기후변화를 최소화하기 위한 노력으로 신재생에너지 관련 주제도 함께 흩어져 있는 다양한 통계를 이용하여 에너지 지도를 그려봤습니다. 우리의 몸에는 피가 돌고, 도시는 전기가 돈다는 이야기가 있듯이 전기는 우리의 삶에서 따로 떼어놓기 어려운 필수재지요. 전기의 생산과 소비에 관련된 이야기는 사회의 건강한 정도를 살필 수 있는 방편이 되기도 합니다. 전기를 생산하기 위한 여러 노력으로 풍력 발전소를 늘리는 일을 생각하지만 실제로 육지나 바다에서 풍력 터빈을 설치하는 일은 그리 간단하지 않아요. 여러 반대에도 불구하고 신재생에너지를 어떻게 확장해 나갈지, 그 가운데 우리가 생각할 것들을 지도로 살펴볼까요?

9

기후와 에너지,
"미래 이슈 공간"

지 도 로 읽 는 대 한 민 국 트 렌 드

나라마다 다른
단풍지도

| 계절과 단풍지도

2022년 가을은 유난히 길었습니다. 정말 길었을까요? 그게 아니라 겨울이 느지막이 왔을지도 모릅니다. 추석에는 반팔 옷을 입고 외출해도 무방했고, 11월 늦은 비가 내릴 때는 버스 기사님이 안전 운전을 위해 창문에 히터를 틀자, 버스 안을 사우나로 만들었다고 불평하는 사람이 있을 정도였어요.

서울은 22년 11월 11일에 최고기온이 22.1도를 기록했고, 30일 중에 최저기온이 영하로 내려간 것은 단 3일에 불과했어요. 그렇다면 9월의 날씨는 가을다웠을까요? 22년의 서울과 경기의 9월 온도는 4일 빼고 모두 25도가 넘는 날로 여름 날씨를 보였습니다. 게다가 가을이라고 여겨지는 10월과 11월에도 영하로 내려가지 않았으므로 상대적으로 가을이 길게 느껴졌을 것입니다[1].

가을이 길면 단풍을 즐길 수 있는 시간이 많아집니다. 우리나라 산에 가장 많은 신갈나무, 노랑 은행나무와 붉은 당단풍나무를 기준으로 하여 산의 50% 이상이 물들 것인가를 예측한 지도를 살펴봅시다(오른쪽).

등산 인구가 많은 우리나라는 산을 중심으로 단풍놀이를 일자를 보여
주지요. 일본도 비슷한 지도를 만들지만, 수종을 구분하지 않고 고도가
높을수록, 북쪽으로 갈수록 늦게 단풍이 드는 것을 색으로 구분하여 등
치선도로 나타냅니다. 미국은 매주 카운티별로 단풍이 물들어 가는 예
측 정도를 다르게 보여주네요. 단풍지도는 나라마다 비슷하면서도 다
른 틀을 사용합니다.

미국의 단풍지도[2]

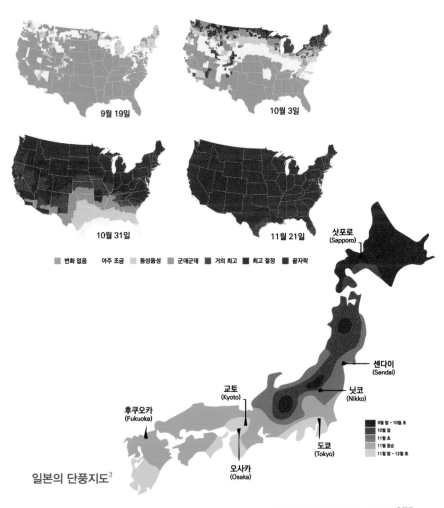

일본의 단풍지도[3]

2022년 우리나라의 단풍지도[4]

기준 : 주요 수종의
단풍이 50% 이상
물들었을 때
*** 오차 3일 이내
** 오차 7일 이내

당단풍나무
신갈나무
은행나무

화악산
10/24**
10/16***
10/20***

광덕산
10/24

설악산(권금성)
10/24**

소리봉(포천)
10/26***
10/24***
10/28***

축령산
10/24***
10/22***

용문산
10/24***
10/23***
10/27***

수리산
11/07**
10/24***
10/26***

가야산(충남)
10/25***
10/19***
10/27***

주왕산
10/23***

속리산
10/24***
10/22***
10/26***

계룡산
10/25***
10/26***

팔공산
10/24***
10/20***

내장산
10/25**

금원산
10/24***
10/20**
10/23***

지리산(세석)
10/20***
10/14***

월출산
11/03***
11/04***

상황봉
11/07***

한라산(1100도로)
11/02**
10/19**

교래곶자왈
10/24**

아찔한 기후 위기,
어떻게 대응하고 있을까요?

| 기후 위기를 일으키는 물질이 뭐라고? 이산화탄소! 그다음은

이산화탄소 다음으로 심각한 지구온난화의 주범은 메탄가스이고 그 다음은 프레온 가스류가 뒤를 잇습니다. 우리나라에서 기후변화를 일으키는 온실가스 농도를 측정하여 변화를 감시하는 곳은 충남 태안군의 안면도, 제주도 북단의 고산, 동해의 울릉도와 독도이며, 해외 관측장소는 남극의 세종기지 총 네 곳입니다. 이 중에 가장 오랫동안 이산화탄소 농도를 측정해 왔던 곳은 안면도이며, 매시간마다 농도를 재고 있어요. 기상청에서 안면도를 측정소로 선택한 이유는 중국으로부터의 영향과 우리나라 자체의 대기 변화를 구분하기 위하여 편서풍의 영향을 받는 입구 또는 목을 선정한 것이고, 울릉도는 나가는 지점인 출구를 측정소로 정한 것입니다.

이산화탄소보다 약 18배 기온 증가에 영향을 끼친다는 메탄도 1시간 간격으로 측정하고 있으며 관련 데이터는 일평균, 월평균 값으로 제공합니다. 메탄가스의 단위는 ppb로 이산화탄소보다 1/1000 더 작은 단위를 사용합니다. 제주도 고산에서 측정한 값을 보면 2014년부터 지속해 증가하고 있음을 알 수 있습니다. 안면도의 경우 일부 낮게 나타나는 달도 보이기는 하지만 1년 차이로도 증가세를 확인할 수 있습니다. 메탄가스는 이산화탄소에 비해 단위당 대기의 기온 상승 기여도가 정도가 높으므로 2014년 12월 1,930ppb에서 2022년 12월 2,017ppb로 증가한 것이 결코 작은 변화가 아니지요. 이 같은 변화를 세계기상기구에서도 주목하고 있으며, 관련 연구가 지속해 진행되고 있습니다.

사람이 만들어 내는 메탄가스의 발생 원인은 1등이 화석연료의 사용이고 2등이 가축 사육이고, 3등이 쓰레기 매립지에서 쓰레기를 분해할 때 나오는 메탄가스라고 해요. 추우면 난방을 올리고 더우면 에어컨을 켜는 건 평범한 일이 되었지요. 가축 사육 시에 소가 배출하는 방귀와 트림에 메탄이 다수 포함되어 있어요. 또한 최근 코로나19 감염병 대유행 이후로 음식 포장과 배달로 인한 쓰레기 증가가 훨씬 심각해지기도 했습니다.

이산화탄소, 메탄, 염화불화탄소 단위 비교

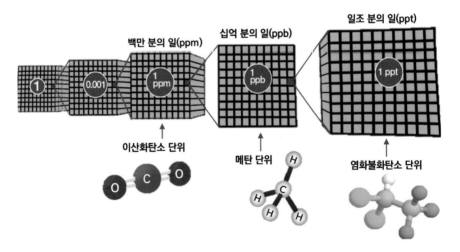

'아니? 겨울에 춥게 지내고 여름에 덥게 지내고, 쓰레기도 줄이고, 소고기도 먹지 말라는 말인가?' 기후 위기 이야기를 듣고 있으면 "행복지수"가 팍팍 떨어지는 느낌입니다. 그럼에도 불구하고 이산화탄소, 메탄가스 배출과 관련된 연구를 지속하여 이유를 밝히고, 실질적으로 배출량을 감축하기 위한 대책 마련과 일상에서의 실천이 필요한 시점이 되었습니다.

제주도 고산의 메탄가스 농도[5]

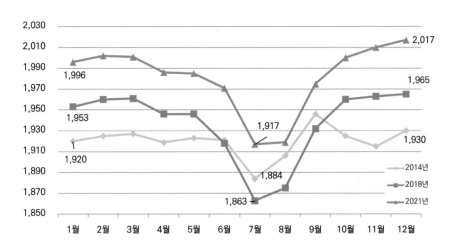

메탄가스도 이산화탄소와 유사하게 계절적인 변화를 보여주고 있습니다. 여름에 왕성한 활엽수의 광합성으로 이산화탄소가 줄어들 듯이, 메탄가스의 농도도 10% 정도 차이가 나는 것을 알 수 있습니다.

| 탄소 저감을 위한 다양한 제안과 정책이 이루어지는 중!

각국은 이러한 기후 위기를 타개하기 위하여 여러 정책을 내어놓고 있어요. 프랑스는 기후 위기를 타개하기 위하여 고속열차인 테제베(TGV)로 2시간 30분 이내에 갈 수 있는 국내 지역은 비행기 운항을 금지하는 법안을 2021년에 통과시켜 버렸어요. 프랑스 법안이 우리나라에 적용된다면 제주도를 뺀 나머지 공항이 모두 없어져야 한다는 것이니 엄청난 변화지요.

반면에 우리나라는 1시간 이내의 거리에 공항을 건설하자고 주장하여, 새만금과 경남 및 부산의 신공항을 찬성하는 분들에게는 기후 위기를 말하는 사람이 이상만 앞세우는 위험한 사람으로 보일 수도 있어요. 이외에도 메탄은 습지와 같이 자연 상태에서도 발생하며, 벼농사를 짓는 논에서도 물이 고여있는 시기에 다량 발생하기도 합니다. 유럽에서는 아시아인들이 먹는 쌀을 논이 아니라 밭에서 재배해야 한다고 주장하기도 합니다. 밭벼는 논 벼에 비해서 생산성이 떨어지므로 우리나라 농부들은 펄쩍 뛸 일이지요.

국제메탄 협정은 2021년 11월 미국과 유럽연합 주도로 출범하였으며, 農畜산업 분야에 메탄 저감을 위한 노력을 약속한 기후 행동 이니셔티브로 국제협약 중에 새로운 변화 중 하나예요. 소가 여물을 먹을

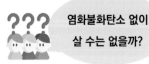

염화불화탄소 없이 살 수는 없을까?

염화 화탄소는 냉장고와 에어컨에 온도를 낮추어 주는 냉매, 헤어스프레이, 소화기 분무제 등에 사용된다. 이외에도 전기용품 전자기판 및 집적 회로의 세정제로도 사용됩니다. 다양한 제품에서 활용되고 있는 만큼 대폭 줄이기는 힘들지만, 최대한 대체재를 개발하여 줄여 나갈 수밖에 없습니다.

때 메탄을 덜 생산하도록 사료첨가제를 개발하기도 할 정도로 각 분야에서 연구가 진행 중입니다.

　프레온 가스로 불리는 염화불화탄소는 −11, −12, −113종의 세 종류가 있어요. 안면도의 염화불화탄소 −11은 점차 감소해 관측을 시작한 1999년(267.9ppt)에 비해 약 46.3ppt 감소하여 2021년 평균 농도가 221.6ppt가 되었네요. 이와는 달리 염화불화탄소−12는 전 세계 추세처럼 2002년~2005년에 최곳값을 보였으며, 2021년 연평균 농도는 493.3ppt를 찍었어요. 대기 중 체류시간이 이산화탄소와 메탄에 비해 상대적으로 체류시간이 길고 규제에 대한 대응이 늦어서 감소하는 추세도 약하네요. 대체제의 개발로 염화불화탄소−12는 급격하게 줄어들고 있는 반면에 −11과 −113은 감소 폭이 상대적으로 작게 나타납니다. 염화불화탄소−113은 안면도에서 2021년 연평균 농도가 69.0ppt로 2007년(78.8ppt)과 비교하면 약 9.0ppt 감소했어요. 단위는 ppt로 ppm보다 1/10만 배 작은 단위로 측정되나 기후 온난화에 미치는 영향력은 이산화탄소의 1,800배에 달합니다.

염화불화탄소 3종 추이 비교[6]

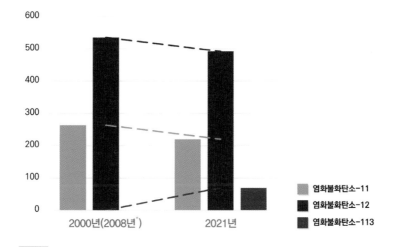

* 　2008년에 해당하는 염화불화탄소는 염화불화탄소−113입니다.

기후 행동 이니셔티브와 글로벌 메탄 협정

글로벌 메탄협정(Global Methane Pledge)[7]은 2030년까지 전 세계 메탄 배출량을 30% 이상 줄이는 것을 목표로 하는 20개의 단체가 서명한 것으로 이를 수행하기 위해 메탄 수수료를 기업에 부과할 수 있도록 하는 IRA(인플레이션 감축법)의 일부로 작동하였습니다.

메탄 수수료는 2024년부터 톤당 900달러를 부과하고, 2026년에는 211만 원까지 인상할 계획이라고 합니다. 주요 대상은 석유와 가스 회사들이며, 시추, 운송, 저장, 처리 중에 메탄을 누출하고, 고의로 메탄가스를 배출하는 것을 막고자 합니다. 그러면 몰래 메탄을 버리는 것을 누가 어떻게 알 수 있을까요?

이를 위해 메탄 감시용 위성을 발사하고 이를 매일 분석해서 국제 메탄 배출 관측소와 비교하고, 정유사와 가스 회사에서 보고된 자료를 활용하기도 합니다.

Let the Maps Talk

숨 막히는 미세먼지가
문제라고!

| **지역별 미세먼지 차이**

아침이 되어도 아침 같지 않고 안개가 낀 것도 아닌 것이 뿌연 하늘을 보면 우울해지기도 합니다. 기분만 그럴까 싶어 찾아보니 미세먼지가 몸속으로 들어가 실제로 산화 스트레스를 일으키고 염증을 유발하기도 한다고 하지요. 호흡기와 순환기에 문제가 있는 사람들에게 호흡기 염증의 급성 악화를 발생시켜 일시적으로 사망률이 증가하기도 하니 무서운 일이지요. 우리나라에서는 초미세먼지가 2일 이상 계속될 경우 "재해"로 간주하여 공공기관에서는 차량 운행을 요일별로 또는 짝수와 홀수 차량으로 구분하여 제한하기도 합니다.

코로나19를 맞아 마스크가 생활화되면서 미세먼지에 대한 스트레스는 상대적으로 줄어들기도 했었어요. 미세먼지는 2010년대 중반에 환경문제이자 사회문제로 6위까지 올라가기도 했어요. 시도별로 미세먼지 주의보를 발령한 횟수를 보면 2018년이 가장 최고였고, 19년, 20년, 21년, 22년까지 계속 빈도가 지속해 줄고 있는데 그 이유는 코로나로 인한 경제활동의 축소 때문이었겠지요. 다른 한편으로는 맑은 공기에 대한 중요성을 공감하여 경유 차를 줄이고 미세먼지 제거 장치 보급에 노력을 기울인 덕분이기도 합니다.

전 세계의 기상 현황은 윈디(Windy)라는 홈페이지에서 확인할 수 있는데, 윈디에서는 레이더 및 위성, 바람, 대기질 등의 정보를 제공합니다. 오른쪽 위의 대기질 지도[8]를 아래에 있는 서울시 제공하는 실시간 우리나라 주변의 대기질 지도[9]와 비교해 볼까요? 윈디는 위성영상에서 추출한 정보를 사용하므로 미세먼지 밀도로 보여주지만, 서울시가 제공하는 정보(아래)는 지상에 관측소의 실시간 값을 시간 단위로 보여주고 있어서 다른 서로 비교하면 야외 활동에 참고할 수 있습니다.

두 지도는 모두 스마트폰에서 확인할 수 있어요. 거의 실시간 대기질 지도와 늘 볼 수 있다는 뜻이고, 그냥 그림지도가 아니라 실제 오염도 수치를 볼 수 있으므로 건강을 위해 활용할 수 있습니다. 특히 노약자들에게 이런 앱 사용법을 알려드리고, 무조건 외출하지 말라가 아니라 스스로 판단하여 외출 여부를 결정할 수 있도록 돕는 것이 좋겠습니다.

윈디 지도(위)
서울시 제공 지도(아래)

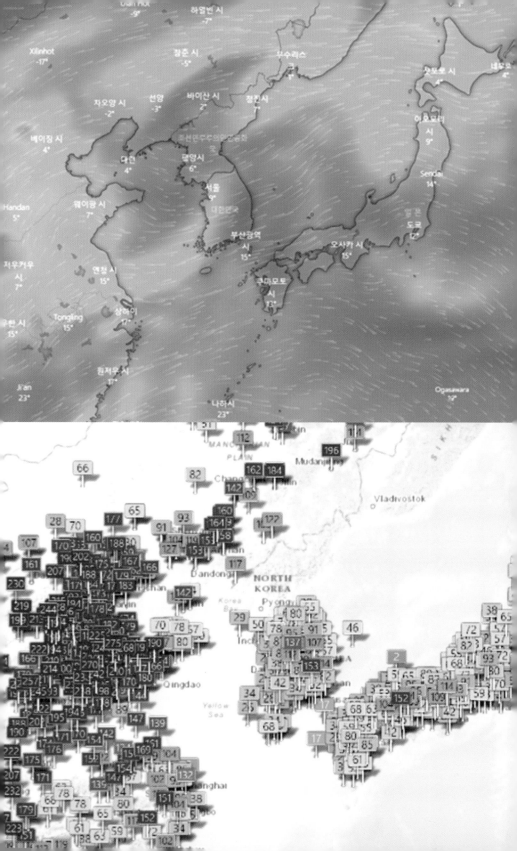

시흥과 안산에는 국가산업단지가 위치하고 1만여 개에 달하는 중소기업이 집중되어 있어요. 대규모 공장과 달리, 오염도 측정 센서가 없는 중소기업의 사업장은 일일이 감독할 수 없어서 오염 개선에 어려움이 있다고 합니다. 농촌에서도 농사를 짓고 나면 발생하는 농업 폐기물이 존재하는데 썩지 않는 깻대, 옥수숫대 등이 그것입니다. 소각 금지령을 내리고, 벌금을 매긴다고 해도, 쓰레기 수거가 제대로 안 되고, 모아서 마당에서 태우는 생물학적 연소는 계속됩니다. 이로 인한 미세먼지도 대기오염에 큰 비중을 차지합니다.

충남 지역과 경기도가 미세먼지 농도가 높은 이유는 보령 및 영흥화력발전소 때문입니다. 실제로 충남 보령에서 생산된 전기는 수도권에서 사용되고 있으나, 화력발전소에서 나온 미세먼지는 충남과 경기 남부로 확산되어 오롯이 미세먼지의 영향을 받고 있습니다.

서울의 전력 자립도는 5% 미만이지만 보령시는 자신들이 사용하는 전력의 약 50배를 생산하고 있다고 합니다. 미세먼지를 줄일 것인가?

비싼 전기료를 지불할 것인가? 2023년에는 한국전력의 부채가 사회문제로 사회 이슈로 대두되기도 하였고, 전기료도 인상되었습니다.

지방재정이 풍부한 서울특별시의 경우 개별적으로 미세먼지 비상저감조치 등 문자를 발령하거나 홈페이지에 배너를 걸어놓는 등의 활동 자체를 권유하고, 길거리에 도로 전자 간판에 비상 안내 상황을 게시하기도 합니다. 인구밀도가 낮은 지역에서는 상대적으로 미세먼지 알림에 대한 공공기관의 안내가 부족한 편입니다. 결국 자신들의 건강을 지키는 건 자신이므로 미세먼지 관련 애플리케이션을 사용하는 것이 최선입니다. 아래와 같이 1년 치 평균을 낸 미세먼지 농도지도를 보면, 호흡기 질환이 있는 분들은 하늘색이 나타나는 강원도 및 경상도 일부 군을 염두에 두시는 것도 좋을 것 같습니다.

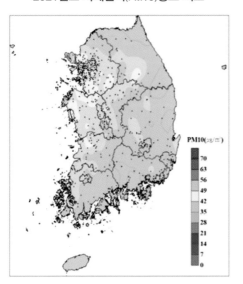

2021년도 미세먼지(PM10)농도 지도[10]

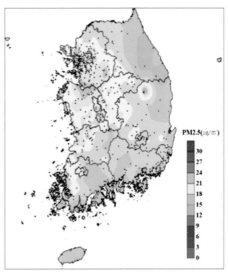

2021년도 초미세먼지(PM2.5)농도 지도[10]

발전소, 원자력 에너지,
그리고 신재생 에너지까지

| 발전소가 문제라고요?

원자력발전소를 계속 운영해야 하나 물어보면 응답이 다양합니다. 불편함은 감수할 수 있지만 방사성 물질에 대한 위험을 걱정하는 분도 있고, 이제까지 별일 없는데 무슨 일이 있겠는가 안심하자고 말하는 분도 있습니다. 원자력 발전소 이슈는 정치적 관점으로 변질하여 토론이 어려워지는 경우도 왕왕 있어요. 지속 가능한 개발에 대해서는 다양한 의견이 존재하는데, 현재 우리나라의 에너지 수급에 상당한 부분은 모두아는 바와 같이 화력발전소에 의존하고 있어요. 옆의 지도에서 보여주는 영흥, 당진, 태안 신보령, 보령, 신서천발전소는 수도권의 생활 전기와 공업 전기를 감당하고 있습니다. 여수와 하동 삼천포 등의 화력발전소 남해안 벨트에도 화력발전소가 있지만, 원자력발전소 대부분은 남동해안에 집중되어 있어요.

에너지 지도를 그리는 방법은 여러 가지가 있겠지만 단독으로 보기보다는 대기오염 절대량과 비교해서 보면 전라북도가 면적당 공해물질 배출량이 가장 적군요.

발전소 및 온실가스 지도[11]

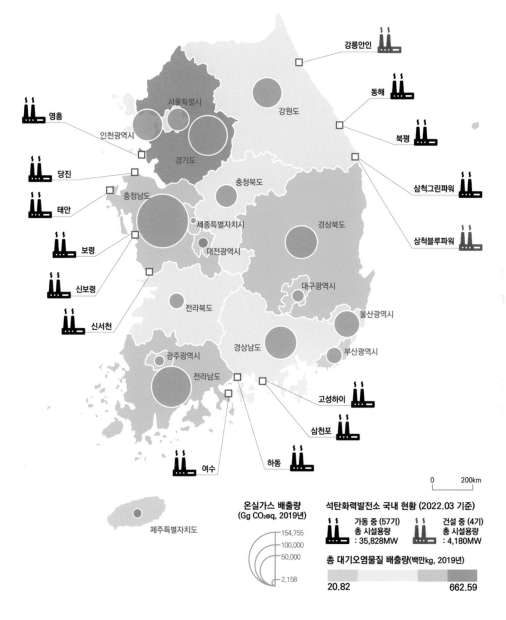

강릉안인

영흥

동해

북평

당진

삼척그린파워

태안

삼척블루파워

보령

신보령

신서천

고성하이

삼천포

여수   하동

서울특별시

강원도

인천광역시

경기도

충청북도

충청남도

세종특별자치시

경상북도

대전광역시

대구광역시

전라북도

울산광역시

경상남도

부산광역시

광주광역시

전라남도

제주특별자치도

0   200km

온실가스 배출량
(Gg CO₂eq, 2019년)

석탄화력발전소 국내 현황 (2022.03 기준)

가동 중 (57기)
총 시설용량
: 35,828MW

건설 중 (4기)
총 시설용량
: 4,180MW

154,755
100,000
50,000
2,158

총 대기오염물질 배출량(백만kg, 2019년)

20.82   662.59

우리나라에서 RE100을 넘긴 지자체가 어디일까요? RE100은 도시 또는 국가에서 필요한 에너지를 재생에너지로 100%를 사용하는 것이고, RE50은 50%를 재생에너지를 사용한다는 뜻입니다.

2020년 기사에 따르면 경북 영양군, 전북 진안군, 강원 화천군, 전남 신안군이 거의 100% 재생에너지를 사용하고 있는 곳으로 나타났어요. 특히 경북 영양군의 경우 자신들이 사용하는 에너지의 500% 이상의 재생에너지를 생산하고 있는데, 그만큼 산업활동이 저조하다는 의미로 해석할 수 있습니다. RE50이 되는 곳은 239개의 시군구 중의 10%에도 미치지 못하는 15개라고 하고, 그 지자체의 대부분이 전남과 경남지역에 몰려있다고 합니다(https://energytransitionkorea.org/post/44183). 앞 쪽의 지도에서 온실가스 배출량이 가장 큰 곳 회색 동그라미가 큰 곳이 바로 충남입니다. 보령과 신보령, 태안, 당진발전소에서는 전기를 생산하기 위한 화력발전소가 있어서 온실가스 배출량이 많지만, 이 전기를 사용하여 산업활동을 하는 공단은 경기도에 더 집중되어 있습니다.

광역시 간 비교를 해보면 공단의 비중이 큰 인천과 울산이 부산보다 온실가스를 많이 배출하고 있어요. 서울, 대구, 광주, 대전과 같이 오랜 시간 그 지역의 중심지 역할을 해왔던 광역시는 공단을 외곽으로 보내려는 원심력이 더 크게 작용하여 온실가스 배출량은 상대적으로 적지만, 오염물질 배출은 크게 나타나서 상반된 모습을 보여주고 있습니다.

| 산 너머 남촌에는 태양광이 산다, 신재생에너지

 기후 위기를 극복하기 위해서 개발해야 할 기술은 신재생에너지입니다. 재생에너지는 이해가 되는데 신재생에너지라고 부르는 이유는 무엇일까요? 신에너지와 재생에너지를 합친 것이 신재생에너지입니다. 신에너지는 수소 에너지와 연료전지, 석탄을 액화한 가스화한 에너지 등을 포함합니다. 옆의 지도에 IGCC(Integrated Gasification Combined Cycle)가 대표적입니다. 2006년에 충남 태안에서 시작해서 2030년까지 400기가와트를 목표로 해 지속적인 투자를 하고 있어요(다음 쪽 사진 참조).

 충청남도는 전체 신재생에너지의 1위를 차지하고 있는데 태양광과 IGCC 바이오가 거의 1/3씩 나누어 차지합니다. 실제로 공업단지가 밀집한 인천과 경기도의 에너지를 지원하는 신재생에너지 역시 충남에 빚을 지고 있어요. 전라북도와 경상북도 이남은 태양광이 반이 넘습니다. 빛고을 광주는 신재생에너지 중 태양광 비중이 80% 이상을 차지하고 있어서 이름(光州)값을 합니다. 이 중에 태양광만 따로 구분해서 살펴보자. 전라남도와 전라북도는 태양광 설비 시설과 실제 발전량에 있어서 가장 상위를 차지하는 것을 볼 수 있습니다. 경북과 경남 그리고 충남도 뒤를 잇고 있습니다. 산악지역의 경우 시설 건설에 비용이 많이 소요되고, 낮은 골짜기의 경우 해가 늦게 뜨고, 일찍 산그늘이 지기 때문에 투자 대비 효율이 낮다. 따라서 투자금액도 낮은 것이 당연하겠습니다.

 광역시들은 도시 내 건물 지붕과 베란다 그리고 도로의 방음벽에 태양열 기기 판을 설치하기도 하지만, 전체 전력 생산 관점에서 보면 미미한 정도에 그칩니다. 하지만 미미한 숫자의 노력이라 할지라도 스스로 소모하는 에너지를 일부라도 생산하는 것이 의미 있는 일로 여기게 될 것입니다. 독일에 자연 친화적 도시 중 하나인 프라이부르크의 경우, 역내 사용하는 모든 전기는 태양광을 이용하기도 한답니다. 인도 역시 열차 지붕을 전기패널로 덮어 2025년까지 세계 최초 100% 녹색 철도 네트워크를 꿈꾼다니 신재생에너지는 조금 시간이 걸려도 우리가 추구할 방향임이 틀림없습니다.

태안 서부발전소 복합가스 제조공장[12]

이 중에 태양광만 따로 구분해서 살펴볼까요. 전라남도와 전라북도는 태양광 설비시설과 실제 발전량에 있어서 가장 상위를 차지하는 것을 볼 수 있습니다. 경북과 경남 그리고 충남도 뒤를 잇고 있으며, 산악지역의 경우 시설 건설에 비용이 많이 소요되고, 낮은 골짜기의 경우 해가 늦게 뜨고, 일찍 산그늘이 지기 때문에 투자 대비 효율이 낮아서, 투자금액도 낮은 편입니다.

신재생에너지 발전량 및 공급 비중[13, 14]

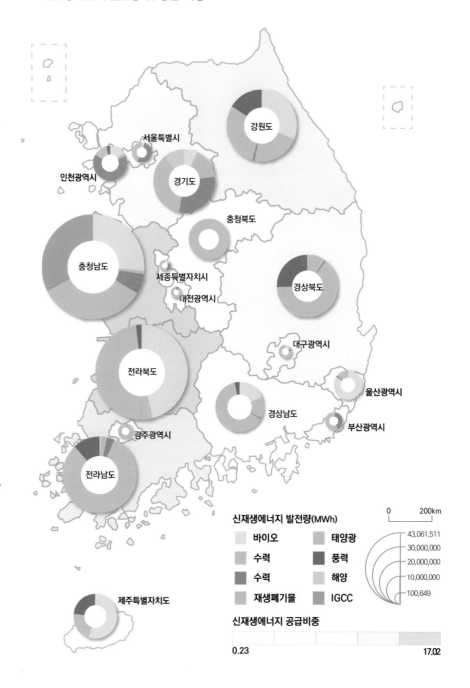

서울특별시

인천광역시

강원도

경기도

충청북도

충청남도

세종특별자치시

대전광역시

경상북도

전라북도

대구광역시

울산광역시

경상남도

부산광역시

광주광역시

전라남도

제주특별자치도

신재생에너지 발전량(MWh)

바이오   태양광

수력   풍력

수력   해양

재생폐기물   IGCC

0   200km

43,061,511
30,000,000
20,000,000
10,000,000
100,649

신재생에너지 공급비중

0.23   17.02

태양광 발전량 및 설비용량 지도[15]

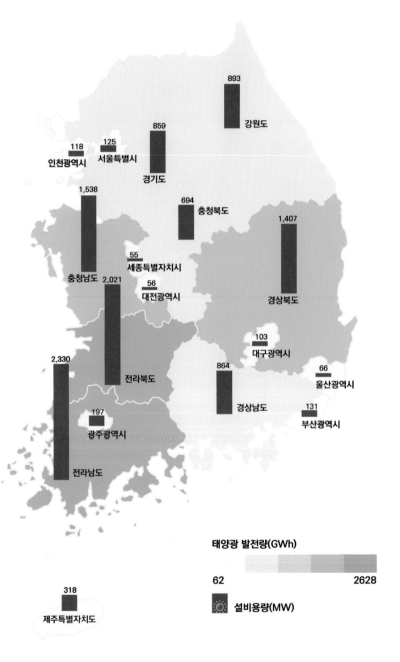

893 강원도

859 경기도

125 서울특별시

118 인천광역시

1,538 충청남도

694 충청북도

55 세종특별자치시

56 대전광역시

1,407 경상북도

2,021 전라북도

103 대구광역시

66 울산광역시

864 경상남도

131 부산광역시

2,330 전라남도

197 광주광역시

태양광 발전량(GWh)

62   2628

☀ 설비용량(MW)

318 제주특별자치도

한편 태양광 설비 설치는 아무 곳이나 하는 것이 아니라 도로와 주거지로부터 일정 간격의 거리를 두도록 정부는 태양광 설비 지침을 제공하고 있습니다. 그러나 각 지자체는 별도의 조례를 두어 도로로부터 100m 이상, 또는 300m 이상 거리를 둔 곳으로 더 엄격하게 제한하고 있습니다. 현재 상태를 기준으로 하여 향후 이러한 조건을 유지하지 않고 100m, 300m 정도로 완화할 경우 가용한 태양광 시설의 발전량은 아래와 같습니다. 100m 거리만 두었을 경우 경북이 가장 많은 양을 생산할 수 있으며, 전남, 강원, 경기 등도 뒤를 잇게 됩니다. 300m 이상 떨어지는 조건을 두게 되면 대부분 반 이상의 잠재생산량이 줄어드는 것을 알 수 있습니다.

태양광 설치기준을 완화했을 때 가용한 전력 발전량[15]

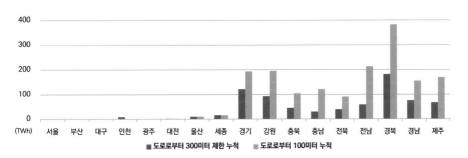

그러나 정말 태양에너지를 사용할 수밖에 없는 상황이 발생할 경우 1kW의 전기를 생산하기 위한 원가를 추정한 것을 보면 다음 쪽의 지도와 같이 나타납니다. 흰색은 지리적 규제 정책적 요인이 크므로 지상에 태양광 패널을 설치할 수 없는 경우입니다. 적색은 육상풍력 발전단가가 낮고, 초록색은 단가가 높은 지역입니다. 1kW당 비용이 2,108원으로 서울이 부산의 약 5.8배 이상 비싸서 서울에서는 실제 지상 태양광 운영이 어렵다는 결론이 나옵니다.

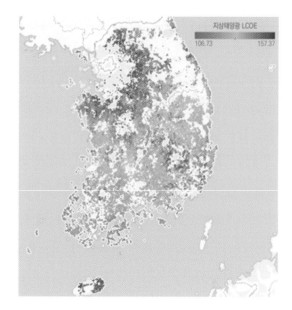

지상 태양광 원가 금액 지도[16]

| 원자력 발전지도

오른쪽에 보이는 중국과 우리나라의 원자력발전소 지도를 살펴볼까요? 편서풍이 부는 중위도 지역에 우리나라가 위치하므로 중국의 원자력 안전관리가 정말로 중요합니다. 즉, 사고가 나면 우리가 피해 갈 길이 없다는 것이 문제입니다.

2022년 말에 가동 중인 원자력발전소는 주로 중국의 동해안에 있지만, 건설 중인 원자력발전소는 남부 해안가와 더불어 내륙 안으로 점점 더 분포지역이 확장되는 것을 볼 수 있어요. 또한 해상에서 석유를 시추하기 위해 전기 생산을 하던 화력발전소가 원자력 발전 공장으로 대체되기도 합니다. 작은 걱정은 바로 원자력발전에서 나온 열이 주변 바다를 덥혀서 주변의 해양생태계를 파괴되는 것입니다. 사실 더 큰 걱정

한국 및 중국의 원자력 발전소 현황[17]

우리나라의 시도별 전기소비량은 경기가 가장 높은 값을 보여주고 고 강원, 전북, 서울, 제주가 상대적으로 낮은 소비량을 보여줍니다. 가정용 전기보다는 산업용 전기가 더 큰 비중을 차지하고 있다는 것을 의미합니다.

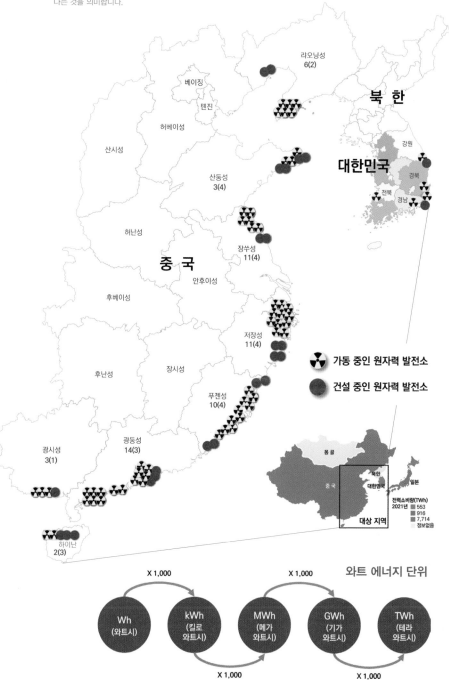

라오닝성
6(2)

베이징

톈진

허베이성

산시성

산둥성
3(4)

허난성

중 국

장쑤성
11(4)

안후이성

후베이성

저장성
11(4)

후난성

장시성

푸젠성
10(4)

광시성
3(1)

광둥성
14(3)

하이난
2(3)

북 한

대한민국

강원

경북

전북

경남

가동 중인 원자력 발전소

건설 중인 원자력 발전소

몽 골

중 국

북한
대한민국

일본

대상 지역

전력소비량(TWh)
2021년
553
916
7,714
정보없음

와트 에너지 단위

X 1,000

X 1,000

Wh
(와트시)

kWh
(킬로
와트시)

MWh
(메가
와트시)

GWh
(기가
와트시)

TWh
(테라
와트시)

X 1,000

X 1,000

은 원전 사고인데, 그 피해가 해류나 편서풍을 따라 우리나라에 영향을 미친다는 것입니다. 이웃 나라가 잘되기를 바라고 안전을 위한 협업은 반드시 진행되어야 할 일입니다.

참, '한국 및 중국의 원자력 발전소 현황' 지도를 보면 전력 소비량을 보여주는 단위가 아래의 작은 지도에는 TWh인 반면에, 우측의 지도에 우리나라 남한을 좀 더 상세히 시도별로 나눈 지도를 보면 MWh인 것을 주의해서 보면 좋겠습니다.

모든 지도를 볼 때 단위를 잘 살필 필요가 있어요. 숫자는 절대적인 값을 강조합니다. 반면, 비율은 분모가 있으므로 분자 값의 크기도 중요하지만, 기준이 되는 분모 값이 작아지면 분자 값이 축소하게 됩니다. 이렇듯이 숫자인지 비율인지를 고려해서 지도를 읽어보는 것도 중요합니다.

| 원자력 에너지에 관한 또 다른 이야기

앞에서 본 원자력발전소는 원자핵을 분해하면서 에너지를 활용하는 것입니다. 우라늄 등 제한된 원료를 사용하는 것과는 달리 핵융합 에너지는 바닷물 속 수소와 같은 연료 공급이 쉬운 물질이 대상이 되지만, 융합기술은 아직은 미성숙 단계에 있습니다.

핵융합 에너지 상용화를 위해서 국제 핵융합 시험로 사업이 진행 중인데 우리나라도 초전도체, 용기 등 10개 항목 이상 연구에 참여하고 있어요. 초전도체는 외부에서 자기장이 발생할 때, 이를 상쇄시키기 위한 전류를 흘려보내서 외부의 자석과 반대되는 자극을 만들어 내는 물질을 말합니다. 이렇게 큰 에너지를 담아낼 수 있는 그릇, 즉 특수한 용기가 필요하겠지요. 아래 그림은 핵융합 에너지가 언제 발생하는지 보여주는 그림입니다. 요즘 언급되는 삼중수소 그림도 잘 살펴보세요.

수소 핵융합 사례

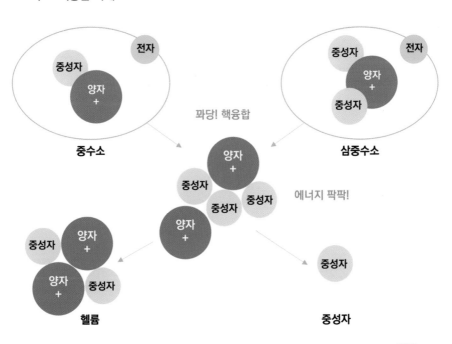

일본과 EU, 중국과 미국도 2050년까지 핵융합발전소를 상용화하기 위한 목표를 가지고 많은 투자를 하고 있습니다. 2022년 12월에 미국에서 처음으로 핵융합발전으로 순에너지를 생산했다는 놀라운 소식이 있었어요. 원료가 되는 중수소는 바다에서 쉽게 구할 수 있으므로 이 기술이 성공한다면, 바다를 접한 우리나라는 원료확보에는 문제가 없어지겠네요. 태양이 계속 빛나는 원리가 바로 핵융합 기술이므로 실현이 된다면 기후 위기의 주범인 온실가스를 대폭 줄일 수 있는 꿈의 기술입니다.

한편 태양광 설비 설치는 아무 곳이나 하는 것이 아니라 도로와 주거지로부터 일정 간격의 거리를 두도록 정부에서는 우리나라는 발전소 주변지역 지원에 관한 법률이 2000년에 제정되었습니다. 전력 사업기반 기금을 활용하여 발전소 주변의 지자체 주민을 위한 지원사업을 하고 있어요. 지원금의 액수는 면적 비율, 인구 비율, 발전소로부터의 거리, 소재지에 따라 결정됩니다. 즉 원전에서 가까울수록, 면적이 클수록, 거주인구가 많을수록 혜택이 큽니다. 이 외에도 처리시설도 중요한 변수가 되기 시작하면서, 「중・저준위방사성폐기물 처분시설의 유지지역 지원에 관한 특별법」이 제정되어 발전사업자가 활동하는 소속 또는 주변 지역을 지원할 수 있도록 하고 있습니다.

예를 들면, 2022년 경주시 양남면을 비롯한 동경주 3개 읍・면과 시내권에 1년에 약 57억의 예산을 배분하는데, 덕분에 그 지역 학생들은 장학금을 받고, 해당 지자체는 지역 경제를 일으킬 여러 산업시설을 마련하거나, 주변 환경개선에 지원금을 사용하고, 주민들에게 건강검진 등 복지혜택을 주거나 및 지역 문화진흥에 관한 사업을 지원합니다[18].

하지만 주변의 더 많은 지자체에서 지원의 범위를 넓혀달라고 요청하고 있고, 혜택의 범위를 어느 수준까지 늘릴 것인지에 대한 논의가 진행되고 있으며, 그 경계를 짓는 일에 지방자치단체장들이 부지런히 움직이고 있습니다. 각자의 지자체를 포함되게 하여 혜택을 받고자 노력하는 것이지요. 반대로 너무 범위가 넓어지면 혜택이 분산되므로 수혜지역을 고수하고자 하는 움직임도 관찰됩니다.

바다 위의 원자력발전소에 대한 이야기를 빼놓을 수 없을 것 같아요. 원자력발전소 위치 선택의 문제는 중국의 동해안에 국한되는 것이 아니라 바지선 위에 짓는 해상 핵발전 사업의 확대가 문제가 될 수 있기 때문이죠. 바다 위에 원자력발전소가 둥둥 떠다니면서 필요한 지역에 전기를 공급하는 것을 상상하는 일은 참 놀라운 일이지요. 특수 선박을 잘 만드는 우리나라 조선업계에서도 신경을 쓰고 있는 부분입니다.

그 이유는 주민들의 반대도 없고, 바닷물로 냉각수를 사용할 수 있어 비용을 줄일 수 있어 사회적 논란이 덜 발생한다는 논리입니다. 이미 배 위에 설치할 소형 원자로가 공장에서 생산되듯이 제작되기 시작하였습니다. 하지만 러시아-우크라이나 전쟁을 겪으면서 자원에 대한 이슈가 불거지면서 에너지 이슈는 평화로운 때와는 전혀 다른 정치적 결정이 내려지기도 합니다. 원자력 발전 관련 기술의 변화가 지역에 미치는 영향도 함께 고려해야 합니다. 특히, 원자력과 같이 건설과 폐기 과정이 오래 걸리는 에너지 대안은 인구정책과 마찬가지로 한두 해에 해결되거나 추진할 수 있는 문제가 아니므로 중장기적인 계획을 꾸준히 밀고 나가야 합니다.

기후와 에너지는 실제 보이지 않는 지리적 요소지만 우리 발이 딛고 있는 땅은 눈으로 볼 수 있어요. 설악산이나 지리산을 간다고 할 때, 우리는 거기에 사는 희귀동식물을 보러 가기보다는 울산바위 같은 멋진 지형과 울창한 단풍이나 숲을 보러 가는 것이지요. 자연 공간 중에서 지질과 지형은 쌍으로 다니면서, 잘 변하지 않는 우리의 지구의 속과 겉모습을 보여줍니다. 산꼭대기에 올라서 도시를 내려다보면 주변에 널린 것이 아파트인 경우도 있고, 집들과 도로와 모든 움푹움푹한 도시의 모습을 바라보면서 숨을 몰아쉰 적이 있나요? 어릴 적에 등산하다 상상했던 것 중에 하나는 "엄청나게 커다란 보자기나 밀가루 반죽을 도시에 덮어 고대로 찍어내면 커다란 입체지도가 만들어질 터인데, 지도를 만들기 위해 애를 덜 써도 되지 않을까?"였어요. 그러나 실제로 세상에 그러한 보자기나 반죽은 없습니다. 대신 비행기나 헬기에서 지상을 향해 레이더를 계속 쏘면, 지표에 도달한 이후 반사가 되고, 반사될 때 걸리는 시간을 기계의 센서 위칫값과 함께 기록하는 라이다 기술이 개발되었거든요. 그 점의 값을 모두 모아 표시한 자료가 X, Y, Z의 점이며 엄청난 양의 점이 되므로 구름 같은 점 떼, 즉 point cloud 데이터라고 합니다. 이것을 일정 간격으로 추출한 것이 수치표고모델입니다. 이 데이터를 이리저리 가공하여 다양한 이야기를 지도로 표현해 보았습니다.

물은 높은 곳에서 낮은 곳으로 흐르지요. 자연적으로 만들어진 하천의 길을 하천 직강 공사 등으로 인간의 마음에 맞도록 바꿀 수는 있지만, 에너지가 많이 소요되고 오염 발생 등의 문제 원인이 됩니다. 과거 4대강에 쏟았던 많은 예산에도 불구하고 홍수가 나면 물길은 옛 모습을 찾아서 돌아가는 것을 보면 자연 지형에는 중력의 원리가 충실하게 작용한다는 것을 알 수 있어요. 가치 있는 우리나라의 다양한 지형을 연구한 성과 중의 일부를 여기에 소개합니다. 주로 우리의 삶과 연결할 수 있는 친숙한 이야기들을 위주로 했어요. 자연 환경의 가치를 평가하고 잘 관리하기 위한 국가지질공원 이야기와 경관을 상품화하기 위한 출렁다리 분포지도 등 사람 관점에서 땅, 즉 지형의 이야기를 나누어 볼까요?

10

우리보다 덜 변하는
"자연 공간"

지 도 로 읽 는 대 한 민 국 트 렌 드

다 같아 보여도, 개성 만점의
지질과 지형 이야기

| 지질과 지형이 관광자원이 되는 세상

지질도는 전문가가 작성하고 건설 및 도시, 지하수 개발 등에 활용되지만, 보통 사람이 보기에는 어렵고, 재미를 느끼는 사람은 매우 드물지요. 하지만 국가지질공원 이야기를 하면 멋진 기암괴석의 풍경을 떠올리며 방문하고 싶다는 설렘을 조금 갖기도 합니다.

2010년 10월 1일에 제주도가 첫 유네스코 세계지질공원으로 인증을 받으면서 지질공원 인증제도가 우리나라에 알려지게 되었어요. 이어 2011년에 우리나라 환경부에서도 자연공원법을 개정하여 국가지질공원 제도가 마련되었습니다.

국가지질공원 인증제도는 지구과학적으로 중요하고 경관이 우수한 지역을 보전하고, 교육 및 관광 사업 등에 활용하기 위한 목적을 가지고 있습니다. 지질공원은 작은 규모의 지질학적 가치가 있는 지점인 지오사이트(geosite)인 지질명소를 모아서 이름을 부여한 것입니다. 지질공원은 영어로 지오파크(geopark)라고 하며, 국가지질공원을 인증받은 곳이 바로 옆에 있는 지도에서 볼 수 있습니다. 관광수익에 관심이 큰 지방자치단체의 관심이 늘어나면서, 우리나라에는 2023년 7월 현재 15개의 국가지질공원이 지정되었고, 공원마다 브랜드와 심볼을 만들어서 홍보하고 있어요. 옆의 지도를 보면 지질공원 이름에는 모두 어디에 위치하는지를 나타내는 지명이 들어가 있고, 심볼에는 지질의 특성을 보여주기 위한 디자이너의 노력을 확인할 수 있습니다. 지층이랑 각 특성이 잘 나타났나요? 가장 예쁘고 매력적인 심볼을 꼽아보세요.

국내 지질공원 현황 지도[1]

세계지질공원 중 최근에 지정된 경상북도 청송군의 청송 세계지질공원을 상세히 살펴볼까요? 아래 좌측 지도는 청송 세계지질공원에서 지정한 지질학적 특성을 따라서 여러 지점을 방문할 수 있는 지질로(地質路, geotrail)와 일반 등산로 등을 구별한 지도입니다. 땅의 생긴 모습에 따라 지정된 지형 명소, 물길 관련 수문 명소, 화석과 특정 암석이 잘 나타나는 지질 명소로 구분하여 지도로 표시하고 있어요. 그 중 대표적인 지형들을 만나볼까요?

용추협곡은 경상북도 청송군 주왕산면 상의리에 위치한 지형으로 화산재가 쌓여 굳어진 응회암이 오랜 시간 풍화와 침식을 거쳐 만들어진 계곡입니다. 선녀탕은 여러 계곡에서 흔히 마주치는 이름으로 폭포 아래에 위치한 오목한 지형을 말합니다. 이외에도 구룡소는 아홉 마리 용이 살다가 승천했다 하여 붙여진 이름으로, 물의 흐름을 따라 자갈이 암석을 깎아내 만든 접시 모양의 지형입니다. 용연폭포는 폭포와 3개의 동굴을 같이 볼 수 있는 풍경을 보여줍니다. 또한, 사진작가들의 명품 사진에서 빼놓지 않고 등장하는 사진이 청송의 주산지인데, 놀랍게도 자연 그대로의 호수가 아니라 자연스럽게 만들어진 지형

청송 국립공원 길 [2]

청송 국립공원 내의 지질 명소[2]

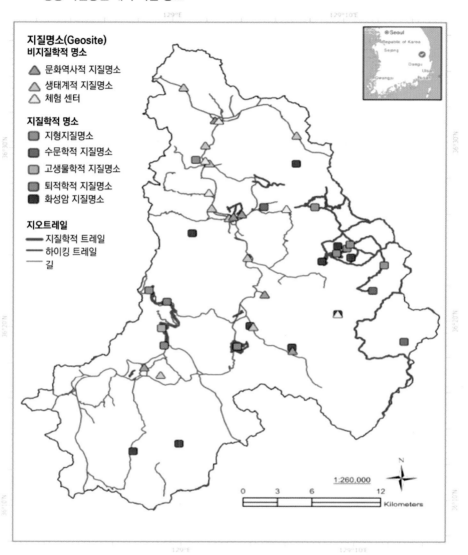

지질명소(Geosite)
비지질학적 명소

△ 문화역사적 지질명소
△ 생태계적 지질명소
△ 체험 센터

지질학적 명소

■ 지형지질명소
■ 수문학적 지질명소
■ 고생물학적 지질명소
■ 퇴적학적 지질명소
■ 화성암 지질명소

지오트레일

━ 지질학적 트레일
━ 하이킹 트레일
━ 길

1:260,000

0   3   6   12
Kilometers

에 물을 가두어 만든 조선시대 저수지라고 해요.

주산지는 준공 이후 아무리 오랜 가뭄에도 물이 말라 바닥을 드러낸 적이 없고 호수에는 150여 년을 자라온 왕버들 등이 자생하고 있습니다. 어떻게 만들어진 저수지가 오랫동안 마르지 않고 남아있을 수 있었을까요? 주산지 바닥은 뜨거운 화산재가 고운 입자로 굳어지고, 다른 암석들이 차례로 퇴적이 된 이후, 위에 있던 약한 암석이 일부 풍화가 되어버리고, 남은 오목한 지형입니다.

비가 오면 이 구조는 물을 오랫동안 머금고 있어 주산지의 풍부한 수량을 유지할 수 있지요. 정말 흥미롭지 않나요? 이외에도 다양한 지오사이트의 생성 과정에 대한 설명은 각 국가지질공원 웹사이트에 상세히 나와 있으니 한번 방문해 보는 것을 추천해 드립니다. 아는 만큼 보이는 것은 지형도 마찬가지죠.

| 악(岳)이 들어간 산은 다 험할까요?

남한에서 가장 넓은 면적을 차지하는 암석은 화강암입니다. 설악산, 관악산과 같이 바위를 뜻하는 '악'이 이름에 있는 산은 바위(岳)가 많은 돌산이지요. 악이 들어가 있는 산은 대부분 돌산이지만 전북의 모악산과 충북, 경북의 경계에 위치한 황악산은 화강편마암이 풍화가 된 흙산입니다. 제주도의 영천악과 송악산은 화강암이 아니라 현무암으로 구성된 돌산입니다. 지리산과 같이 토양층이 풍부한 산에는 마을이 골짝마다 많이 들어서는 편이나, 설악산과 같이 암반이 드러나고 토양층이 두껍지 않은 경우에는 농사짓기가 쉽지 않아요. 대신에 경치를 보러 놀러 오는 관광객을 대상으로 한 여러 숙박시설이 자리 잡죠. 그래서 흙산은 사람을 불러 살게 하고, 돌산은 사람을 내치고 어중이떠중이들이 지나간다는 말이 있어요. 이 이야기는 흙산이 농사에 도움이 되는 시대에 나온 것이며, 지금은 사람이 모이는 곳에 재화가 모이므로, 그 말도 옛말이 되었습니다.

조금만 더 깊이 들어가서, 물이 땅을 깎아 꽃을 담는 화분과 같은 모양을 갖춘 지형을 분지라고 부르고, 물에 의해 깎인 것이 홍수 등으로 한 번에 퇴적되면서 부채꼴 모양을 갖추면 선상지라는 지형 이름을 갖지요. 학교에서 얼핏 배운 기억이 살아나나요? 분지 지형을 표현한 다음 쪽의 그림에서 분홍색으로 표시된 부분이 깎인 부분입니다. 왜 분지 지형에서 깎여 낮아진 부분을 분홍색으로 표현할까요? 주로 분지의 바닥은 화강암인 경우가 많은데 지구과학자들이 전 세계 지질도를 그릴 때, 화강암을 분홍 계열로 나타내기 때문입니다. 분지는 주변에 편마암과 기타 침식에 강한 암석으로 둘러싸여 있어요. 분지를 설명할 때 화분 모양이라고 하지만, 모두 둥근 것은 아니고 조금은 긴 타원이나 길

쭉한 모양 그리고 화강암 관입*이 여러 번 일어나면서 합쳐진 모습도 보여줍니다. 분지에서 발견된 선상지가 얼마나 오래되었는지 지형학자의 연대측정 결과를 보면, 2만 년 전후, 5만 년 전후, 8만 년 전후임을 확인할 수 있는데 이때마다 큰 홍수가 있었다고 주장합니다. 어떻게 그 시기를 알 수 있을까요? 탄소동위원소를 분석해서 시기를 추정합니다.

우리나라에 '악'을 포함한 산과 대표적인 화강암 침식분지 분포를 지도로 살펴보면, 무청으로 유명한 양구의 펀치볼이 있어요. 바로 양구의 해안분지(亥安盆地)를 말하는 것이며, 주변 고지대에서 보면 정말로 오목한 지형이 보입니다. 비슷한 분지들을 한 번에 살펴보면 옆의 지도와 같습니다.

춘천 분지 지형

**국토시실성모
암층별 색상 표준[3]**

시대명	기본 색상
고생대 화강암류	
삼첩기 화강암류	
쥬라기 화강암류	
백악기 화강암류	
제3기 화강암류	

---

*   관입은 지하의 마그마가 지층을 뚫고 들어가는 것을 의미합니다.

이름에 '악'이 들어간 산과 화강암 침식 분지[4]

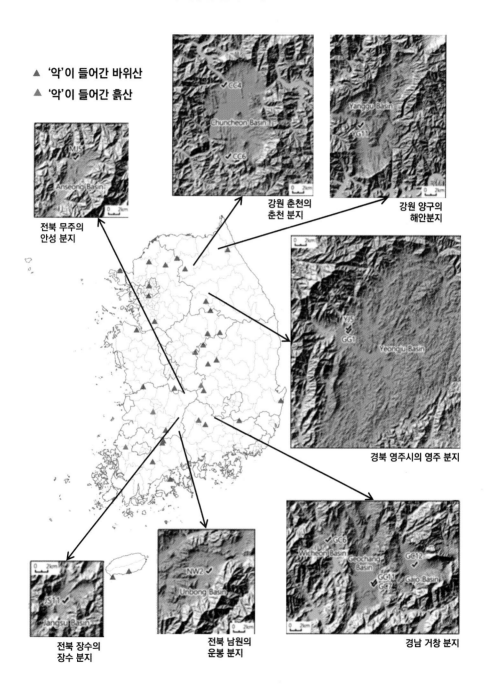

▲ '악'이 들어간 바위산
▲ '악'이 들어간 흙산

전북 무주의
안성 분지

강원 춘천의
춘천 분지

강원 양구의
해안분지

경북 영주시의 영주 분지

전북 장수의
장수 분지

전북 남원의
운봉 분지

경남 거창 분지

| 바위가 쌓여있는데 오래된 화석 지형이라고요?
돌이 강처럼 흐른다고요?

산에 오르다 보면 쪼개진 돌이 절벽에 길고 넓게 쌓여있는 곳도 있고, 큰 돌덩이들이 떼로 모여있는 곳도 있습니다. 국토지리정보원 종이지도와 수치지형도에는 너덜 바위라는 이름으로 표시가 되고 있어요. 가파른 절벽에 있는 돌무더기를 애추(崖錐)라고 하며, 큰 암석이 모여있는 지형을 암괴류(巖塊流)라고 부르는데, 이 둘 다 지금 만들어지는 지형이 아니라 오래전에 만들어져서 이것들을 화석 지형이라고 합니다. 지형학을 전공하는 학자들은 애추와 암괴류 지형의 분포도를 만들기도 하지요.

얼굴을 살피는 것을 관상이라고 하면, 지형의 모습을 살피는 학문은 지형학이라고 볼 수 있어요. 지질학과 지형학이 그게 그거라고 생각하시나요? 뭐가 다를까요? 어느 학자가 비유로 말하길 지구를 사과에 비유한다면, 사과 껍질은 지형학의 대상이고 노란 속살은 지질학자의 연구 대상이라고 했고요. 시간적으로 비유하자면 인류가 본격적으로 지구 상에 퍼져 활동하기 시작한 시점인 2만 년 이후의 지구 연구는 지형학이고, 2만 년 이전이 지구에 관한 연구는 지질학이라고 합니다. 이렇게 금을 그어도 지형학자나 지질학자들은 야외조사를 즐겨 하므로 손이 아니라 발로 논문을 쓴다는 말에는 모두 맞다고 동감을 표한답니다.

지형학자는 다양한 환경적 요인을 분석하여 왜 그곳에 그런 지형이 만들어졌을까 상상하며, 과학적 설명과 추리를 시도하지요. 일부 조사 결과를 보면, 애추는 해발고도 200~300m, 300~400m에서 많이 관찰되나, 암괴류는 해발고도 300~400m와 500~600m에서 가장 많은 분포를 보여준다고 합니다. 그러나 개수가 아니라 면적을 고려한 경우에는 암괴류는 상대적으로 애추보다 고도가 높은 지역에 분포하며, 역시 600m 이상의 구간에서 고도가 높아질수록 발견될 확률이 높다고 합니다. 반면에 애추는 300m 이상의 구간에서 700m까지 높게 나타나지만, 그 이상의 구간에서는 발견이 안 되었다고 합니다.

지형 하나를 보면 특정 지형 명을 붙이지만, 여러 곳을 함께 비교하고 분포의 특성을 알아가려면 오래된 산행과 답사의 경험이 필요합니다. 일부는 연구실에서 통계와 공간분석 소프트웨어를 같이 사용하여 우리나라 지형의 분포에 대한 큰 그림을 그리기도 합니다.

이러한 돌무더기는 하루아침에 만들어지는 것이 아니고, 오랜 시간 풍화를 받고 중력에 의해 이동하면서 만들어진 지형이므로 화석 지형입니다. 우리가 화석이라고 할 때는 동물, 식물의 흔적을 말하는데, 지형 자체도 화석 지형이 될 수 있습니다. 하천 주변의 작은 지형, 해안가의 모래 사구나 습지 그리고 미세 지형들을 제외하면 대부분이 사람보다 오랜 시간을 버티어 온 화석 지형입니다.

암괴류와 애추

드론으로 관찰된 하천 모양의 돌무더기(암괴류)[5]

암괴류는 부서진 암석 덩어리가 사면을 덮고 있는 지형으로 기반암으로부터 기계적·화학적 풍화작용을 통하여 분리된 암설들이 중력의 작용으로 사면 하부로 이동되어 골짜기 바닥에 퇴적된 지형을 말합니다. 여러 곳에서 얼음골이라고 부르는 곳이 암괴원에 위치하는 경우가 많습니다.

충북 영동군 반야사 뒤에 위치한 애추지형[6]

애추는 사면(斜面) 아래로 떨어진 다양한 크기의 암석 조각이 퇴적된 반원추형의 지형입니다. 기계적 풍화(물리적 풍화작용)에 해당하는 지형입니다. 결빙과 융해가 반복되는 주빙하 지역, 특히 고산지대에서 많이 발견되며, 얼음의 쐐기 작용으로 인해 떨어진 암석이 송곳 모양으로 형성된 지형입니다. 우리말로는 '너덜겅' 혹은 '너덜지대', '돌서렁'이라고도 합니다.

높거나 낮거나,
축축하거나 흔들리거나?

| 높이 값을 알 수 있는 수치표고모델(DEM)

전국에서 가장 고도가 낮은 곳은 아마 지평선 축제로 유명한 전라북도의 김제시가 아닐까요? 김제시에서 제일 높은 곳이 90m가 안 되는데 '산'이라고 부른다고 강원도 사람들이 웃었다는 이야기가 있습니다. 산이란 이름은 물리적인 높이 값도 중요하지만, 실제 주변보다 월등히 높아 산으로 인식하고 산이라 부르면 산이 될 수 있다는 점에 유의할 필요가 있습니다. 이러한 이유로 당연히 전국에서 높이가 가장 낮은 곳은 호남평야로 유명한 전북의 김제이지 않을까 했지요.

그렇다면 전국에서 가장 낮은 곳과 높은 곳은 어디일까요? 이를 알아보기 위해 높이를 측량한 값을 30m 크기의 격자 간격으로 표현된 수치표고모델(DEM: Digital Elevation Model) 데이터로 분석을 해보았습니다. 공간정보 소프트웨어(GIS)를 이용하여 시군구 별로 제일 높은 곳과 낮은 곳을 골라냈고 시군구에서 가장 높은 지점을 다음 쪽의 지도에 점으로 표시해 보았습니다. 도출된 내용을 바탕으로, 최고 고도의 각 10개의 상위 및 하위 시군구 지역을 표로 그 옆에 정리해 보았습니다.

분석 결과, 전국에서 가장 고도가 높은 곳은 당연히 한라산, 지리산, 설악산과 같이 유명한 산이 있는 시군구 지역으로 나타났습니다. 또한 전북의 김제시가 가장 낮을 것이라고 예측했던 것과는 달리 전국에서 가장 높이가 낮은 곳은 서울특별시 영등포구였어요. 일반적으로 우리가 생각하는 것과는 다르게 결과가 도출된 것이지요. 추가로 찾아보니 영등포구청 홈페이지에도 서울 25개 시군구에서 유일하게 산이 없는 구라고 설명이 있었습니다. 멀리 남쪽의 관악산을 바라보며 호연지기를 품고 있지만, 여의도동을 포함하여 양평동, 도림동 모두 한강과 지류인 도림천의 하천 모래층으로 이루어져 있어 주변 지역에 비해 훨씬 낮습니다.

대부분 각 시군구에서 가장 높은 곳은 시군구의 경계에 놓여있습니다. 이를 통해 산릉선과 하천을 경계로 하여 행정구역을 나누었음을 유추해 볼 수 있습니다. 표에 나타난 높이는 30m 격자의 수치표고모델을 사용하여 높이를 산출하다 보니 산 정상 높이보다는 낮은 높이가 측정된 것으로 나타난 것으로, 우리가 알고 있는 높이와는 다를 수 있습니다. 또한 지도에는 점으로 위치만 표현되어 있어서 개별적인 높이 값을 확인할 수 없기도 합니다. 이를 보완하기 위해 지도 아래의 표와 함께 일부 점들의 정보를 확인할 수 있도록 하였으니 살펴보기로 해요

한라산 백록담[8]
정상부의 높이 1,947.2m
제주도는 한라산을 중심으로
제주시와 서귀포시로 나뉩니다.

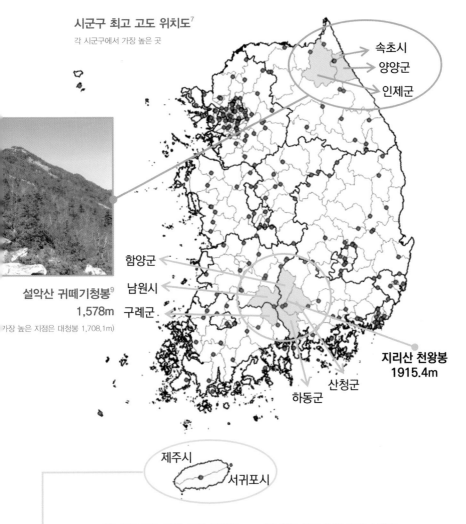

시군구 최고 고도 위치도[7]

각 시군구에서 가장 높은 곳

속초시
양양군
인제군

설악산 귀떼기청봉[9]
1,578m

(가장 높은 지점은 대청봉 1,708.1m)

함양군
남원시
구례군

지리산 천왕봉
1915.4m

하동군
산청군

제주시
서귀포시

(1) 최고 고도 상위 10개 시군구

시군구	30m DEM 에서의 높이	지점 특성
서귀포시	1903.7m	한라산
제주시	1885.4m	
함양군	1853.3m	지리산
산청군	1848.8m	
구례군	1706.6m	
남원시	1706.6m	
하동군	1620.4m	
양양군	1676.4m	설악산
속초시	1665.9m	
인제군	1637.3m	

(2) 최고 고도 하위 10개 시군구

시군구	30m DEM에서의 높이	지점 특성
영등포구	38.9m	공원
인천 동구	52.8m	인천소방고
대구 중구	57.8m	언덕길
고양 일산서구	87.7m	탄현공원
송파구	99.9m	천마산
마포구	100.9m	노을공원
서울 강서구	101.8m	개화산
강동구	104.1m	일자산
양천구	108.6m	지양산
구로구	111.6m	국기봉

우리나라는 반도이기 때문에 삼면이 바다와 접하고 있어요. 그래서 해안가가 있는 시도는 최저높이가 0m로 나타납니다. 바다와 접하지 않는 시도 중 가장 낮은 높이를 보이는 곳은 어딜까요? 큰 밭이라고 부르는 대전입니다. 대전과 세종에서 가장 낮은 곳은 금강이 흐르는 곳이고, 충청북도에서 가장 낮은 곳도 금강으로 흘러 들어가는 미호강이 흐르는 곳입니다. 광주에서 가장 낮은 곳은 영산강이 흐르는 곳이고, 대구에서 가장 낮은 곳은 낙동강이 흐르는 곳이지요. 평균 높이가 가장 높은 곳은 예상한 대로, 강원도(500m)였습니다. 우리나라는 동고서저 지형으로 동쪽의 태백산맥이 지나가는 강원도의 평균 고도가 가장 높아진 것입니다. 평균 높이가 가장 낮은 곳은 인천광역시였습니다. 인천은 해안가에 접한 광역시 중에서 유일하게 서해안과 접하고 있어 자연스러운 결과였습니다.

시도별 높이 비교 지도[7]

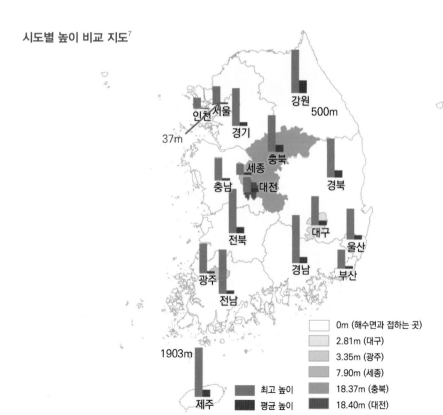

| KEYWORD |

지형을 표현하는 방법: 등고선과 수치표고모델 DEM

　지도에서는 흔히 지형을 표현하기 위해 등고선을 사용해요. 등고선은 1744년 지구의 무게를 구하는 과정에서 영국의 수학자 Charles Hutton(1737–1823)에 의해 발견됐습니다. 허턴은 같은 높이를 선으로 연결하면 산의 모양을 한눈에 쉽게 파악할 수 있다는 것을 발견했고, 1799년 프랑스의 뒤팽 트리엘이 프랑스 지도를 작성할 때 최초로 사용하면서 전 세계에서 등고선을 통해 지표의 기복을 표현하기 시작했습니다. 일정 높이마다 해발고도 표시와 함께 그어진 등고선은 주곡선, 5의 배수인 주곡선을 굵게 그은 선을 계곡선이라고 부르지요.

　최근 컴퓨터 기술의 발전으로 대용량 지리정보 데이터를 저장할 수 있게 되자 등고선을 컴퓨터 데이터로 전환할 수 있었고, 등고선 데이터를 기초로 특정 해상도 값만큼의 격자 모양의 그리드를 생성해 각 격자의 셀에 그 격자의 평균 높이 값을 부여해 래스터 형태의 데이터로 가공한 것이 DEM(수치표고모델, Digital Elevation Model)입니다. DEM을 제작하는 과정에서 불규칙하게 분포된 등고선의 점을 추출하여 이들의 위치를 삼각형 형태로 표현하는 TIN(불규칙 삼각망, Triangulated Irregular Networks) 방법도 개발되었어요. 복잡한 지형의 경우 작은 면적의 삼각형을 사용해 밀도가 높은 TIN을 구성할 수 있고 지표면의 형태를 비교적 정확하게 나타낼 수 있습니다[10]. 이처럼 TIN을 이용해 DEM을 가공하면, 격자보다 데이터의 양이 줄어 웹이나 모바일 화면에 지형의 모습을 효율적으로 나타낼 수 있답니다. 아래 그림[11]도 함께 참고해 보세요

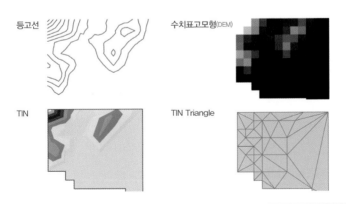

수치표고모델(DEM)

│ 우리는 축축해서 싫어도 동물은 신나는 습지

우리나라에 습지 보호구역으로 지정된 곳이 얼마나 될까요? 실제로 2022년까지 습지로 지정된 곳은 우리나라 육지 면적의 1% 정도입니다. 축축한 습지를 왜 보전해야 하나요? 사람이 살기에는 꿉꿉해서 별로 좋지 않다는 것이 일반적인 느낌이지만, 습지는 많은 동식물의 서식지가 되기 때문입니다. 일반적으로 국민 1인당 소득이 2만 5천 달러를 넘기면 환경과 안전에 관심이 높아진다고 해요. 우리도 살만해지면서, 환경에 대한 관심이 높아졌고, 환경부에서 습지보전법을 제정하여 지정된 습지를 정기적으로 모니터링을 하기 시작했어요. 습지와 습지의 자원을 보전하기 위한 국제 환경 협약인 람사르 협약(Convention on Wetlands of International Importance, especially as Waterfowl Habitat)에서는 습지를 '자연 또는 인공이든, 영구적 또는 일시적이든, 정수이든, 담수, 기수 혹은 염수이든, 간조 시 수심 6m를 넘지 않는 곳을 포함하는 늪, 습원, 이탄지, 물이 있는 지역'으로 정의하고 있습니다[12].

실제로 사람이 먹고살기도 힘든데 생물의 다양성을 이야기하는 것이 배부른 소리라고 하는 사람들도 있지만 지구를 가장 포악하게 개발을 해온 인간이 자연과 더불어 사는 방법을 배우지 않으면 자연의 역습을 받게 될 것입니다. 코로나19도 이러한 자연의 역습 중 하나로 보는 분도 계시죠. 전국의 습지 지도를 살펴볼까요? 여기에는 해안 습지가 포함되어 있습니다. 갯벌을 포함한 사구와 주변의 습지는 별도로 지정되어 있습니다. 또한 내륙습지와 토지 피복 특성을 함께 분석한 결과를 살펴보면, 한강과 낙동강은 하천 폭이 넓고 길이가 길어, 대부분이 하천 습지가 대부분이지만 영산강과 금강은 댐과 저수지가 많아 호수가

습지 보호지역과 람사르 습지 지도[13]

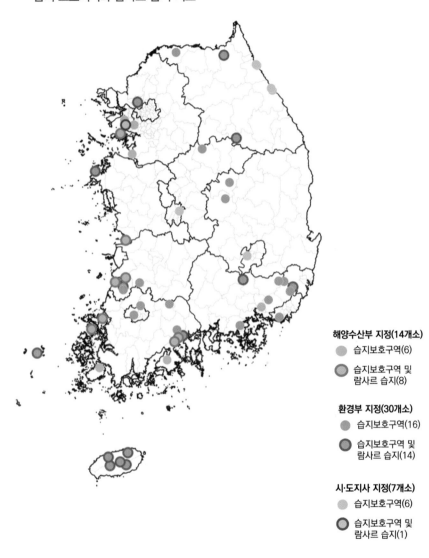

해양수산부 지정(14개소)
- 습지보호구역(6)
- 습지보호구역 및 람사르 습지(8)

환경부 지정(30개소)
- 습지보호구역(16)
- 습지보호구역 및 람사르 습지(14)

시·도지사 지정(7개소)
- 습지보호구역(6)
- 습지보호구역 및 람사르 습지(1)

가장 큰 비중을 차지합니다. 호수나 습지는 강수량과 지하수 상태에 따라 변화가 무쌍한 편입니다. 중앙아시아 흑해도 크기가 준다고 하지요. 호수와 습지는 산에 비해 민감한 편이라고 할 수 있습니다.

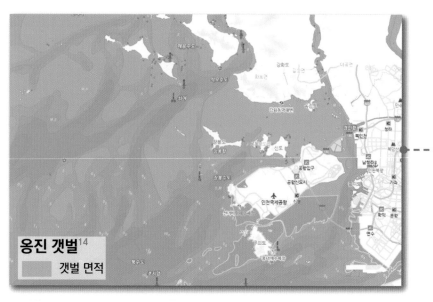

옹진 갯벌[14]
◻️ 갯벌 면적

새만금 갯벌[15]
◻️ 갯벌 면적

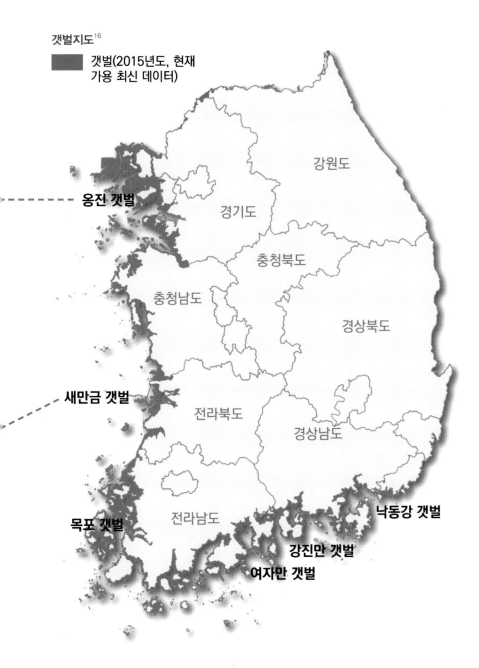

갯벌지도[16]

■ 갯벌(2015년도, 현재 가용 최신 데이터)

옹진 갯벌

강원도

경기도

충청북도

충청남도

경상북도

새만금 갯벌

전라북도

경상남도

낙동강 갯벌

목포 갯벌

전라남도

강진만 갯벌

여자만 갯벌

틱톡(Tictok)이라는 앱에서 중국에 있는 무시무시한 높이의 출렁다리 위에서 위험한 자세를 취하는 사람의 영상을 볼 수 있어요. 고소공포증이 있다면 영상을 보는 것만으로도 마음이 조마조마해집니다. 우리나라에도 240개 이상의 출렁다리가 있습니다. 행정안전부에서 출렁다리에 관한 통계를 구했어요. 출렁다리가 위험하다고 봐서 조사를 한 것이지요. 출렁다리는 땅에 교각과 같은 지지대를 설치하지 않고 케이블로 다리 구조물을 지지하게 하여, 사람들이 걸을 때 움직임을 느끼게 해주는 다리입니다. 대부분 출렁다리는 어느 정도의 고도를 갖는 두 지점을 연결한 다리이므로, 평야 지대보다는 산이 많은 곳에 더 많을 것으로 생각했습니다.

옆의 출렁다리 지도를 보면 경상북도에서 39개로 출렁다리가 가장 많았어요. 그 이유는 무엇일까요? 출렁다리는 주변에 큰 도시 등 인구가 많은 곳에 설치되는 경우가 많아요. 또한 산업시설이 비교적 많아, 세금 수입이 높은 경북지역에 많은 출렁다리가 놓인 것이 아닐까요? 몇몇 기사를 살펴보니 출렁다리는 아무 이유 없이 놓이는 경우보다 주변 명소를 연결하거나 주위의 풍경을 즐기기 위해 놓이는 경우가 많았습니다. 이 외에도 높은 고도를 지닌 산 외에도 하천이나 호수 주변을 따라 놓이는 경우도 있었습니다. 대표적으로 제천이나 충주에서 충주호를 관광을 위한 출렁다리의 예시로 들 수 있어요. 이동의 편의를 위해 통로 역할로 만들어진 출렁다리의 대표적인 사례로는 전남 화순에 있는 백아산 하늘다리가 있습니다. 이는 백아산의 마당바위와 절터 바위를 공중에서 연결하여 바위 간의 이동을 편리하도록 설치한 것이죠.

최근에 박물관 '뮤지엄 산'의 인기에 관광객이 더불어 많이 찾아오는

전국 출렁다리 분포[17]

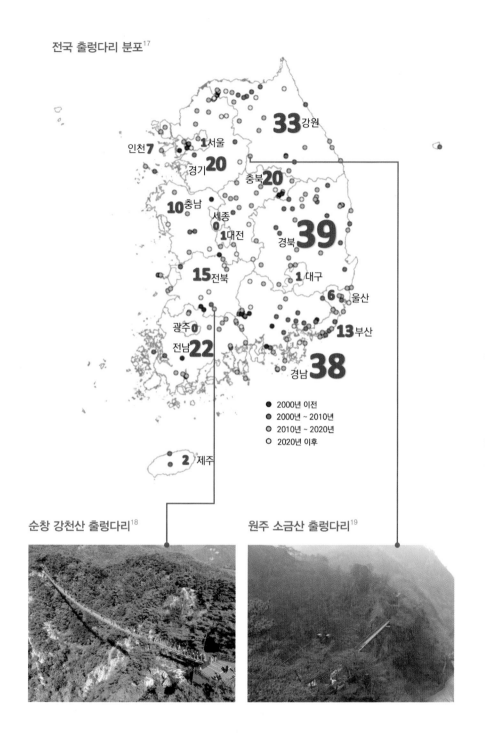

33 강원

인천 **7**

1 서울

경기 **20**

충북 **20**

10 충남

세종 **0**

1 대전

경북 **39**

15 전북

1 대구

6 울산

광주 **0**

13 부산

전남 **22**

경남 **38**

● 2000년 이전
◑ 2000년 ~ 2010년
◔ 2010년 ~ 2020년
○ 2020년 이후

2 제주

순창 강천산 출렁다리[18]

원주 소금산 출렁다리[19]

원주의 소금산 출렁다리도 이렇게 두 산봉우리를 이은 출렁다리입니다. 1999년 이전에 설치된 출렁다리는 전국 모두 합쳐서 12개에 불과했어요. 심지어 이들은 모두 100m가 되지 않은 짧은 다리였고요, 그후 10년간 52개가 더 늘어났고, 2010년부터 최근까지 총 240개까지 급증했어요. 2010년 초반까지 자전거길의 광풍이 불더니 이제는 출렁다리를 통해 기존에 가보지 못한 지점에서의 아름다운 풍경을 즐기고 싶은 이들이 늘어난 것입니다. 출렁다리 하나를 설치하는 데 초기에는 40억 내외의 비용이 들었으나 최근에는 80억에서 100억으로 생각보다 큰 액수의 세금이 들어간 관광자원입니다.

　주변에 출렁다리가 있다면 방문하는 것을 추천해 드려요. 스탬프 찍기와 둘레길 완주하기 등 다양한 관광 프로그램이 나왔었는데 이제는 출렁다리와 관련된 프로그램이 나올 수 있을까요? 출렁다리는 자전거처럼 운동이 되지 않으니 어려울 수도 있지만 자연의 풍광을 즐기는 멋이 있으니 가능할 수도 있겠습니다. 하천, 호수, 절벽 등 자연의 지형이 지닌 생김새나 높이는 오랜 시간에 걸쳐 천천히 변화하고 있지만 그 위에서 살아가는 사람은 집과 도로를 건설하며 짧은 시간 안에 다양하고 새로운 경험을 합니다. 우리의 삶에서 출렁다리를 통해 새롭고 다양한 관점으로 세상을 보며 기암괴석 등 지형과 지질 자원을 더 쉽게 접근할 수 있다는 것에 옛 선조들보다 누리는 것이 많아진 것 같습니다.

신비한 해안과
깊은 바다 이야기

| 바다 갈라짐과 모래언덕들

성경에 홍해를 건너는 출애굽기가 있다면, 중국 신화에는 형제가 빨대로 바닷물을 다 마셔버린 이야기가 있어요. 그러면 물속에 잠겼던 땅이 드러나면서 농사를 짓기 위한 땅도 늘어날 것으로 상상력을 발휘한 것이겠지요. 섬과 육지 사이가 밀물 때와 썰물 때에 의해 주기적으로 연결되는 현상을 바다 갈라짐이라고 하는데, 흔히 홍해의 기적이라고 하지요. 우리나라에는 바다 갈라짐 명소가 14곳이 있어요. 해양수산부 산하기관인 국립해양조사원에서는 바다가 갈라지는 시간을 미리 홈페이지와 '안전해'라는 앱을 통해서 알려주고 있어요. 사람들이 갯벌에 빠지는 일이 없도록 하고, 낚시인들이 고립되는 것을 막기 위한 여러 정보를 제공하기도 합니다.

바다 갈라짐 외에도 다양한 지역을 찾아볼 수 있는데, 특히 최근에는 바다의 일반적인 모래사장이 아니라 모래언덕, 사구를 찾아가 우리나라에서 사막 지형을 잠시나마 경험하려고 하는 사람들도 있어요. 이에 바람과 물이 만들어 준 다양한 지형을 잘 보전하기 위하여 국가에서 관리하고 있는 바다 갈라짐 명소와 사구를 한 지도에 모아 오른쪽에 담아 보았어요.

제주도를 포함한 도서 지역에 81개, 육지에는 118개의 해안 사구가 분포하고 있습니다. 전라남도 신안군이 30개로 제일 많군요. 멋진 이국적 풍경을 보여주는 충청남도 태안군 원북면 신두리의 신두리 해안 사구가 약 2.01㎢로 가장 넓었고, 다음으로는 제주시 한림읍 협재리의 협재 해안 사구가 약 1.80㎢ 정도로 2등을 차지합니다. 바다는 여름 휴양지로 해수욕을 생각하며 긴 이동 거리를 감내하고서 달려가는 곳이지요. 하지만 가끔은 성경에 나온 홍해의 갈라짐이나 이집트나 몽골의 사막을 경험하고 싶은 분들은 우리나라의 바다 갈라짐과 모래 언덕이 있는 곳에 한번 들러 보는 것도 좋지 않을까요?

바다 갈라짐 명소와 사구 분포 지도

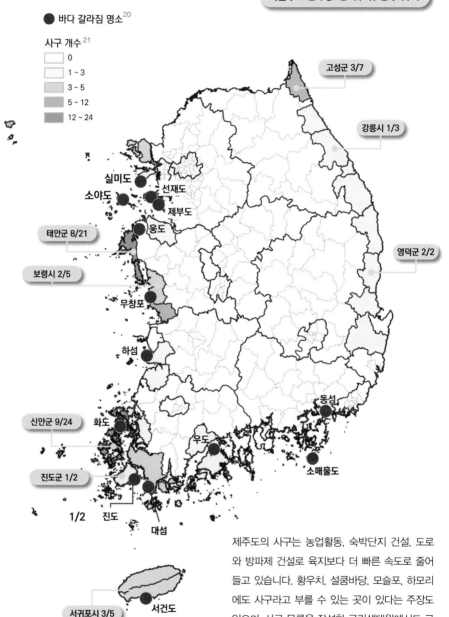

● 바다 갈라짐 명소[20]

사구 개수[21]

☐	0
☐	1 ~ 3
☐	3 ~ 5
☐	5 ~ 12
☐	12 ~ 24

시군구 보존이 양호한 사구 수/ 전체 사구 수

고성군 3/7

강릉시 1/3

실미도
소야도   선재도
        제부도
태안군 8/21   웅도
보령시 2/5
무창포
하섬
영덕군 2/2
신안군 9/24   화도
진도군 1/2   우도   동섬
1/2   진도   소매물도
대섬

서귀포시 3/5   서건도

제주도의 사구는 농업활동, 숙박단지 건설, 도로와 방파제 건설로 육지보다 더 빠른 속도로 줄어들고 있습니다. 황우치, 설쿰바당, 모슬포, 하모리에도 사구라고 부를 수 있는 곳이 있다는 주장도 있으며, 사구 목록을 작성한 국립생태원에서도 규모가 일정 이상 되는 것을 조사하였다고 합니다.

| 미지의 세계는 아닌데 잘 모르는 바다

21세기는 우주의 시대라고 하지만 지구의 구석구석 중에 잘 모르는 부분이 있습니다. 그게 바로 바닷속입니다. 달에는 바다가 없어서 달 표면 전체의 높낮이를 정확하게 측량하여 생김새가 잘 기록되어 있습니다. 실제 사람들은 바다를 생각하면 바닷물이 차있는 상태를 상상하지요. 에메랄드색의 바다 또는 쪽빛 바다 등의 풍경을 떠올리거나, 반대로 폭풍이 불어왔을 때 엄청난 파도로 배와 주변 해안을 침식하는 바다를 떠올리며 공포와 무서움을 느끼기도 합니다. 사람은 개구리와 같은 양서류가 아닌 까닭에 육지가 당연히 편하지요. 바다에 대한 간절한 심정은 바다를 삶의 터전으로 삼는 어부 등 일부에게서만 공유됩니다.

보통 사람들은 바다 지도라는 말을 듣게 되면 무엇을 떠올릴까요? 김규봉 작가의 『로마사 미술관 1』에서 기술한 것을 보면, 로마 시대의 시작도 지중해를 둘러싼 패권 전쟁에서 승리의 결과물입니다. 이외에도 산업혁명과 근대 역사를 선도했던 영국을 비롯한 유럽 국가들도 해군

120년 전에 출간된 첫 바다 지도[22]

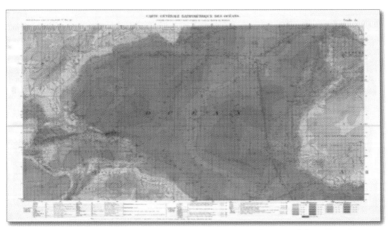

을 중요하게 생각하고, 바다를 건너 다른 대륙을 수탈하는 제국 시대를 열었지요. 그래서 오대양 바다의 깊이를 조사하고 지도를 만들기 시작한 것도 유럽인이 중심이 되었으며 지금도 그 추세는 계속되고 있습니다. 실제로 깊은 바다에 대한 지도의 필요성은 북대서양과 미국을 연결하는 통신망을 건설하기 위한 것이었어요. 미국과 영국의 해군 장교들이 약 1.8m 간격으로 선을 긋고, 바닷속의 해저 샘플을 채취하고 무게 추를 바다에 내리거나 음파를 쏘아 바다의 깊이 자료를 얻었습니다.

이후 관측 장비가 개선되면서 더 많은 수심 자료를 취득했습니다. 바다 깊이를 재기 시작하면서 바다 가운데에도 산과 골짜기와 같은 지형이 있다는 것을 알게 되고, 지질학자와 지도학자들이 해저지형의 명칭을 정하기 위한 첫 회의가 1899년 베를린에서 개최되었습니다. 당시에는 UN과 같은 국제기구도 없던 시절이었어요. 대양의 바다 지도를 만드는 모임인 '대양수심도회의(GEBCO: GEneral Bathymetric Chart of the Oceans)'가 시작되었는데, 영화에 자주 나오는 작은 지중해의 나라 '모나코' 공국의 알버트 왕자가 제안했습니다. 세계 지도학자들과 해군들이 이 왕자의 주도하에, 모임에서 시작된 것이 바로 120년 전, 1903년입니다. 당시에 발간한 24장의 전 세계 바다 지도 중의 하나인 왼쪽의 바다 지도를 살펴보면, 대서양을 가로지르는 대서양중앙해령도 보이지 않고 배가 지나간 선을 따라 바다 깊이의 값만 띄엄띄엄 숫자로 적힌 것을 볼 수 있습니다. 120년 동안 총 여섯 번에 걸쳐서 6회에 걸쳐 대양수심도 지도가 갱신되었습니다.

전 세계 대양의 수심도에 나타난 중앙해령[23]

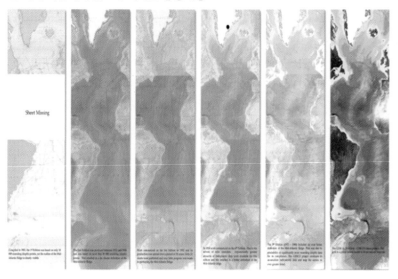

　250m 간격으로 깊이 값을 갖는 바다 지도를 만들기 위한 방법은 다양합니다. 1970년대에 발사된 인공위성에서 중력값에 따라 다른 고도 값을 추출할 수 있게 됨에 따라 초기에는 6km~9km 간격으로 해저지형의 모습을 확인할 수 있었어요. 최근에는 무인 조사선에 의해서 많은 자료를 취득하고 있으며, 자기 바다 영해가 아닌 지역, 즉 공해의 모든 바다 깊이 정보는 대양수심도회의에서 한꺼번에 관리하고 있습니다. 이런 바다 지도를 만드는 이유는 무엇일까요?

　해양학자나 지질학자들이 지구를 이해하기 위한 과학적 호기심은 가장 기본적인 이유가 됩니다. 바닷속 지진과 화산활동은 해양 주변에 사는 분들의 안전에 영향을 미치므로 수심에 대한 자료가 필요하겠지요. 또한 기후변화를 이해하기 위해서 바닷물의 이동에 대한 연구에도 필요하고, 바다의 생물이 사는 서식지를 연구할 때도 필요합니다.

　또한 바다에서 배를 몰고 다니는 선박 종사자분에게도 얕은 바다의 암초

등 위험한 지형에 대한 지도가 필수적입니다. 우리하고는 먼 이야기로 들릴 수 있지만 사실은 유튜브나 전 세계 메일을 사용하는 사람은 통신선을 생각해 볼까요? 만일 그 통신선이 끊어진다면, 내 이메일이 들어있는 서버가 한국에 없고 미국에 위치해 있다면, 나는 이메일을 못 받을 수 있어요. 그리고 천연가스 배관과 전력선 등 다양한 시설물이 바닷속을 지나고 있어요. 잠수함과 같은 전략적 물자도 바다 해저지형 위에 놓여있습니다.

앞의 장에서 이미 해상풍력은 말할 것도 없고 바다 위에 원전까지 세우려는 세상이라고 말했지요. 바닷속을 그대로 컴퓨터에 옮겨 놓겠다는 "해양 디지털 트윈(바다 디지털 쌍둥이)"을 목표로 정보통신기술과 선박기술 그리고 수심측량 기술을 융합해서 달성하고자 여러 기관에서 온라인 세미나와 워크숍을 진행합니다. 다음 쪽에 실은 지도는 우리나라에서 대양수심도회의에서 120주년을 기념하여 제작한 세계지도로 바다가 하나로 이어지고 있다는 것을 보여주는 지도입니다.

자세히 보면, 아프리카가 작게 나오고 북미대륙과 남미대륙이 귀퉁이에 놓여 불편하지만, 바다 일부의 오염이 전체에 영향을 준다는 메시지를 단박에 알 수 있죠. 일본의 오염수로 시끄러운 시점에 바다가 하나로 연결되어 있다는 것을 보여주는 지도임이 틀림없습니다.

자연의 변화는 인간이 공학 기술을 적용하는 것에 비해 매우 천천히 변합니다. 덜 변하는 지도라고 해도, 문명과 과학의 발전에 따라 자연의 모습은 점차 더 정밀하게 우리 눈앞에 나타나게 됩니다. 사용을 하건 하지 않건 간에 변화가 없는 듯하나 사람들의 활동으로 인해 조금씩 변화를 겪고 있습니다. 대한민국의 트렌드를 말하는데 웬 바다지도 이야기냐고요? 이 지도를 만드는 데 직접 관여하고 있는 사람이 책의 이 부분을 쓰고 있으니까요. 이 또한 보이지 않는 곳에서 일하고 있는 사람들이 만들어 가는 트렌드라고 생각합니다.

대양수심도회의 120주년 기념 세계지도[24]

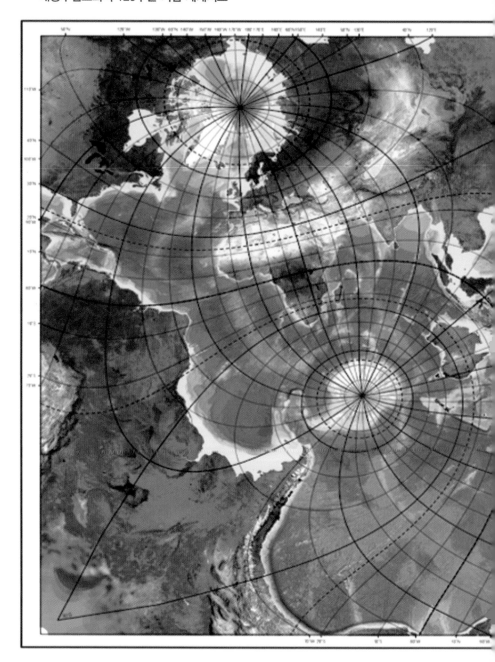

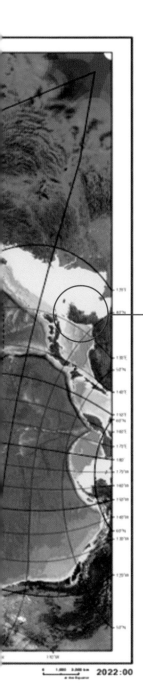

2022:00

일반적인 지도와 달리 우리나라가 지도의 오른쪽 끝에 붙어있
어요. 물고기가 그린 세계지도로 SNS에서 주목받기도 했던 왼
쪽의 지도는 '스필하우스(Spillhaus)'라고 불리는 투영법을 적용
해 그린 지도입니다. 이 도법은 남아프리카의 지구 물리학자이
자 해양학자인 아델스탄 스필하우스가 개발한 투영법으로 해
양을 세계의 중심에 놓으면서 지구가 물의 행성임을 상징적으
로 보여줍니다. 새로운 관점으로 그린 지구는 지금까지 인간이
육지 중심으로 사고하며 고려하지 못한 해양과 그 생태계를 잘
보여줍니다.

마지막 "선물" 같은 지형

우리나라의 모습을 위에서 바라보면 산들이 굽이굽이 이어져 보입니다. 이런 모습을 가진 곳들은 한반도 지형이라는 이름으로 우리나라 곳곳에 있습니다. 이미 알고 있을 수도 있는 유명한 영월 한반도 지형 말고도, 홍천군에도 이런 지형이 있답니다. 사진의 영귀미면 덕치리로 흐른 하천은 크게 S자를 그리면서 구불구불하게 휘어서 돌아 나가는 모습을 보여줍니다. 오랜 시간 동안 천천히 변화하여 만들어진 멋진 곡선의 자연은, 인공적으로 비교적 단시간에 만들어 낸 건물과는 또 다른 매력을 보여줍니다. 자연과 인공물과의 비교를 통해 우리는 다음과 같이 생각해 볼 수 있겠습니다.

곡선은 점들을 아주 촘촘히 잇거나, 짧은 직선을 여러 개 모아서 표시할 수 있습니다. 더욱 부드럽게 하려면 많은 점이 필요하게 됩니다. 이처럼 하나의 자연 지형을 이해하기 위해서는 관찰, 연대측정 기술, 지구관측 기술, 데이터를 저장하는 기술과 서비스하는 기술들과 같이 지형을 이루는 다양한 것들을 복합적으로 고려하는 과정들이 필요합니다. 더불어 가장 중요한 것은 왜? 어떻게 만들어졌을까 궁금해하는 호기심까지 있다면 지형을 더욱 재미있게 이해할 수 있을 것입니다. 이 책에서는 데이터 분석하고 지도 기반의 다양한 표현도로 재구성하여 독자 여러분께 우리나라의 트렌드를 전달하려고 노력했습니다. 차근차근 우리나라의 수많은 데이터를 뜯어본 과정들이 여러분께 잘 전달되어, 대한민국의 다양한 공간과 모습을 새롭게 알게 되고 나의 공간을 벗어나 다채로운 모습을 가진 우리나라를 돌아볼 수 있는 계기가 되기를 바랍니다.

강원도 홍천군 영귀미면 덕치리 감입곡류 지형[25]

출처

1장. 사람 이야기 "인구와 인간"

― 인구의 힘

강원도가 아니라 원춘도라고요?

1   행정안전부, 2022, 「주민등록인구현황」, "행정구역(시군구)별, 성별 인구수", https://kosis.kr/statHtml/statHtml.do?orgId=101&tblId=DT_1B040A3&conn_path=I2 (검색일: 23.05.03)

― 출생률이 높은 곳, 결혼한 부부가 많은 곳은 어디일까?

"출산율"과 "출생률", 뭐가 다르고 어디에서 달리 나타날까?

2   통계청, 2021, 「인구동향조사」, "시군구/합계출산율, 모의 연령별 출산율", https://kosis.kr/statHtml/statHtml.do?orgId=101&tblId=DT_1B81A17&conn_path=I2 (검색일: 23.05.03)
3   통계청, 2021, 「인구동향조사」, "시군구/인구동태건수 및 동태율(출생,사망,혼인,이혼)", https://kosis.kr/statHtml/statHtml.do?orgId=101&tblId=DT_1B8000I&conn_path=I2 (검색일: 23.05.03)
4   나건웅, 2023년 3월 1일, "집 때문에?… '출산율 1등' 세종시 신생아 줄어든 이유는", 머니투데이, https://news.mt.co.kr/mtview.php?no=2023022816472321683 (검색일: 23.05.03)
5   최슬기, 2018년 10월 24일, "'저출생'으로는 '저출산' 못 막는다", 한겨레, https://www.hani.co.kr/arti/opinion/column/867224.html (검색일: 23.05.03)

여성이 많은 지역과 남성이 많은 지역은 어디일까?

6   United Nations World Population Prospects, 2022
7   Isabel webb Carey and conrad Hackett, 2022.08.31., "Global population skews male, but UN projects parity between sexes by 2050", Pew Research Center, https://www.pewresearch.org/short-reads/2022/08/31/global-population-skews-male-but-un-projects-parity-between-sexes-by-2050/ (검색일: 23.05.03)
8   행정안전부(주민과), 2023.05, 남녀성비(시도/시/군/구), https://kosis.kr/statHtml/statHtml.do?orgId=101&tblId=DT_1YL20701&conn_path=I2 (검색일: 23.05.03)

신혼부부가 많은 지역은 어디일까?

9   통계청, 2022, 「인구동향조사」, 시군구/성/연령(1세)별 주민등록연앙인구, https://kosis.kr/statHtml/
statHtml.do?orgId=101&tblId=DT_1B040M1&conn_path=I2 (검색일: 23.05.03)
통계청, 2022, 「인구동향조사」, "시군구/인구동태건수 및 동태율(출생,사망,혼인,이혼)", https://kosis.kr/
statHtml/statHtml.do?orgId=101&tblId=DT_1B8000I&conn_path=I2 (검색일: 23.05.03)

KEYWORD – 세계의 다양한 혼인 제도

10   여성가족부, 2012, "혼인 등 가족관계등록 관련제도의 주요국가간 비교를 통한 제도개선방안"

— **다양한 형태의 가족을 살펴보자**

1인 가구는 어디에 가장 많을까요?

11   통계청, 2021, 「인구총조사」, "성 및 연령별 1인가구 – 시군구", https://kosis.kr/statHtml/statHtml.do?org
Id=101&tblId=DT_1PL1502&conn_path=I2 (검색일: 23.05.03)

비친족가구의 분포

12   통계청, 2021, 「인구총조사」, "세대구성 및 가구원수별 가구(일반가구) – 시군구" https://kosis.kr/
statHtml/statHtml.do?orgId=101&tblId=DT_1JC1516&conn_path=I2 (검색일: 23.05.03)
13   통계청, 2050, 「장래가구추계」, "가구주의 연령/가구유형/가구원수별 추계가구—전국", https://kosis.kr/
statHtml/statHtml.do?orgId=101&tblId=DT_1BZ0503&conn_path=I2 (검색일: 23.05.03)

20세 미만의 미성년자가 가구주가 되어야 하는 사연은 무엇일까요?

14   백인숙, 2016년 8월 4일, "미성년 '1인가구' 2만명 · 100세 이상 '홀몸노인' 1만2천명", 전국매일신문,
https://www.jeonmae.co.kr/news/articleView.html?idxno=114870 (검색: 23.07.24)
15   통계청, 2021, 「인구총조사」, "가구주의 연령 및 가구원수별 가구(일반가구) – 시군구", https://kosis.kr/
statHtml/statHtml.do?orgId=101&tblId=DT_1JC1511&conn_path=I2 (검색일: 23.05.03)

다문화 가구는 어디에 많을까요?

16   안산시청 홈페이지, "다문화마을특구 – 음식점지도(한글)", https://www.ansan.go.kr/global/common/
cntnts/selectContents.do?cntnts_id=C0002081 (검색: 23.07.24)
17   통계청, 2021, 「인구총조사」, "다문화가구 및 가구원 – 시군구", https://kosis.kr/statHtml/statHtml.do?o
rgId=101&tblId=DT_1JD1501&conn_path=I3 (검색일: 23.05.03)
18   교육통계서비스(KESS), 2020, "행정구역별 다문화(유형별) 학생수", https://kess.kedi.re.kr/stats/school
?menuCd=0101&cd=5430&survSeq=2020&itemCode=01&menuId=m_010107&uppCd1=010107&u
ppCd2=010107&flag=B (검색일: 23.05.17)
19   교육통계서비스(KESS), 2021, "행정구역별 다문화(유형별) 학생수", https://kess.kedi.re.kr/stats/school
?menuCd=0101&cd=5472&survSeq=2021&itemCode=01&menuId=m_010107&uppCd1=010107&u
ppCd2=010107&flag=A (검색일: 23.05.17)
20   한국청소년정책연구원, 2020, 「2020 다문화청소년 종단연구 : 총괄보고서」, "학교생활에서 친
구들과 어려운 점(중복응답) 변화추이", https://www.nypi.re.kr/brdrr/boardrrView.do?menu_
nix=4o9771b7&brd_id=BDIDX_PJk7xvf7L096m1g7Phd3YC&tab= (검색일: 23.05.17)

— **지구 위에 우리나라의 인구는 어느 정도일까?**

인구의 도시화

21 한국국토정보공사, 2021, 「도시계획현황」, 도시지역인구현황(시군구) https://kosis.kr/statHtml/statHtml.do?orgId=460&tblId=TX_315_2009_H1001&conn_path=I2 (검색일: 23.05.03)

22 United Nations, 2018년 5월 16일, "68% of the world population projected to live in urban areas by 2050, says UN", https://www.un.org/development/desa/en/news/population/2018-revision-of-world-urbanization-prospects.html (검색일: 23.05.03)

23 eurostat, 2021, "Population change – Demographic balance and crude rates at regional level (NUTS 3) (demo_r_gind3)" https://ec.europa.eu/eurostat/databrowser/bookmark/168107c0-c56f-4adb-85b4-381126e7944b?lang=en (검색일: 23.05.03)

24 통계로 보는 수원, 월별인구현황, https://www.suwon.go.kr/stat/stats/statsView.do?categorySeqNo=14 (검색일: 23.05.03)

세계가 100명으로 이루어져 있다면 우리나라는 몇 명일까요?

25 통계청, 2022, 「세계와 한국의 인구현황 및 전망」, "세계 대륙별 인구규모", https://kostat.go.kr/board.es?mid=a10301020600&bid=207&act=view&list_no=420361 (검색일: 23.05.03)

26 The World Bank, 2021, "Population, total", https://data.worldbank.org/indicator/SP.POP.TOTL (검색일: 23.05.03)

27 UN, 2023, "India to overtake China as world's most populous country in April 2023, United Nations projects", https://www.un.org/en/desa/india-overtake-china-world-most-populous-country-april-2023-united-nations-projects (검색일: 23.05.03)

2장. 사는(living) 곳이자 사는(buying) 것인 "주거 공간"

— **땅값은 어떻게 결정될까요?**

12년 만에 떨어진 땅값

1 우종철, 2005, "한국의 지가 변동요인 분석", 국내석사학위논문, 연세대학교 대학원, 서울
2 R-ONE 부동산통계뷰어, 2023.03, 「전국지가변동률조사」, "월별 지역별(읍면동포함)", https://www.reb.or.kr/r-one/statistics/statisticsViewer.do?menuId=LFR_12200 (검색일: 23.05.15)

— **집, 아파트, 오피스텔은 어디에 많을까요?**

아파트가 좋아? 단독주택이 좋아?

3 상가정보연구소, 2020, "단독주택 5년간 24만채 준공… 24.1% 수도권에 집중(2020.02.18.)", http://www.sglab.co.kr/bbs/board.php?bo_table=center2&wr_id=455&page=19, (검색일: 23.07.20)
4 R-ONE 부동산통계뷰어, 2020, 「부동산거래현황」, "년도별 세부항목(주택유형별)", https://www.reb.or.kr/r-one/statistics/statisticsViewer.do?menuId=LHT_66010 (검색일: 23.07.20)
5 통계청, 2021, 「주택총조사」, "주택의 종류별 주택 – 읍면동(연도 끝자리 0,5), 시군구(그 외 연도)" https://kosis.kr/statHtml/statHtml.do?orgId=101&tblId=DT_1JU1501&conn_path=I2 (검색일: 23.05.15)
6 에스원 범죄예방연구소, 2020, "휴가철, 도둑은 새벽에 주택 창문을 노린다(2020.07.20.)", https://www.s1.co.kr/company/pr-center/notice/4095 (검색일: 2023.07.21.)

1,000세대 이상 대단지 아파트 vs 150세대 이하 나홀로 아파트

7   공동주택관리정보시스템, 2022.12., "K-apt 관리비공개의무단지 기본정보(2022.12.01.)", https://www.k-apt.go.kr/board/boardView.do?seq=5080&board_secret=0&board_type=03&page_no=1&keyword=&board_pwd=&scode_t=01 (검색일: 23.05.03)

전국 오피스텔 100만 호 시대

8   통계청, 2021, 「인구총조사」, "주택(오피스텔 포함)의 종류 및 주거면적별 가구(일반가구) - 시군구" https://kosis.kr/statHtml/statHtml.do?orgId=101&tblId=DT_1JC1521&conn_path=I2 (검색일: 23.05.15)

9   허윤경·김성환, 2022.03. , "오피스텔 100만호 시대, 성과와 과제", 한국건설산업연구원

집이 아닌 집

10   통계청, 2020, 「인구총조사」, "거주층별 가구(일반가구)-시군구", https://kosis.kr/statHtml/statHtml.do?orgId=101&tblId=DT_1PE2007&conn_path=I2 (검색일: 23.05.15)

— 사회변화를 반영하는 주거 형태

신도시는 어디에 있을까?

11   택지정보시스템, 2022.10, 「택지정보 공간자료」, "지구경계_전국_20221130", https://www.jigu.go.kr/index.do (검색일: 23.05.15)

12   3기 신도시, "신도시 스토리", https://www.xn--3-3u6ey6lv7rsa.kr/kor/CMS/Contents/Contents.do?mCode=MN181 (검색일: 23.05.15)

13   WIKIPEDIA, "New towns in the United Kingdom", https://en.wikipedia.org/wiki/New_towns_in_the_United_Kingdom (검색일: 23.05.15)

노인주거복지시설과 지방 고령화의 불협화음

14   통계청, 2022, , 「2022 고령자 통계」, https://twitter.com/lenenooi/status/1682260321631895552?s=20 (검색일: 2023.07.21.)

15   보건복지부, 2021, 「2021 노인복지시설 현황」, ,https://www.mohw.go.kr/react/jb/sjb030301vw.jsp?PAR_MENU_ID=03&MENU_ID=032903&CONT_SEQ=366022&page=1 (검색일: 2023.07.21.)

16   도시재생종합정보체계, 2022, 「도시재생 분석지표」, "노년부양비", "독거노인 가구 비율", "노령화지수", https://www.city.go.kr/portal/notice/opensys/contents02/link.do (검색일: 2023.07.21.)

17   통계지리정보서비스, 2023, "2023년 인구피라미드", https://sgis.kostat.go.kr/jsp/pyramid/pyramid1.jsp (검색일: 23.10.01)

점점 비어가는 주택도 살펴볼까요?

18   통계청, 2022, 「미분양주택현황보고」, "시·군·구별 미분양 현황(2022년 10월)", https://kosis.kr/statHtml/statHtml.do?orgId=116&tblId=DT_MLTM_2082&conn_path=I2 (검색일: 2023.07.21.)

19   국토교통부 보도자료, 2022, "2월 주택 통계(미분양, 매매·전월세거래량 및 건설실적) 발표", 2022년 4월 1일, http://www.molit.go.kr/USR/NEWS/m_71/dtl.jsp?lcmspage=5&id=95086624 (검색일: 2023.07.21.)

3장. 의식주 다음 필요한, "안전한 공간"

— 더 안전한 도시를 위해 만든 지도

나라에서 제공하는 안전지도 서비스

1 행정안전부 생활안전지도, https://www.safemap.go.kr/main/smap.do?flag=2 (검색일: 423.05.22)

2 행정안전부 생활안전정보, "지역안전지수 - 울산광역시", https://www.safemap.go.kr/asds/safe.do#tab1 (검색일: 23.05.22)

우리 아이 등하굣길은 안전할까?

3 경찰청, 2021, 「경찰청범죄통계」, "피해자 성별 연령", https://stat.kosis.kr/statHtml_host/statHtml.do?orgId=132&tblId=DT_13204_501&conn_path=I2&dbUser=NSI_IN_132 (검색일: 23.05.25)

4 행정안전부, 2018, 긴급전화신고통합체계구축 최종 보고서

우리 집에서 가장 가까운 119 그리고 소화전은 어디에 있나?

5 공공데이터포털, "소방청_전국 소방서 및 119안전센터 정보", https://www.data.go.kr/data/15048242/fileData.do (검색일: 23.05.24)

6 소화전 위치(충주소방서 관내 소화전 위치), https://www.google.com/maps/d/viewer?mid=1-5C_D_ynO49M6u6zvNp2-ge7sJYTJ1pr&hl=ko&ll=36.97842445431327%2C127.92465775913844&z=15 (검색일: 23.05.23)

7 박수형, 2022년 6월 20일, "전국 소화전 위치, T맵에서 확인 가능", https://zdnet.co.kr/view/?no=20220620091942 (검색일: 23.05.23)

— 어쩔 수 없는 자연재해라도 적절한 대응을 하려면

산불, 태풍과 호우

8 행정안전부 보도자료, 2022년 10월 21일, "제11호 태풍 힌남노 피해 복구비 7,802억 원 확정", https://www.mois.go.kr/frt/bbs/type010/commonSelectBoardArticle.do?bbsId=BBSMSTR_000000000008&nttId=95829 (검색일: 23.01.02)

9 산림청, "10년간 산불발생 현황", https://www.forest.go.kr/kfsweb/kfi/kfs/frfr/selectFrfrStats.do?mn=NKFS_02_02_01_05 (검색일: 23.05.25)

10 산림청, 2023, 「2022년 산불통계 연보」, "최근 13~22년간 산불발생 통계" (검색일: 23.05.25)

11 산림청, "우리나라의 대형산불", https://www.forest.go.kr/kfsweb/kfi/kfs/cms/cmsView.do?mn=NKFS_02_02_01_03_03&cmsId=FC_001157 (검색일: 23.05.25)

12 기상청 기상자료개방포털, "강수량분석", https://data.kma.go.kr/stcs/grnd/grndRnList.do?pgmNo=69 (검색일: 23.06.20)

13 e-나라지표, "계절별 강수량 추이", https://www.index.go.kr/unity/potal/main/EachDtlPageDetail.do?idx_cd=1401 (검색일: 23.01.05)

14 행정안전부, 2022, 「2021년 재해연보(자연재해)」, "최근 10년간(2012~2021) 자연재난 통계" (검색일: 23.01.05)

15 서울시 오픈랩 활용 갤러리 "강남의 침수 위험 지도", https://openlab.eseoul.go.kr/ (검색일: 23.01.05)

16 행정안전부, 2021 재해연보, 최근 10년간 원인별 - 연도별 피해현황, https://www.mois.go.kr/frt/bbs/type001/commonSelectBoardArticle.do;jsessionid=Hii1yP2FySqoKhg-mRt6-pFA.node30?bbsId=BBSMSTR_000000000014&nttId=97685 (검색일: 23.06.20)

지진과 화산

17 행정안전부 보도자료, 2018년 2월 7일, "포항 '액상화 현상' 우려할 만한 수준 아니다!", https://www.mois.go.kr/frt/bbs/type010/commonSelectBoardArticle.do?bbsId=BBSMSTR_000000000008&nttId=61862 (검색일: 23.04.24)

18 국토정보지리원, 2020, 「국가지도집 2권」, "계기 지진", http://nationalatlas.ngii.go.kr/pages/page_2158.php (검색일: 23.04.25)

19 국민안전처, 2015, "화산재해 대응시스템 개발"

해양 안전도 중요해

20 해양수산부 국립해양조사원, "해양안전지도", https://www.khoa.go.kr/safety_map/info/details.do?p=sd (검색일: 23.04.25)

━ **안전하게 일할 수 있는 곳을 원해**
노동자가 안전하게 일할 수 있는 사회가 되려면

21 안현주, 2022년 12월 18일, "HDC현산 화정아이파크 붕괴사고", http://m.mdilbo.com/detail/c3QycN/684931 (검색일: 23.01.09)

22 오명근, 2022년 2월 8일, "양주 채석장 붕괴 근로자 3명 사망사고 인재(人災)… 안전 시설물 설치 않은 채 발파작업", https://www.munhwa.com/news/view.html?no=20220208MW193351790653 (검색일: 23.01.09)

23 정대하 신다은, 2022년 2월 11일, "전남 여수국가산업단지 안 공장 폭발사고 4명 사망", https://www.hani.co.kr/arti/society/society_general/1030720.html (검색일: 23.01.09)

24 JTBC, 2022년 12월 27일, "'사망사고' SPC 계열사 86% 산업안전법 위반… 임금 12억원 오지급 적발", https://news.jtbc.co.kr/article/article.aspx?news_id=NB12108739 (검색일: 23.01.09)

25 정민혁, 2022년 11월 7일, "올 3분기까지 산재사망 사고 483건, 510명 숨져", https://www.safetynews.co.kr/news/articleView.html?idxno=216765 (검색일: 23.01.09)

26 고용노동부, 「산업재해 현황분석」, "전체 재해율, 300인 미만 사업장 재해율, 사고성 사망만인율", https://www.moel.go.kr/policy/policydata/view.do?bbs_seq=20230100992 (검색일: 23.05.26)

27 고용노동부 보도자료, 2023년 1월 19일, "2022년 산업재해 현황 부가통계 「재해조사 대상 사망사고 발생 현황」 결과 발표", https://www.moel.go.kr/news/enews/report/enewsView.do?news_seq=14546 (검색일: 23.01.09)

4장. 삶의 질을 좌우하는 "여가와 문화공간"

━ **다채로운 K-문화 체험하기**
무슨 노래 듣고 계세요? 뉴진스의 하입보이요♬

1 이재훈, 2021년 10월 30일, [창사 20주년 특집] K팝, 빌보드 20년…"1위, 쉬워졌다", NEWSIS, https://mobile.newsis.com/view.html?ar_id=NISX20211028_0001631457#_PA

2 윤기백, 2022년 11월 9일, 4세대 아이돌, 어떻게 빌보드 초고속으로 접수했나, 이데일리, https://www.edaily.co.kr/news/read?newsId=01085686632524080&mediaCodeNo=258

3 윤수정, 2023년 1월 4일, 세계가 듣는 K팝… 음반 수출 60國→148國, 조선일보, https://www.chosun.com/culture-life/culture_general/2023/01/04/DSFGNN637VHHZKBGCBQ626AZSQ/

OTT의 보급과 K-드라마의 성장

4   정보통신정책연구원, 2022, 「세대별 OTT 서비스 이용 현황」, 세대별OTT서비스 이용률 추이, https://
    www.kisdi.re.kr/report/view.do?key=m2101113025790&masterId=4333447&arrMasterId=4333447&a
    rtId=657336 (검색일: 23.05.10)

5   정보통신정책연구원, 2022, 「세대별 OTT 서비스 이용 현황」, 세대별OTT서비스 이용 매체, https://www.
    kisdi.re.kr/report/view.do?key=m2101113025790&masterId=4333447&arrMasterId=4333447&art
    Id=657336 (검색일: 23.05.10)

6   김승한, 2022년 12월 1일, "넷플릭스 따라잡는다"…'토종 OTT 1위' 탄생, 티빙·시즌 합병, 머니투데이,
    https://news.mt.co.kr/mtview.php?no=2022120108570451935

7   Netfilx Top 10, NETFILX Top 10 By Country, https://www.netflix.com/tudum/top10 (검색일: 23.03.23)

영화 촬영지를 찾아 떠나는 여행

8   영화진흥위원회, 2021, 「2020년 한국 영화산업 결산」, 2011-2020년 한국 영화산업 주요 통계지
    표, https://www.kofic.or.kr/kofic/business/rsch/findPolicyDetail.do?policyNo=4666#none (검색일:
    23.03.23)

9   KOBIS, 연도별 박스오피스 2022, https://www.kobis.or.kr/kobis/business/stat/boxs/
    findYearlyBoxOfficeList.do (검색일: 23.03.23)

10 MOVIE LOCATION HUNTER, https://www.movielocationhunter.co.uk/ (검색일: 23.05.10)

一   활기차게! 몸을 움직일 수 있는 곳!

중요한 것은 꺾이지 않는 마음! 2022년 프로스포츠 관중 회복

11 이재국, '최초 프로야구단' 6개 구단 이야기, KBO리그40, https://m.sports.naver.com/kbo40/history/14
    (검색일: 23.03.23)

12 KBO, 구단소개, https://www.koreabaseball.com/About/Etc/TeamInfo.aspx (검색일: 23.04.20)

13 서영욱, 2019년 1월 21일, 스포츠꿈나무의 눈으로 보다①—수도권에 집중된 프로배구, 팬들의 생각은?,
    The SPIKE, http://m.thespike.co.kr/view.php?no=9801

14 KOVO, TEAM 남자부, 여자부, https://www.kovo.co.kr/team/21101_allteam_list.asp (검색일: 23.05.20)

15 K LEAGUE, K LEAGUE 1, https://www.kleague.com/ (검색일: 23.04.14)

16 2023 KW LEAGUE, TEAM, https://www.kwff.or.kr/team (검색일: 23.04.14)

우리 동네 공공체육시설은 얼마나 있을까요?

17 송애정, 2022년 6월 7일, 공공 스포츠시설 확충 및 위상 강화에 대한 고찰, 대한민국 정책브리핑, https://
    www.korea.kr/news/contributePolicyView.do?newsId=148902258#contributePolicy

18 국무조정실 생활SOC추진단, 생활SOC 3개년 계획(안) (2020~2022), 주요 생활인프라 현황, https://
    www.korea.kr/archive/expDocView.do?docId=38944 (검색일: 23.04.13)

19 문화체육관광부, 2022년 전국 공공체육시설 현황(2021년말 기준), 시도별 현황, https://www.mcst.
    go.kr/kor/s_policy/dept/deptView.jsp?pCurrentPage=1&pType=07&pTab=01&pSeq=1692&pDataCD
    =0417000000&pSearchType=01&pSearchWord= (검색일: 23.04.13)
    통계청, 「주민등록인구통계」, 시도별 주민등록 인구현황, https://kosis.kr/statHtml/statHtml.
    do?orgId=202&tblId=DT_202N_B4&conn_path=I2 (검색일: 23.04.13)

산은 보라고 있는 것이지, 타는 것이 아니라는 분들께

20 산림청, 100대명산, https://www.forest.go.kr/kfsweb/kfi/kfs/foreston/main/contents/FmmntSrch/
    selectFmmntSrchList.do?mn=NKFS_03_01_12 (검색일: 23.03.16)

21 한국의 산하, 인기명산 300, http://www.koreasanha.net/menu/top-100-ranking.htm (검색일: 23.03.16)

22 BLACKYAK ALPINE CLUB, 명산100, https://bac.blackyak.com/BAC/Program/Mountain100/ (검색일: 23.03.16)

23 박정원, 2018년 6월 1일, ['한국의 100대 명산' ⟨1⟩ 선정기준] 역사·경관·지리·인기·자연공원별 100 명산 엄선, 월간 산, http://san.chosun.com/news/articleView.html?idxno=11827

24 오경천, 2020년 7월 20일, 20~30대 등산 인구 증가… 아웃도어 '호재를 잡아라', 어패럴뉴스, http://www.apparelnews.co.kr/news/news_view/?idx=183892

— **다양한 컨셉을 가진 힐링공간**

소설가와 시인의 이야기가 살아있는 곳

25 국립한국문학관, 문학관 소개, http://nmkl.or.kr/bbs/content.php?co_id=introduction. (검색일: 23.03.14)

26 한국문학관협회, 회원 문학관 소개, http://www.munhakwan.com/member.html?html=member-munhakwan.html (검색일: 23.03.14)

우리 다음에는 책방에서 만나요

27 이수빈, 2022년 1월 19일, 서점마다 다른 매력으로 어필하는 '독립서점', 스냅타임, http://snaptime.edaily.co.kr/2021/05/%EC%84%9C%EC%A0%90%EB%A7%88%EB%8B%A4-%EB%8B%A4%EB%A5%B8-%EB%A7%A4%EB%A0%A5%EC%9C%BC%EB%A1%9C-%EC%96%B4%ED%95%84%ED%95%98%EB%8A%94-%EB%8F%85%EB%A6%BD%EC%84%9C%EC%A0%90/

28 이수현, 2020년 8월 17일, 특별함이 있는 독립서점, 한국연예스포츠신문, http://www.koreaes.com/news/articleView.html?idxno=359163

29 김채민, 2019년 4월 2일, '독립 서점' 급증… 독특한 문화 즐긴다, 시빅뉴스, http://www.civicnews.com/news/articleView.html?idxno=21568

30 동네서점, https://www.bookshopmap.com/ (검색일: 23.03.16)

31 한국문화정보원, 2023, 「북카페 등 테마별 서점 목록」, 전국 독립서점 및 운영정보(2022), https://www.bigdata-culture.kr/bigdata/user/data_market/detail.do?id=33660160-404b-11eb-af9a-4b03f0a582d6 (검색일: 23.03.16)

도심 속 잠깐 힐링할 수 있는 공간은 어디일까요?

32 함혜리, 2022년 4월, 미술관 박물관 관람객수 회복세, brunch story, https://brunch.co.kr/@hyerie/328

33 김예랑, 2022년 2월 14일, 방탄소년단 RM, 떴다 하면 관심… 부산시립미술관 나들이, 한경 연예, https://www.hankyung.com/entertainment/article/202202140911H

34 박정선, 2021년 6월 3일, 미술계도 반기는 연예인 마케팅 효과, 팬들 미술 편식 우려, 데일리안, https://www.dailian.co.kr/news/view/997682

35 공공데이터포털, 전국박물관미술관정보표준데이터, https://www.data.go.kr/data/15017323/standard.do (검색일: 23.04.11)

36 신성아, 2022년 12월 21일, 인터파크 올해 전시 관람객 33% 늘어… '故 이건희 기념전' 1위, NewDaily, https://www.newdaily.co.kr/site/data/html/2022/12/20/2022122000013.html

자연을 느낄 수 있는 공간이 줄어들고 있어요

37   정환, 2019년 2월 15일, 롯데월드 아쿠아리움, 단순한 수족관이라 할 수 없는 이유 또 생겨, NEWSIS, https://newsis.com/view/?id=NISX20190215_0000560195

38   김영화, 2023년 6월 1일, 얼룩말 탈출 그 후, 동물원의 존재 이유를 묻다, 시사 IN, https://www.sisain.co.kr/news/articleView.html?idxno=50376

39   서애리, 2023년 1월 30일, 반려식물 키우면 '이것' 얻을 수 있어…, HiDoc뉴스, https://www.hidoc.co.kr/healthstory/news/C0000765400

40   국립세종수목원, 정원과 수목원, https://www.sjna.or.kr/main/contents.do?idx=43 (검색일: 23.05.09)

41   산림청, 수목원/정원, https://www.forest.go.kr/kfsweb/kfi/kfs/cms/cmsView.do?mn=NKFS_03_03_01&cmsId=FC_000874 (검색일: 23.04.11)

눈치 보지 말고 댕댕이랑 여행갈까요 ♪

42   한국관광공사, 2022, 「2022 반려동물 동반여행 실태조사 보고서」, 반려견 동반여행 의향 평가, https://datalab.visitkorea.or.kr/site/portal/ex/bbs/View.do?cbIdx=1129&bcIdx=301114 (검색일: 23.03.16)

43   한국관광공사, 2021, 「반려동물 동반 여행 동향 분석과 개선과제」, 반려동물 현황 및 전망, https://datalab.visitkorea.or.kr/site/portal/ex/bbs/View.do?cbIdx=1129&bcIdx=298781 (검색일: 23.03.16)

44   임미순, 2021년 10월 22일, 반려동물 양육가구 312만 시대… 반려동물 동반여행 동향과 개선과제, 연합매일신문, http://www.ymnews.co.kr/news/articleView.html?idxno=16495

45   VISIT JEJU, 혼저옵서게, https://www.visitjeju.net/kr/search?searchtype=2&q=%ED%98%BC%EC%A0%80%EC%98%B5%EC%84%9C%EA%B0%9C (검색일: 23.03.16)

46   강원도관광재단, 강원 댕댕여지도, https://dangdangmap.net/pet (검색일: 23.03.16)

47   박임근, 2021년 4월 26일, 전북이 반려동물 동반여행지로 뜬다, 한겨레, https://www.hani.co.kr/arti/area/honam/992597.html

48   신은영, 2022년 12월 3일, 경남지역 반려동물 동반여행 정보 가득… 가이드북 발간, 펫헬스, https://www.pethealth.kr/news/articleView.html?idxno=5305

49   한국문화정보원, 2022, 전국 반려동물 동반 가능 문화시설 위치 데이터, https://www.data.go.kr/data/15111389/fileData.do?recommendDataYn=Y (검색일: 23.03.16)

━   다른 나라의 문화를 즐길 수 있는 꿀팁!

우리나라에서도 다른 나라의 문화를 직접 즐길 수 있다고요?

50   두산백과 두피디아, '대사관', https://terms.naver.com/entry.naver?docId=1081010&cid=40942&categoryId=31657 (검색일: 23.03.14)

51   박영석, 2011년 5월 25일, [수도권] [도시탐구] 대사관 54개 밀집…'외교 일번지', 조선일보, https://www.chosun.com/site/data/html_dir/2011/05/24/2011052402564.html (검색일: 23.06.01)

52   한성대학교 미디어위키, 성북구 대사관로, https://hwiki.eumstory.co.kr/index.php/%ec%84%b1%eb%b6%81%ea%b5%ac_%eb%8c%80%ec%82%ac%ea%b4%80%eb%a1%9c (검색일: 23.06.01)

53   이승배, 2022년 3월 21일, 美 대사관 이어 대통령실까지…'정치 1번가'로 떠오르는 용산, 서울경제, https://www.sedaily.com/NewsView/263I6510KJ

54   외교부, 주한공관주소록, https://www.mofa.go.kr/www/pgm/m_4073/uss/cnsrshp/inKoEmblgbdAdres.do (검색일: 23.03.14)

비자 없이 갈 수 있는 나라가 있다고? 밥을 먹었는데 돈을 더 내야 한다고요?

55   외교부 해외안전여행, 비자, https://www.0404.go.kr/consulate/visa.jsp (검색일: 23.03.14)

56   김혜린, 2023년 1월 12일, 한국 '여권 파워' 세계 2위, 코리아넷뉴스, https://www.kocis.go.kr/koreanet/view.do?seq=1043731

57　이현진, 2023년 1월 31일, 미국에서 팁은 얼마를 주어야 하나?, 콜로라도 타임즈, https://
www.coloradotimesnews.com/%EB%AF%B8%EA%B5%AD%EC%97%90%EC%8
4%9C-%ED%8C%81%EC%9D%80-%EC%96%BC%EB%A7%88%EB%A5%BC-
%EC%A3%BC%EC%96%B4%EC%95%BC-%ED%95%98%EB%82%98/

58　THISCovery, 2023년 2월 6일, [궁금7] 미국에는 왜 팁 문화가 있을까?, https://youtu.be/Sz8ZnhK_YG0

5장. 경제활동이 기본! "생산과 유통 공간"

─　**생산부터 제조, 활용까지!**

생산부터 제조, 활용까지!
6차산업이 무엇인지 알고 있나요?

1　농림수산식품교육문화정보원 6차산업 홈페이지, "6차산업이란", https://www.xn—6-ql4f73k2zh.
com:448/home/main.cs (검색일: 23.01.12)

쌀, 채소, 과일의 생산부터 소비까지, 1차산업

2　포스코경영연구원, "식량 자급률", https://www.posri.re.kr/ko/board/content/16674 (검색일: 23.01.05)

3　이지혜, 2022년 10월 19일, "대한민국, 곡물자급률 OECD 최하위...식량안보 위태", 한국뉴스투데이,
http://www.koreanewstoday.co.kr/news/articleView.html?idxno=68593 (검색일: 22.12.27)

4　통계청, 2021, 「농작물생산조사」, "시군별 논벼 생산량(정곡, 92.9%)", https://kosis.kr/statHtml/statHtml.
do?orgId=101&tblId=DT_1ET0034&conn_path=I3 (검색일: 22.12.27)

5　통계청, 2022, "2022년 쌀 생산량조사 결과", https://kostat.go.kr/board.es?mid=a10301080100&bid
=228&tag=&act=view&list_no=421750&ref_bid=222,223,225,226,227,228,229,230,11321 (검색일:
22.12.27)

6　농림축산식품부, 2023년 1월 27일, "쌀 소비량 감소 폭 축소, 안정적 쌀 수급관리 도모", https://mafra.
go.kr/home/index..do (검색일: 23.02.08)

7　국가공간정보포털 오픈마켓, "수치표고모델(DEM))_90M", http://www.nsdi.go.kr/
lxportal/?menuno=2679 (검색일: 23.03.31)

8　디지털완주문화대전, "대간선수로", http://aks.ai/GC07001368 (검색일: 23.05.02)

9　국가공간정보포털 오픈마켓, "(연속주제)_하천/용도구역", "수치지형도 v2.0(1:5000)", http://www.nsdi.
go.kr/lxportal/?menuno=2679 (검색일: 23.03.31)

10　한국농촌경제연구원 농업관측센터 농업관측정보, "양념채소 – 2021년 3월호, 12월호", "엽근채소 –
2022년 9월호, 2023년 3월호", https://aglook.krei.re.kr/main (검색일: 23.05.09)

11　국제신문 디지털콘텐츠팀, 2023년 4월 24일, "[사설] 꿀벌 집단 폐사 후폭풍으로 과일 농사 위기", 국제신
문, http://www.kookje.co.kr/news2011/asp/newsbody.asp?code=00&key=20230425.22023007316
(검색일: 23.05.10)

KEYWORD – 도시농업

12　농림수산식품교육문화정보원 도시농업 종합정보서비스 모두가 농부, "도시농업 정의 및 현황", https://
www.modunong.or.kr:449/home/kor/guide/status/index.do?menuPos=3 (검색일: 23.04.25)

생산부터 제조, 활용까지! 농촌 활성화 전략은 진행 중, 6차산업

13　농림수산식품교육문화정보원 6차산업 홈페이지, "6차산업 인증제도 인증사업자", "인증제품 소개 안테나
숍", "태신목장", https://www.xn—6-ql4f73k2zh.com:448/home/main.cs (검색일: 23.01.12)

제주도에선 귤이 남아서 처치 곤란할 때도 있대, 제주도의 감귤지도

14 환경공간정보서비스, 2014년 4월 28일, "1:25000 제주도 지역 중분류토지피복지도", https://egis.me.go.kr/ (검색일: 23.01.27)

15 제주특별자치도 감귤출하연합회, 2022, 「2021년산 감귤 유통처리 분석」, "감귤 거점산지유통(APC) 건립 현황", p.105

16 제주특별자치도, 2022, "품종별감귤생산현황_20220531", https://www.data.go.kr/data/15010584/fileData.do (검색일: 23.01.27)

17 KBS News, 2021년 12월 16일, "올해도 '비상품' 감귤 처리 전쟁...뾰족한 대책은 없어", https://youtu.be/j06o_Q9kbY4 (검색일: 23.01.27)

18 문미숙, 2022년 2월 14일, "러시아, 제주산 노지감귤에 반했다... 수출 날개", 한라일보, http://www.ihalla.com/read.php3?aid=1644827760720866010 (검색일: 23.01.26)

19 김지우, 2022년 11월 17일, "우크라전쟁 장기화에 감귤 수출 '비상'", KCTV, https://www.kctvjeju.com/kctvjeju/news/view.kctv?article=k193944 (검색일: 23.01.26)

─ 기후변화로 인해 바뀌게 될, 바뀌고 있는 우리의 밥상

미래에는 우리나라도 사과를 수입해 먹을 수 있어요

20 농정해양위원회, 2021년 9월 7일, 「경기도 기후변화 대비 작물 육성 및 지원에 관한 조례안 심사보고서」, "주요 작물의 재배지 변화", https://kms.ggc.go.kr/mnts/MntsFileDownLoadProc.do?mode=apndx&flSn=69849 (검색일: 23.01.30)

21 농사로 홈페이지 이달의 농업기술, "온난화로 미래 과일 재배 지도가 바뀐다.", https://www.nongsaro.go.kr/portal/ps/psv/psvr/psvre/curationDtl.ps?menuId=PS03352&srchCurationNo=1768&totalSearchYn=Y (검색일: 23.01.30)

22 통계청 보도자료, 2018년 4월 10일, "기후변화에 따른 주요 농작물 주산지 이동현황", https://kostat.go.kr/board.es?mid=a10301010000&bid=11860&act=view&list_no=367060&tag=&nPage=1&ref_bid= (검색일: 23.01.30)

23 노영수, 2023년 1월 4일, "농식품 기후변화대응센터", 해남신문 http://www.hnews.co.kr/news/articleView.html?idxno=62391 (검색일: 23.01.30)

24 농촌진흥청 보도자료, 2015년 2월 27일, "기후 변화에 민감한 과수, 100년 뒤 재배지 모습은?", http://www.rda.go.kr/board/board.do?mode=view&prgId=day_farmprmninfoEntry&dataNo=100000706869 (검색일: 23.01.30)

수온의 변화로 인해 바뀌게 될 우리 밥상의 생선들, 변화하는 수산물 지도

25 통계청 보도자료, 2018년 6월 25일, "기후(수온)변화에 따른 주요 어종 어획량 변화", https://kostat.go.kr/board.es?mid=a10301080100&bid=225&tag=&act=view&list_no=368502&ref_bid=222,223,225,226,227,228,229,230,11321 (검색일: 23.01.27)

26 통계청 보도자료, 2022년 2월 25일, "2021년 어업생산동향조사 결과(잠정)", https://kostat.go.kr/board.es?mid=a10301080400&bid=225&tag=&act=view&list_no=416967&ref_bid= (검색일: 23.01.26)

27 이민준, 2021년 12월 20일, "[기후위기] 동해안 갈치·서해안 오징어가 반갑지만은 않은 이유", http://www.chemicalnews.co.kr/news/articleView.html?idxno=4416 (검색일: 23.04.10)

─ 지나친 음주는 건강에 해롭지만… 조금씩 다양하게 즐겨볼까?

수입한 주류 대신 우리나라 전통 주류를 즐겨보자

28 국세통계포털, 2022, "10-2-1. 민속주 주류별·지역별 출고 현황", "10-2-2. 지역특산주 주류별·지

역별 출고 현황", "10-2-3. 소규모주류 주류별·지역별 출고 현황", https://tasis.nts.go.kr/websquare/websquare.html?w2xPath=/cm/index.xml (검색일: 23.01.31)

29   원동욱, 2023년 1월 21일, "'술 취하기보다 음미한다' 전통주·와인 즐기는 MZ세대, 중앙일보, https://www.joongang.co.kr/article/25135203#home (검색일: 23.05.30)

30   메조미디어, 2022, "2022 주류 소비 트렌드 리포트", https://www.adic.or.kr/lit/report/show.do?ukey=184358&oid=@71536%7C3%7C17 (검색일: 23.01.30)

31   정가람, 2019년 1월 24일, '세계는 초록병홀릭' 국민 술 소주에 담긴 '역산 한 잔', 서울경제신문, https://m.post.naver.com/viewer/postView.naver?volumeNo=17664459&memberNo=22213349 (검색일: 23.05.30)

32   공공데이터포털, 2023, "한국농수산식품유통공사_찾아가는양조장정보", https://www.data.go.kr/data/15048756/fileData.do (검색일: 23.04.27)

──   **물류시설과 유통업체를 거쳐 우리에게 상품이 닿기까지**

교통의 요충지, 전국에 퍼져있는 물류시설

33   네이버 지식백과, "물류", https://terms.naver.com/entry.naver?docId=4320&cid=43659&categoryId=43659 (검색일: 23.04.03)

34   국가물류통합정보센터, 2023, "물류창고업 정보", "물류단지 정보", "물류터미널 정보", "내륙물류기지 정보", https://www.nlic.go.kr/nlic/WhsInfoWarehouseSch.action (검색일: 23.01.31)
국가교통정보센터, 2023, "전국표준노드링크 – MOCT_LINK", https://www.its.go.kr/nodelink/nodelinkRef (검색일: 23.04.03)
국가공간정보포털 오픈마켓, "수치표고모델(DEM))_90M", http://www.nsdi.go.kr/lxportal/?menuno=2679 (검색일: 23.03.31)

지금의 택배 서비스는 양날의 칼

35   통계청, 2022, 「서비스업동향조사」, "소매업태별 판매액지수(2015=100)", https://kosis.kr/statHtml/statHtml.do?orgId=101&tblId=DT_1K31013&conn_path=I3 (검색일: 23.02.08)

36   김진하·황민영, 2021, "택배기사 근로환경 문제와 개선 방안", 서울연구원 정책리포트 제319호, p.6, https://www.si.re.kr/node/64520 (검색일: 23.02.08)

37   통계청, 2021, 「산업재해현황」, "전체 재해 현황 및 분석–업종별(산업별 중분류)", https://kosis.kr/statHtml/statHtml.do?orgId=118&tblId=DT_11806_N000&conn_path=I3 (검색일: 23.02.01) ※ 산업중분류별(2)의 철도·항공·창고·운수 관련 서비스업에 해당하는 인구수를 포함하여 수치를 파악하였음.

38   최용락, 2020년 9월 10일, "택배노동자, 주 71시간 일하고 점심시간은 고작 12분", 프레시안, http://www.pressian.com/pages/articles/2020091013551947472 (검색일: 23.02.01)

39   신인식, 2018년 6월 1일, "Part 3. 빠름이 만들어낸 사회적 손실", 물류신문, http://www.klnews.co.kr/news/articleView.html?idxno=117678 (검색일: 23.02.01)

40   국가물류통합정보센터, "생활물류통계 – 년도별 생활물류실적(택배 물동량 추이, 택배 매출액 추이, 택배 이용횟수 추이", https://www.nlic.go.kr/nlic/parcelServiceLogistics.action (검색일: 23.02.08)

조금 느려도 뭐 어때! 편의점을 거점으로 한 택배 배송 서비스의 등장

41   윤다정, 2021년 3월 4일, "[이슈백블] 무한 택배시대... 나는 '착한택배'에 주문한다", news1, https://www.news1.kr/articles/4225787 (검색일: 23.02.07)

육지와 도서 지역의 택배 배송비는 차이가 얼마나 날까?

42   제주특별자치도·제주녹색소비자연대, 2022, 「도서지역 추가배송비 부담 실태조사 결과보고서」, https://

www.jeju.go.kr/industry/economicinfo/logistics/logisticsinfo.htm?act=view&seq=1400253 (검색일: 23.02.07)

6장. 움직여야 사는 사회 "교통공간"

가까운 곳은 편리하게! 개인형 이동수단이 늘어나고 있대

개인형 이동수단(PM, Personal Mobility)이란?

1 Nielsen 홈페이지, "200만 이용자 목전에 둔 '퍼스널모빌리티', 대안 교통수단으로 자리잡나?", 2020.11.30. 제310-2호, http://www.koreanclick.com/insights/newsletter_view.html?code=topic&id=599&page=1&utm_so (검색일: 23.03.23)

2 TAAS 교통사고분석시스템, "차종별 교통사고(2018-2021년도)", https://taas.koroad.or.kr/sta/acs/gus/selectVhctyTfcacd.do?menuId=WEB_KMP_OVT_MVT_TAG_VTT (검색일: 23.03.17)

3 신희철, 2020, "미래 개인형 이동수단의 활성화 방안", 월간교통, 268, p.36 (검색일: 23.02.24)

친환경 움직임, 지방자치단체의 공공자전거 서비스

4 「자전거 이용 활성화에 관한 법률」 제2조 제1호. (검색일: 23.03.23)

5 통계청, 2022, 「자전거이용현황」, "공영자전거 운영 현황", https://kosis.kr/statHtml/statHtml.do?orgId=110&tblId=DT_110031_010&conn_path=I2 (검색일: 23.03.23)

6 행정안전부 생활공간정책과, 2022, "2021년 기준 자전거 이용 현황", https://www.mois.go.kr/frt/bbs/type001/commonSelectBoardArticle.do?bbsId=BBSMSTR_000000000014&nttId=95018#none (검색일: 23.03.23)

7 창원 누비자 홈페이지, https://www.nubija.com/main/main.do (검색일: 23.02.24)

8 광주 타랑께 홈페이지, https://tarangge.gwangju.go.kr/ (검색일: 23.02.27)

9 박지훈, 2023년 5월 4일, "광주 무인 공유자전거 '타랑께' 시스템 대폭 개선", 서울경제, https://www.sedaily.com/NewsView/29PG5RQ8RH (검색일: 23.07.14)

10 대전 타슈 홈페이지, https://bike.tashu.or.kr/main.do (검색일: 23.03.23)

11 류용규, 2022년 10월 25일, "세종시 예측행정, '디지털 트윈' 기술로 앞서나간다", 세종의 소리, https://www.sjsori.com/news/articleView.html?idxno=60620 (검색일: 23.03.23)

12 이현승·김태호, 2023년 2월 3일, "[위기의 따릉이] ① 달릴수록 적자 나는 서울 마스코트… 13년 만에 '요금 인상' 카드 만지작", 조선비즈, https://biz.chosun.com/topics/topics_social/2023/02/03/EE3656J6QNEC3EURB6JYJY65YA/ (검색일: 23.03.23)

우리나라 곳곳의 다양한 대중교통 이야기를 알아보자

서울의 버스정류장과 지하철역은 어느 곳에 가장 많을까?

13 서울 열린데이터 광장, "서울시 버스정류소 위치정보(2023.03.10)", http://data.seoul.go.kr/dataList/OA-15067/S/1/datasetView.do (검색일: 23.03.20)

공공데이터포털, "서울교통공사_9호선 2_3단계 역사 좌표(위경도) 정보_20220310", https://www.data.go.kr/data/15099317/fileData.do (검색일: 23.03.21)

공공데이터포털, "국가철도공단_공항철도_주소데이터_20221122", https://www.data.go.kr/data/15041094/fileData.do (검색일: 23.03.21)

14 공공데이터포털, "서울교통공사_1_8호선 역사 좌표(위경도) 정보_20211231", https://www.data.go.kr/data/15099316/fileData.do (검색일: 23.03.21)

사라지는 시외버스 터미널과 지역 격차 가속화의 위기

15 The GIS Encyclopedia, "Jenks Natural Breaks Classification", https://wiki.gis.com/wiki/index.php/ Jenks_Natural_Breaks_Classification (검색일: 23.07.14)

16 공공데이터포털, "한국교통안전공단_전국 대중교통 버스터미널 현황_20201231", https://www.data. go.kr/data/15066765/fileData.do (검색일: 23.03.02)

17 김동규, 2023년 1월 4일, "'서민의 발' 버스터미널 최근 3년새 18곳 폐업... "교통복지 위해 폐업 막아야", 파이낸셜 뉴스, https://www.fnnews.com/news/202301041153340309 (검색일: 23.03.02)

18 예충열 · 김동준 · 조종석 · 임서현 · 이태형 · 박진서 · 황순연 외 10인, 2022, "2022 교통 · 물류 · 항공 미래전망", 한국교통연구원, p.32

교통약자를 위한 천 원 교통서비스

19 교통약자의 이동편의 증진법, https://www.law.go.kr/%EB%B2%95%EB%A0%B9/%EA%B5%90%ED%8 6%B5%EC%95%BD%EC%9E%90%EC%9D%98%EC%9D%B4%EB%8F%99%ED%8E%B8%EC%9D%98 %EC%A6%9D%EC%A7%84%EB%B2%95 (검색일: 23.03.17)

20 충남알뜰교통카드, https://chungnam.alcard.kr/ (검색일: 23.03.17)

21 안관옥, 2021년 12월 20일, "여수도 내년 1월1일부터 '청소년 100원 버스' 운행한다", 한겨레, https:// www.hani.co.kr/arti/area/honam/1024047.html (검색일: 23.03.17)

22 공공데이터포털, "전국교통약자이동지원센터정보표준데이터_20230104", https://www.data.go.kr/ data/15028207/standard.do (검색일: 23.03.17)

KEYWORD – 수요응답형 교통체계, DRT(Demand Responsive Transport)

23 한국교통안전공단, '수요응답형 대중교통(DRT) 구축 · 운영', https://www.kotsa.or.kr/portal/contents. do?menuCode=01080500 (검색일: 23.03.17)

24 경기도뉴스포털 보도자료, "오후석 행정2부지사, 파주 '똑버스(경기도형 DRT)' 확대 방안 논의", https:// gnews.gg.go.kr/briefing/brief_gongbo_view.do?BS_CODE=S017&number=56318 (검색일: 23.03.17)

25 파주시청 유튜브, 2023년 2월 10일, "2월 둘째주 파주브리핑", http://www.youtube.com/ watch?v=ZlTZRUzuTa4&t=3s (검색일: 23.03.17)

─ 수입차와 친환경 차는 어디에 많을까?

늘어나는 수입차, 수입차가 많은 지역은?

26 자동차관리법, https://www.law.go.kr/%EB%B2%95%EB%A0%B9/%EC%9E%90%EB%8F%99%EC%B0 %A8%EA%B4%80%EB%A6%AC%EB%B2%95 (검색일: 23.03.14)

27 국토교통 통계누리, "자동차등록현황보고_2023년 01월 자동차 등록자료 통계", https://stat.molit.go.kr/ portal/cate/statFileView.do?hRsId=58&hFormId=5409&hKeyWord=%25EC%259E%2590%25EB%2 58F%2599%25EC%25B0%25A8%25EB%2593%25B1%25EB%25A1%259D&hTotalFlag=Y (검색일: 23.03.16)

28 한국수입자동차협회(KAIDA), "수입 승용차 점유율", https://www.kaida.co.kr/ko/statistics/ kaidaShareList.do (검색일: 23.03.14)

29 최평천, 2023년 1월 31일, "법인차 단번에 알아본다... 이르면 7월부터 연두색 전용 번호판", 매일경제, https://stock.mk.co.kr/news/view/23602 (검색일: 23.03.14)

화석 연료를 사용하는 자동차 대신 환경친화적 자동차는 어떨까?

30 찾기쉬운생활법령정보, "환경친화적 자동차의 개념 및 종류", https://easylaw.go.kr/CSP/CnpClsMain.laf ?popMenu=ov&csmSeq=1404&ccfNo=1&cciNo=1&cnpClsNo=1 (검색일: 23.03.15)

31   환경부, 2015, 「친환경자동차」

32   진유한, 2022년 11월 24일, "올해 제주 전기차 민간보급 신청 6400대 넘었다", 제주뉴스, https://www.
      jejunews.com/news/articleView.html?idxno=2198368 (검색일: 23.03.15)

신기술 도입을 시작하는 우리나라의 비행기와 배

세계에서 제일 붐비는 국내 비행기 노선은 우리나라에?

33   한국항공협회 보도자료, 2021년 12월 21일, "2021년 항공통계 세계편 발간", http://www.airtransport.
      or.kr/home/kor/board.do?menuPos=35&act=detail&idx=385&searchValue1=0&searchKeyword=&pa
      geIndex=1 (검색일: 23.03.10)

34   Air portal, "항공통계", https://www.airportal.go.kr/knowledge/statsnew/main.jsp# (검색일: 23.03.10)

35   하유미, 2020년 3월 12일, "도로까지 삐져나온 비행기 '만차'... LCC 하루 주차비만 5000만원", 이투데이,
      https://news.zum.com/articles/58743812 (검색일: 23.03.10)

36   좌동철, 2022년 10월 16일, "제주공항, 5년간 3524억원 당기순이익 '유일한 흑자 공항'", 제주일보,
      https://www.jejunews.com/news/articleView.html?idxno=2197126#:~:text=%ED%9D%91%EC%9E%
      90%EB%A5%BC%20%EB%B3%B4%EC%9D%B8%20%EA%B3%B5%ED%95%AD%EC%9D%84,%EC%
      9D%80%20%EC%A0%81%EC%9E%90%EB%A5%BC%20%EA%B8%B0%EB%A1%9D%ED%96%88%E
      B%8B%A4 (검색일: 23.03.10)

KEYWORD – 도심 항공 모빌리티, UAM(Urban Air Mobility)

37   국토교통과학기술진흥원 · 한국연구재단, 2021, 「한국형 도심항공교통(K-UAM) 기술로드맵」

38   Fortune business insights, 2022.2

새로운 변화가 시작되고 있는 우리나라의 항만

39   「항만법」 제2조 (검색일: 23.03.23)

40   배혜림, 2021, 한국형 스마트항만으로 가는 길, 해양수산과학기술진흥원, 오션 인사이트, p.2.

41   김근섭 · 이기열 · 김보경, 2018, "스마트항만(Smart Port), 전체 물류망을 고려한 로드맵 수립 필요", 한국
      해양수산개발원 KMI 동향분석 74.

42   신인식, 2023년 1월 3일, "선진화 된 스마트항만기술, 버려질 위기에 처해", 물류신문, https://www.
      klnews.co.kr/news/articleView.html?idxno=306639 (검색일: 23.03.24)

43   공공데이터포털, "해양수산부_항만정보_20210917", https://www.data.go.kr/data/15088273/fileData.
      do (검색일: 23.03.22)
      해양수산부 부서별사전공표, "전국항만 위치도", https://www.mof.go.kr/doc/ko/selectDoc.do?menuSe
      q=427&bbsSeq=2&docSeq=49107 (검색일: 23.03.22)
      국가공간정보포털 오픈마켓, "(연속주제)_하천/용도구역", http://data.nsdi.go.kr/dataset/12843 (검색일:
      23.07.14)

7장. 끝이 없는 "배움의 공간"

학교가 겪고 있는 변화를 살펴볼까?

학교용지 비율이 높은 도시: 학교용 땅이 따로 있다고?

1   박종화, 2022년 5월 16일, '애물단지' 학교용지, 용도변경 가능해진다, 이데일리, https://www.edaily.
      co.kr/news/read?newsId=04162326632329576&mediaCodeNo=257&OutLnkChk=Y

2 국토교통부, 2022, 「지적통계」, "행정구역별 · 지목별 국토이용현황_시군구" https://kosis.kr/statHtml/statHtml.do?orgId=116&tblId=DT_MLTM_2300&conn_path=I2 (검색일: 23.05.17)

폐교가 변화한 장소들

3 교육부, 2022, 「초 · 중 · 고 교육」, "2022년 폐교재산 활용현황", https://www.moe.go.kr/boardCnts/viewRenew.do?boardID=316&lev=0&statusYN=W&s=moe&m=0302&opType=N&boardSeq=91875 (검색일: 23.05.17)
4 네이버 지도 거리뷰, 홍천 모곡초 동막분교장, https://map.naver.com/p/ (검색일: 23.05.17)
5 익산시 문화관광 홈페이지, 익산교도소세트장 사진, https://www.iksan.go.kr/tour/board/view.iksan?boardId=BBS_TOUR_NTOUR&startPage=1&menuCd=DOM_000005901001000000&contentsSid=3883&categoryCode1=A03,%20&categoryCode2=01&searchOperationEtc1=OR&searchOperationEtc2=OR&searchType=&keyword=&dataSid=533399 (검색일: 23.05.17)
6 박종덕, 평창 가평초 사진 제공

차별에 아파하는 아이들을 위한 변화가 필요해

7 한은화, 2021년 9월 11일, ""이건 기적"... 엄마들의 무릎호소 '서진학교' 놀라운 반전", 중앙일보, https://www.joongang.co.kr/article/25006221#home (검색일: 23.05.17)
8 전혜원, 2017년 10월 17일, "밀알학교를 보라 지역의 보배가 되었다", 시사IN, https://www.sisain.co.kr/news/articleView.html?idxno=30302 (검색일: 23.05.17)
9 한국특수교육총연합회, 2022, "2022 전국 특수학교 열람표", https://kase.or.kr/sp-edu/schools/ (검색일: 23.05.17)

인재들이 모이는 나라

10 통계청, 법무부, 2020, 「이민자체류실태및고용조사」, "한국으로 유학 온 이유(1순위, 유학생)", https://kosis.kr/statHtml/statHtml.do?orgId=101&tblId=DT_2FA001F&conn_path=I2 (검색일: 23.05.17)
11 IMD, 2022, 「World Talent Ranking」, "IMD World Talent Ranking 2022", https://www.imd.org/centers/wcc/world-competitiveness-center/rankings/world-talent-raㅊㅎㄹnking/ (검색일: 23.05.17)

— 미래의 나는 어디서, 어떻게 일하고 있을까?
일자리가 필요한 사람, 여기여기 모여라

12 대한민국 교육부, 2021년 8월 31일, 교육에는 끝이 없다! 평생에 걸쳐 진행되는 평생교육, https://if-blog.tistory.com/12508
13 여성가족부, 2021, "여성새로일하기센터 현황" http://www.mogef.go.kr/mp/pcd/mp_pcd_s001d.do;jsessionid=waMyTvegAR7eeSdACBNf6UG9.mogef10?mid=plc500&bbtSn=22 (검색일: 23.05.17)
14 한국교육개발원, 2022, 「평생교육통계」, "지역별 평생교육기관 현황" https://kosis.kr/statHtml/statHtml.do?orgId=334&tblId=TX_334_2009_H2004&conn_path=I2 (검색일: 23.05.17)
15 대한민국 정책브리핑, K-MOOC(한국형 온라인 공개강좌), https://www.korea.kr/special/policyCurationView.do?newsId=148866901&pWise=sub&pWiseSub=B12#policyCuration (검색일: 23.05.17)
16 이하나, 2022년 3월 15일, 여가부, 경력단절여성 취업 돕는 729개 직업훈련 운영, 여성신문, https://www.womennews.co.kr/news/articleView.html?idxno=221161

새로운 시대를 위한 새로운 교육과 직업

17 공공데이터포털, 2022, "한국대학교육협의회_대학알리미 대학별 학과정보", https://www.data.go.kr/data/15014632/fileData.do?recommendDataYn=Y (검색일: 23.05.17)

18 한국고용정보원, 2020, "2020 한국의 직업정보 : 2020 KNOW 연구보고서" https://policy.nl.go.kr/
search/searchDetail.do?rec_key=SH2_PLC20220284466 (검색일: 23.05.17)

KEYWORD – 국립대학교(國立大學校, National University)

19 조근영, 2023년 4월 18일, 목포대, 15개 학과 폐지… 고강도 학사구조 개편안 마련, 매일경제, http://
stock.mk.co.kr/news/view/98992
20 목포대학교, 국립목포대학교, 국립대 초유의 15개 학과 폐지, 수요자중심 융합교육시스템으로 혁신,
https://www.mokpo.ac.kr/planweb/board/view.9is?contentUid=4a94e3926d1a8834016d660f162c35
16&boardUid=4a94e3926f265d16016f9ef651425353&pBoardId=&dataUid=4a94e3926cad5966016c
adc4d5cd001c&nttId=853928 (검색일: 23.05.17)

창업도 수도권이 유리할까?

21 대한민국 정책브리핑, 벤처 · 스타트업 종사자 76만여명…1년 새 9.7% 증가, https://www.korea.kr/
news/policyNewsView.do?newsId=148904525 (검색일: 23.05.17)
22 류찬희, 2022년 2월 3일, 벤처투자도 수도권 집중…중기부, 지역 벤처 활성화 펀드 4700억원 조성, 서울
신문, https://www.seoul.co.kr/news/newsView.php?id=20220203500063

23 벤처확인종합관리시스템, "벤처확인기업 현황", https://www.smes.go.kr/venturein/statistics/
viewVentureCurrent (검색일: 23.05.17)

24 벤처확인종합관리시스템, "한 눈에 보는 벤처기업", 2022, https://www.smes.go.kr/venturein/statistics/
watchTotalVntr/viewDtlAreaVntr (검색일: 23.05.17)

8장. 생로병사가 담긴 "건강공간"

줄어드는 아이, 줄어드는 소아과

갑자기 우리 아이가 아플 땐

1 국립중앙의료인, "달빛어린이병원(야간 휴일 소이과)", https://www.nmc.or.kr/nmc/cmrrm/
emrrm/babyList.do?Q0=%EC%84%9C%EC%9A%B8&WGS84_LON=127.0851566&WGS84_
LAT=37.48813256&menuNo=200508 (검색일: 23.04.11)
2 달빛 어린이병원 홈페이지, https://www.e-gen.or.kr/moonlight/main.do (검색일: 23.04.11)
3 통계청, 2023, 「주민등록인구현황」, "행정구역(읍면동)별/5세별 주민등록인구(2011년~)", https://kosis.
kr/statl Itml/statl Itml.do?orgId=101&tblId=DT_1D04005N&conn_path=I3, (검색일: 23.06.08)

영아사망률 지도

4 바츨라프 스밀, 『숫자는 어떻게 진실을 말하는가:넘겨짚지 않고 현실을 직시하는 71가지 통찰』, 강주헌
역, 서울: 김영사, 2021
5 통계청, 2022, 「사망원인통계」, "영아사망원인(67항목)", https://kosis.kr/statHtml/statHtml.
do?orgId=101&tblId=DT_1B34E08

소아청소년과가 없어진다고?

6 통계청 보도자료, 2022.02.23, 「2021년 출생 · 사망통계」, "합계출산율", https://www.korea.kr/news/
policyNewsView.do?newsId=156496785 (검색일 23.06.28)

7 대한소아청소년과학회 · 대한소아청소년과의사회 · 대한아동병원협회, 2022.12.16., "소아청소년 건강안
전망 붕괴위기 극복을 위한 합동 기자회견"

8 HIRA 빅데이터개방포털, 통계간행물, "요양기관 개폐업 현황(2018~2022)", https://opendata.hira.or.kr/
op/opc/selectStcPblc.do?sno=13700&odPblcTpCd=004&searchCnd=&searchWrd=&pageIndex=1",
(검색일.23.06.28)

9 정진용, 2022년 12월 14일, ""소아응급실 입원 어려울 수도" 공지 해놓고…병원 측 '나몰라라'", 쿠키뉴
스, https://www.kukinews.com/newsView/kuk202212140031 (검색일:2022.06.28.)

10 통계청, 2022, 「건강보험통계」, "시군구별 전문과목별 전문의 인력현황(2018.01~2022.04)", https://
kosis.kr/statHtml/statHtml.do?orgId=354&tblId=DT_HIRA4S&conn_path=I3 (검색일: 2022.06.13.)

100세 시대, 우리가 건강하려면

어느 날 갑자기 암 환자가 되었습니다

11 통계청, 2022, 「암등록통계」, https://kosis.kr/search/search.do?query=%EC%95%94%EB%93%B1%E
B%A1%9D, (검색일:2023.06.28.)

12 통계청, 2022, 「암등록통계」, "24개 암종/성/연령(5세)별 암발생자수, 발생률", https://kosis.kr/statHtml/
statHtml.do?orgId=117&tblId=DT_117N_A00023&conn_path=I3, (검색일:2023.02.23.)

13 통계청, 2022, 「건강보험통계」, "시도별 신규 중증(암)등록환자의 암유형별 등록인원 현황", https://kosis.
kr/statHtml/statHtml.do?orgId=350&tblId=DT_35001_A089&conn_path=I3, (검색일: 2023.06.09.)

100세 시대, 어르신 케어가 필요한 시기

14 중앙치매센터, "치매시설정보", https://www.nid.or.kr/info/facility_list.aspx (검색일: 23.02.08)

15 보건복지부 보도자료, 2022년 4월 27일, "5월 2일(월)부터 전국 치매안심센터 정상운영 실시",
https://www.mohw.go.kr/react/al/sal0301vw.jsp?PAR_MENU_ID=04&MENU_ID=0403&CONT_
SEQ=371279&page=1 (검색일:2023.02.06.)

16 보건복지부 치매오늘은, "시군구별 치매유병률", https://www.nid.or.kr/info/today_list_2022.aspx, (검색
일:2023.06.09.)

외로운 죽음을 예방할 수는 없을까?

17 법제처, 고독사 예방 및 관리에 관한 법률 [법률 제19443호, 2023. 6. 13., 일부개정], https://www.law.
go.kr/법령/고독사예방및관리에관한법률 (검색일: 23.04.25)

18 보건복지부, 대한민국 정책브리핑, 2022년 12월 14일, "2022년 고독사 실태조사 결과 발표", https://
www.korea.kr/briefing/pressReleaseView.do?newsId=156542522, (검색일: 2023.03.15.)

즐기지만 해로운 기호식품 지도

담배 뻐끔뻐끔 비율은 어디가 높을까?

19 질병관리청, 만성질환관리국 만성질환관리과, 2022, 흡연율(시도/시/군/구), https://kosis.kr/statHtml/
statHtml.do?orgId=101&tblId=DT_1YL21001E&conn_path=I2 (검색일:2023.06.28.)

20 질병관리청, 2022, 「청소년건강행태조사」, "현재 흡연율", https://kosis.kr/statHtml/statHtml.
do?orgId=177&tblId=DT_117_12_Y003&conn_path=I2, (검색일: 2023.06.30.)

21 건강보험심사평가원 보건의료빅데이터개방시스템, 2022, "국민관심질병통계(알코올중독증) 2022년 월별
환자수 추이", https://opendata.hira.or.kr/op/opc/olapMfrnIntrsIlnsInfoTab1.do, (검색일: 2023.06.30.)

22 국무조정실, 2022, 「청년삶실태조사」, "최근 1년간 음주 빈도", https://kosis.kr/statHtml/statHtml.
do?orgId=170&tblId=DT_170002_C003&conn_path=I2, (검색일:2023.06.30.)

23   질병관리청, 2022, 「지역사회건강조사」, "시·군·구별 고위험음주율", https://kosis.kr/statHtml/statHtml. do?orgId=177&tblId=DT_117075_H_DR_HIGH_WH&conn_path=I2, (검색일: 2023.06.30.)

9장. 기후와 에너지, "미래 이슈 공간"

— 나라마다 다른 단풍지도

계절과 단풍지도

1   기상청, 2023, http://www.climate.go.kr/home/(검색일: 23.03.23)
2   The 2022 Fall Foliage Prediction Map https://smokymountains.com/fall-foliage-map/ (검색일: 23.07.10)
3   When do trees turn colors?, https://www.japan-guide.com/e/e2014_when.html (검색일: 23.07.12)
4   2022년 산림 단풍 (절정)예측 지도, 기본자료를 바탕으로 재작성 https://www.forest.go.kr/kfsweb/cop/ bbs/selectBoardArticle.do?nttId=3175117&bbsId=BBSMSTR_1036&pageUnit=10&pageIndex=2&sea rchtitle=title&searchcont=&searchkey=&searchwriter=&searchWrd=&ctgryLrcls=&ctgryMdcls=&ctgryS mcls=&ntcStartDt=&ntcEndDt=&mn=NKFS_04_02_01&orgId= (검색일: 23.07.10)

— 아찔한 기후 위기, 어떻게 대응하고 있을까요?

기후 위기를 일으키는 물질이 뭐라고? 이산화탄소! 그다음은

5   기상청, 2023, 제주도 고산의 메탄 가스 농도, http://www.climate.go.kr/home/(검색일: 23.03.23)

탄소 저감을 위한 다양한 제안과 정책이 이루어지는 중

6   기상청, http://www.climate.go.kr/home/(검색일: 23.02.24)

KEYWORD – 기후 행동 이니셔티브와 글로벌 메탄 협정

7   글로벌 메탄협정, https://www.globalmethane.org/ (검색일: 23.02.24)

— 숨 막히는 미세먼지가 문제라고!

지역별 미세먼지 차이

8   WINDY, https://www.windy.com/ (검색일: 2023.02.20)
9   서울특별시, 실시간 우리나라 주변의 대기질 지도, https://aqicn.org/map/southkorea/kr/ (검색일: 2023.02.28)

경기와 충남지역의 미세먼지 문제

10   대기환경 연간보고서, https://www.airkorea.or.kr/web/detailViewDown?pMENU_NO=125 (검색일: 2023.02.28.)

— **발전소, 원자력 에너지, 그리고 신재생 에너지까지**

발전소가 문제라고요?

11 한국전력거래소, 2022, 발전설비 현황 자료 https://new.kpx.or.kr/menu.es?mid=a10402020000(검색일: 2023.07.12.)
환경부, 2019, 국가온실가스 인벤토리
환경운동연합, 석탄화력발전소 국내현황, http://kfem.or.kr/?p=225067 (검색일: 2023.07.12.)

산 너머 남촌에는 태양광이 산다, 신재생에너지

12 태안서부발전소 홈페이지, https://www.iwest.co.kr/iwest/559/subview.do (검색일: 2023.07.14.)
13 에너지 전환 관련 안내페이지 https://energytransitionkorea.org/post/44183 (검색일: 2023.07.12.)
14 한국에너지공단, 신재생에너지센터, 2020, 보급통계발전량자료
15 한국전력거래소, 2021, 수급계획팀, 2021년도 발전설비현황, https://new.kpx.or.kr/board.es?mid=a10502000000&bid=0045&list_no=67845&act=view (검색일: 2023.07.15.)
16 이근대, 임덕오, 2021, "재생에너지 공급확대를 위한 중장기 발전단가(LCOE) 전망 시스템 구축 및 운영(2/5)", "[그림 5-6] 지역별 지상태양광 LCOE(원/kWh) 추정 결과", 에너지경제연구원 (검색일: 2023.07.14.)

원자력 발전지도

17 환경운동연합, "2022 석탄발전소, 원자력발전소 전국 현황 지도", http://kfem.or.kr/?p=225067 (검색일: 2023.07.14.)
강다은, 2023.06.15., "원전 78기로 늘리는 중국, 서해에 집중... 곧佛 제치고 세계 2위", 조선일보, https://www.chosun.com/economy/industry-company/2023/06/05/V2U7L3657ZENPB5VY5PKDYJLWE/ (검색일: 2023.07.14.)

원자력 에너지에 관한 또 다른 이야기

18 경북신문, http://www.kbsm.net/news/view.php?idx=150412 (검색일: 2023.07.14.)

10장. 우리보다 덜 변하는 "자연 공간"

— **다 같아 보여도, 개성 만점의 지질과 지형 이야기**

지질과 지형이 관광자원이 되는 세상

1 하수진 · 신승원 · 채용운 · 임현수, 2021, "지질공원 캐릭터의 개발 현황과 전망", 한국지구과학회지, 42(1), 65-75
김창환, 2009, "한국에서의 지오파크 활동과 지리학적 의미", 한국지형학회지, 16(1), 57-66
국가지질공원 홈페이지, "세계 및 국가 지질공원 위치", https://www.koreageoparks.kr/topublic/main.do?menuNo=508
산림빅데이터거래소, "산림관광 정보", https://www.bigdata-forest.kr/orderProduct/KFS002401 (검색일: 23.05.31)
2 김혜진 · 성효현 · 김지수 · 안세진, 2020, "GIS를 활용한 지오파크 환경 민감성 평가 – 청송 세계지질공원의 사면재해 민감성을 중심으로", 한국지형학회지, 27(2), 81-97

악(岳)이 들어간 산은 다 험할까요?

3　지오빅데이터 오픈플랫폼, "암층별 색상", https://data.kigam.re.kr/mgeo/sub03/page02.do (검색일: 23.05.31)
4　이광률, 2022, "우리나라 화강암 침식 분지 내 선상지의 형성 시기", 한국지형학회지, 29(3), 21-34

KEYWORD - 암괴류와 애추

5　박대훈, 암괴류 사진 제공
6　박경, 애추 사진 제공

— **높거나 낮거나, 축축하거나 흔들리거나?**
높이 값을 알 수 있는 수치표고모델(DEM)

7　국가공간정보포털 오픈마켓, 2020, 「수치표고모델(DEM)_90M」, "한반도90m_GRS80", http://data.nsdi. go.kr/dataset/20001 (검색일: 23.05.31)
8　홍달표, 2023, 한라산 백록담 사진 제공
9　박경, 설악산 귀떼기청봉 사진 제공

KEYWORD - 지형을 표현하는 방법: 등고선과 수치표고모델(DEM)

10　김계현, "GIS 개론", 대영사, 1998
11　K.Rann & R.S. Johnson, 2019, "Chasing the line: Hutton's contribution to the invention of contours", 15(3), 48-56

우리는 축축해서 싫어도 동식물은 신나는 습지

12　국립생태원, "습지란?", https://www.nie.re.kr/nie/main/contents.do?menuNo=200246 (검색일: 23.04.12)
13　환경부, "습지보호지역 지정 및 람사르습지 등록 현황('22.12월 기준)", http://m.me.go.kr/home/ web/policy_data/read.do?pagerOffset=0&maxPageItems=10&maxIndexPages=10&searchKey=& searchValue=&menuId=10260&orgCd=&condition.toInpYmd=null&condition.code=A1&condition. fromInpYmd=null&condition.deleteYn=N&condition.deptNm=null&seq=8009 (검색일: 23.06.01)
14　옹진 갯벌 네이버 지도 캡처, https://map.naver.com/v5/ (검색일: 23.05.18)
15　새만금 갯벌 네이버 지도 캡처, https://map.naver.com/v5/ (검색일: 23.05.18)
16　공공데이터포털, "해양수산부_1/25,000 연안정보도(갯벌)", https://www.data.go.kr/data/15052594/ fileData.do (검색일: 23.05.18)

산과 사람이 둘 다 많은 곳에 출렁다리가 많아요

17　행정안전부, 2022, "출렁다리 현황_안전제도과" (23.01.30에 정보 공개를 청구하여 23.01.30에 제공받은 자료임)
18　박경, 순창 강천산 출렁다리 사진 제공
19　원주시청 원주관광, "소금산그랜드밸리 시설안내", https://www.wonju.go.kr/tour/contents. do?key=5516& (검색일: 23.05.31)

— **신비한 해안과 깊은 바다 이야기**
바다 갈라짐과 모래언덕들

20　국립해양조사원, 「해양정보」, "바다갈라짐", https://www.khoa.go.kr/kcom/cnt/selectContentsPage. do?cntId=31201000 (검색일: 23.05.17)

21   환경부, 「전국 해안사구 보전 관리를 위한 일반 현황 조사」, "[첨부 4] 우리나라 해안사구 목록(2016년)" (23.01.30에 정보 공개를 청구하여 23.01.30에 제공받은 자료임)

미지의 세계는 아닌데 잘 모르는 바다

22   ESRI, ArcGIS Blog, "Spilhaus? More like Thrillhaus", https://www.esri.com/arcgis-blog/products/arcgis-pro/mapping/spilhaus-more-like-thrillhaus/

23   ESRI, "The Spilhaus World Ocean Map in a Square", https://storymaps.arcgis.com/stories/756bcae18d304a1eac140f19f4d5cb3d

24   대양수심도 홈페이지, https://gebco.net

마지막 "선물" 같은 지형

25   박대훈, 2023, 홍천 드론 사진 제공

데 이 터 지 리 학 맛 보 기

지도로 읽는

대한민국 트렌드

초판 1쇄 발행   2023. 11. 16.

지은이   장은미, 홍선희, 김지원, 진희주, 심지우
엮은곳   ㈜지인컨설팅
펴낸이   김병호
펴낸곳   주식회사 바른북스

편집진행   황금주
디자인   김민지

등록   2019년 4월 3일 제2019-000040호
주소   서울시 성동구 연무장5길 9-16, 301호 (성수동2가, 블루스톤타워)
대표전화   070-7857-9719 | **경영지원**   02-3409-9719 | **팩스**   070-7610-9820

•바른북스는 여러분의 다양한 아이디어와 원고 투고를 설레는 마음으로 기다리고 있습니다.

이메일   barunbooks21@naver.com | **원고투고**   barunbooks21@naver.com
홈페이지   www.barunbooks.com | **공식 블로그**   blog.naver.com/barunbooks7
공식 포스트   post.naver.com/barunbooks7 | **페이스북**   facebook.com/barunbooks7

ⓒ 장은미, 홍선희, 김지원, 진희주, 심지우, 2023
ISBN 979-11-93341-80-3 03320